Über dieses Buch Lois Fisher-Ruge ist sicher eine der ganz wenigen Frauen aus dem Westen, die das heutige China aus eigener Anschauung kennengelernt haben. Sie lebte mit ihrem Mann Gerd Ruge, einem der ersten westlichen Korrespondenten, dreieinhalb Jahre in Peking. Nach den ersten Monaten einer oftmals nicht leichten Umstellung in einer so fremden Welt wich das ursprüngliche Mißtrauen einer Faszination für diese vollkommen andere Gesellschaft und ihre Menschen.
»Über China sind Spekulationen immer noch leichter zu haben als Informationen. Am wenigsten weiß die Welt über die Chinesen selber, wie sie leben, denken, reden.
Lois Fisher-Ruge vermittelt in ihrem Buch eine so hautnahe Bekanntschaft mit chinesischen Menschen, daß der Leser am Ende eine konkrete Kenntnis von Land und Leuten gewonnen hat.« (Werner Höfer)

Die Autorin Lois Fisher-Ruge, geboren 1940 in Hartfort/Connecticut, USA, studierte am Vassar College, arbeitete dann in Washington zuerst im Peace Corps, dann im Stab von US-Präsident Johnson. Im Rahmen eines Untersuchungsauftrages für das deutsche Fernsehen lernte sie ihren Mann Gerd Ruge kennen, mit dem sie dreieinhalb Jahre in Peking und bis Ende 1980 in Moskau lebte.
Im Fischer Taschenbuch Verlag liegt außerdem vor: ›Alltag in Moskau‹ (Bd. 3070).

Lois Fisher-Ruge

Alltag in Peking

Eine Frau aus dem Westen erlebt das heutige China

Übersetzt von Bernd Rullkötter

Mit Fotos von Gerd Ruge

Fischer Taschenbuch Verlag

361.–390. Tausend: September 1989

Veröffentlicht im Fischer Taschenbuch Verlag GmbH,
Frankfurt am Main, Februar 1983

Lizenzausgabe mit freundlicher Genehmigung der
Econ Verlag GmbH, Düsseldorf und Wien
Titel der englischen Originalausgabe:
›Go gently through Peking‹
Erschienen bei Souvenir Press Ltd., London

Umschlaggestaltung: Jan Buchholz / Reni Hinsch
Umschlagfoto: Gerd Ruge
Druck und Bindung: Clausen & Bosse, Leck
Printed in Germany
ISBN 3-596-23061-6

Meiner Mutter und meinem Vater,
die mir die Augen für andere Welten öffneten ...

Inhalt

Einleitung

Eine Einladung zum Leben in China

Es war im Oktober 1972. Ich hatte mich gerade in Bonn eingelebt und begann, mich dort wohl zu fühlen, als mein Mann Gerd eines Abends aus dem Fernsehstudio nach Hause kam, seinen Schlips lockerte, sich in seinen ledernen Lieblingssessel setzte und hinter seiner Zeitung hervormurmelte: »Was würdest du davon halten, in Peking zu leben?«

Ich hätte auf diese Frage eigentlich vorbereitet sein sollen, weil Gerd schon oft von seinem Wunsch, in China zu arbeiten, gesprochen hatte. Aber die beiläufige Art, mit der er auf das Thema zu sprechen kam, ärgerte mich. Ich platzte heraus: »Möchtest du wirklich hinter dem Mond leben?«

Gerd und ich waren einander in den sechziger Jahren begegnet, als er Chefkorrespondent der ARD in Washington war und ich im Weißen Haus für einen der Assistenten Präsident Johnsons arbeitete. Damals war »Kontinentalchina« oder »Rotchina«, wie die Amerikaner es nannten, nach außen hermetisch abgeriegelt. China machte mir Angst. Es war ein so fernes und geheimnisvolles Land. Deshalb wich ich aus, wenn Gerd von seinem Wunsch, in China zu arbeiten, erzählte. Dieser Traum würde sich nie erfüllen.

Dann, ein paar Jahre nach unserer ersten Begegnung, schien meine berufliche Stellung mir nicht mehr so glanzvoll, und ich war meiner einsamen Existenz hinter den ehrfurchtgebietenden Toren des Weißen Hauses überdrüssig. Ich wünschte mir stärkeren Kontakt mit Menschen, und da Gerd gerade einen Mitarbeiter suchte, dem es nichts ausmachte, ständig in den Vereinigten Staaten umherzureisen, nahm ich den Posten an.

Zwei Jahre später wurde Gerd nach Bonn versetzt, und ich folgte ihm bald; nicht mehr als seine Mitarbeiterin, sondern als seine Frau.

Es bedeutete einen jähen Wechsel und eine entscheidende Umstellung, mein bisheriges Leben als aktive, unabhängige

Frau mit dem einer »Hausfrau« zu vertauschen. Ich mußte nicht nur Deutsch lernen und mich in einem fremden Land einleben, sondern ich übernahm auch die Rolle der Mutter für Gerds Kinder, die elfjährige Elizabeth und den neunjährigen Boris.

Der Traum von China schien vergessen zu sein – bis zum Sommer 1972. Damals lud die chinesische Regierung Gerhard Schröder, den Vorsitzenden des Auswärtigen Ausschusses des Deutschen Bundestages, zu einem historischen Besuch nach China ein, der zur Aufnahme diplomatischer Beziehungen zwischen den beiden Ländern führen sollte. Deutsche Journalisten durften Schröder begleiten, und Gerd schloß sich ihm mit einem Aufnahmeteam an.

Dieser Besuch weckte Gerds Leidenschaft für den Gedanken, in China zu leben und zu arbeiten. Im Oktober wurde ein Dokumentarfilm, den Gerd über China gedreht hatte, im Deutschen Fernsehen gezeigt. Nach der Sendung rief uns der Chef der chinesischen Regierungsnachrichtenagentur Hsinhua an, der gleichzeitig inoffizieller Vertreter Chinas in Bonn war. »800 Millionen Chinesen würden Ihrem Film applaudieren«, sagte Herr Wang Shu.

Kurz nach diesem Anruf ließ Wang Shu Gerd wissen, daß man der Zeitung *Die Welt* gestatten werde, ein Büro in Peking zu eröffnen, und wenn er als Korrespondent der *Welt* arbeiten wolle, werde man ihn akzeptieren. An eben diesem Tag teilte Gerd mir die Neuigkeit mit.

Gerd stand vor einer Entscheidung, die den Verlust der Vorteile mit sich brachte, die er sich im Laufe von fünfundzwanzig Jahren als prominenter deutscher Radio- und Fernsehjournalist erworben hatte. Doch mein Konflikt war emotioneller Art.

Wenn wir beschlossen, nach China zu gehen, mußten wir die Kinder in Deutschland in ein Internat schicken, weil Peking keine angemessenen Ausbildungsmöglichkeiten für sie bot. Ich hatte inzwischen eine sehr enge Beziehung zu Boris und Elizabeth entwickelt und wollte sie nicht im Stich lassen. Außerdem hatte ich mich in Deutschland eingelebt und Freunde gewonnen.

Ich wußte jedoch, daß Gerd seine Entscheidung im Grunde schon getroffen hatte. Deshalb beschloß ich nach ein paar schlaflosen Nächten, es für drei Jahre, aber keinen Tag länger, mit Peking zu versuchen.

Im Dezember 1972 trat Gerd seine Stellung bei der *Welt* an, und in den beiden nächsten hektischen Monaten bereiteten wir uns auf unsere Arbeit in Peking vor. Während dieser kurzen Zeit mußten viele Probleme gelöst werden.
Mein amerikanischer Paß enthielt eine Klausel, die mir die Reise nach China verbot. Ich befürchtete, meine Staatsbürgerschaft aufgeben und Deutsche werden zu müssen, wenn ich Gerd begleiten wollte. Da ich zu diesem Opfer nicht bereit war, suchte ich die amerikanische Botschaft in Bonn auf.
Dort informierte mich ein Beamter, daß die Beschränkungen in meinem Paß nach Präsident Nixons Besuch in der Volksrepublik China zu Beginn des Jahres nicht mehr gültig seien. Es stand mir frei, nach China zu reisen, und in der Botschaft freute man sich darüber, daß ich eine der ersten in Peking ansässigen Amerikanerinnen sein würde.
Eine zweite Sorge betraf Bubbles, die glatthaarige Foxterrier-Dame, meine unzertrennliche Begleiterin.
Als Herr Wang Shu (heute ein führender Regierungsvertreter in Peking) und seine Frau uns besuchten, kam ich auf Bubbles und China zu sprechen. »Dürfen wir sie nach Peking mitnehmen?« fragte ich. »Ja, natürlich«, antwortete Herr Wang Shu. Dann nahm ich allen Mut zusammen, um noch die Frage zu stellen, die mich beunruhigte: »Essen die Chinesen wirklich Hunde?«
Herr Wang Shu erklärte, daß Hunde eine südchinesische Delikatesse seien, wir aber im Norden leben würden, wo man keine Hunde esse.
Nachdem dieses Problem gelöst war, ging es um Haushaltsgegenstände. Die Wang Shus meinten, daß wir alle Möbel und elektrischen Geräte mitnehmen könnten, doch sie warnten uns vor dem kalten Winter in Peking. »Sie müssen warme Unterwäsche tragen.«
Gerd wollte sich darum kümmern; eines Tages kam er von einem Einkaufsbummel zurück und war sehr aufgeregt. Er hatte ein Geschenk für mich gekauft. Als ich die Packung öffnete, entdeckte ich zu meinem Entsetzen eine knielange Unterhose aus Angorawolle und ein dazu passendes Unterhemd. Die Garnitur sah so aus, als wäre sie für meine Großmutter bestimmt, und ich konnte mir kaum vorstellen, so etwas zu tragen. »Was ist dir lieber – in China warm oder modern angezogen zu sein?« fragte Gerd.

Nach diesem Erlebnis beschloß ich, die Einkäufe selbst zu übernehmen. Drei Jahre waren eine lange Zeit. Für alles, was wir einführen wollten, war Zoll zu zahlen.
Von einem Freund, der für die Deutsche Presseagentur in Peking arbeitete, wußten wir, welche Waren in China nicht erhältlich waren. Fünfzig Pfund Hundekuchen, sechs Kisten mit alkoholischen Getränken, zwei Kisten mit Suppenkonserven, Käse, Senf, Gewürzen, Kaffee, Waschpulver und allen Arten von Toilettenartikeln gehörten zu dem, was unsere 217 Kartons füllte. Als letztes brachten die Packer ein Fahrrad in unserem Container unter, das Gerd von seinen Kollegen als Abschiedsgeschenk bekommen hatte. Wir alle glaubten an einen Scherz, aber später sollte sich das Rad als überaus nützlich erweisen.

1. Kapitel

Der schwere Anfang

Erste Eindrücke

Endlich war ich in Peking. Es war 22 Uhr Ortszeit, aber meine Armbanduhr zeigte noch die deutsche Zeit an: 15 Uhr. 28 Stunden zuvor hatten wir Europa verlassen, und ich war froh und erleichtert, diese anstrengende Reise hinter mir zu haben.

Der Pilot hatte die Maschine etwa dreihundert Meter von dem zweigeschossigen Flughafengebäude entfernt gelandet, das erstaunlicherweise nicht größer war als jenes von La Guardia in New York. Ein riesiges erleuchtetes Bild des Vorsitzenden Mao hing an seiner Fassade. Da uns kein Bus abholte, legten wir die Strecke zum Gebäude zu Fuß zurück.

Die kalte, trockene Februarluft belebte uns, und ich wurde aufgeregt bei dem Gedanken, in China zu sein. Musik ertönte aus Lautsprechern am Rande des Flugplatzes, und ich paßte meinen Schritt ihrem Rhythmus an. Es hätte ein Marsch von John Philip Sousa sein können – ich war froh, etwas Vertrautes zu hören. Später erfuhr ich, daß es sich um den sogenannten Athletenmarsch handelte.

Nachdem wir das Gebäude erreicht hatten, führte uns ein Mann in blauer Uniform in einen Schalterraum. Ein Offizieller nahm unsere Pässe entgegen und winkte uns weiter, ohne Bubbles, meinen Foxterrier, oder das Attest, das Voraussetzung für ihre Einreise war, nur eines Blickes zu würdigen.

Die Zollformulare, die wir ausfüllten, verlangten äußerst präzise Auskunft. Wir fanden keine Vorschriften über Zigaretten, Parfüm oder Alkohol, dafür mußten wir aufschreiben, wie viele Kameras, Schreibmaschinen, Radios und Uhren wir besaßen. Wieviel Geld in ausländischer Währung und was für Antiquitäten und Schriften hatten wir bei uns? Welchen Schmuck? Als wir das Formular ausgefüllt hatten, las ein

Zollbeamter es laut vor und fragte in makellosem Englisch: »Könnte ich Ihre Uhr einmal sehen?« Er warf einen Blick darauf und gab uns dann unsere Pässe zurück.
Später hörte ich, daß ein Journalist sechs Uhren deklariert hatte – zwei für sich selbst, zwei für seine Frau und zwei für seine Tochter. Die Chinesen entschieden, daß eine Familie nicht so viele Uhren benötige, beschlagnahmten zwei und erklärten dem Journalisten, daß er sie bei der Ausreise aus China wieder abholen könne. Offenbar befürchteten sie, daß einige der Uhren in die Hände von Chinesen fallen könnten.
Wir erledigten die Zollformalitäten, ohne einen einzigen Koffer öffnen zu müssen, und gingen zur angrenzenden Gepäckrückgabe, um unsere Sachen zu holen. Dort mußten wir uns einen Weg durch eine Menge von Ausländern bahnen, die auf eintretende Passagiere warteten.
Plötzlich wurden unsere Namen gerufen, und ich erkannte den Korrespondenten der Deutschen Presseagentur, Hans Bargmann, und seine Frau Jette, die uns bei den Einkäufen für Peking beraten hatten. Welche Erleichterung und Überraschung, von bekannten Gesichtern begrüßt zu werden! Unsere Freunde nahmen unsere Koffer und erklärten: »In China gibt es keine Träger.« Auf dem Weg zum Auto sagte Hans, daß er anstelle eines Vertreters der Informationsabteilung gekommen sei, die geplant habe, uns abholen und in unser Hotel begleiten zu lassen. Gelöst und zufrieden, weil alles so gut organisiert war, setzte ich mich in den Wagen.
Die qualvolle Fahrt ließ mein Unbehagen rasch wieder aufkommen. In den nächsten fünfunddreißig Minuten saß ich verkrampft da und rechnete mit einer Katastrophe. Die zweispurige gepflasterte Straße war von Pappeln gesäumt und streckenweise unbeleuchtet. Außerdem hatten die Fahrräder auf der Straße kein Licht, und unsere Scheinwerfer waren meist abgeblendet. Ich nahm an, daß Hans dies nicht bemerkt hatte, und schlug vor: »Blende voll auf, damit du besser sehen kannst.«
»Das ist gegen die Verkehrsregeln«, erwiderte er. »Scheinwerfer dürfen Fußgänger oder Radfahrer nicht blenden.«
»Es ist also besser, sie zu überfahren, weil man sie nicht sehen kann«, sagte ich, während wir in letzter Sekunde einem dunkelgekleideten Radfahrer auswichen, der aus einer Seitenstraße hervorgeschossen kam. Ich war noch in keinem Land

gewesen, in dem Autofahrer auf Radfahrer aufpassen müssen und nicht umgekehrt.
Plötzlich tauchte ein Pferdekarren, der sich auf die Mitte der Straße zubewegte, vor uns auf. Ich weiß nicht, wie wir einen Zusammenstoß vermieden, aber irgendwie kamen wir eine Handbreit vor den Pferden zum Stehen. Dann erst sah ich, wie sich der Kopf des Kutschers langsam hob. Er war durch das Kreischen der Bremsen geweckt worden und richtete sich nun auf. Ungerührt steuerte er die Pferde wieder an die Seite und lehnte sich von neuem zurück.
Dann bogen wir um eine Ecke, und es war, als wenn jemand plötzlich alle Lichter angeknipst hätte. Die Straße war breiter, und ich konnte zu beiden Seiten Bäume und Gruppen von dunklen Häusern erkennen. Hans zeigte uns das Botschaftsgelände. Hohe Eisenzäune und Mauern umgaben jedes Gebäude.
An jedem Tor befand sich ein kleines Wachhaus. Soldaten der Volksbefreiungsarmee standen darin oder gingen davor hin und her, um sich aufzuwärmen. Ihre dicken gefütterten Khakimäntel und -hosen sahen aus, als könnten sie vor dem kältesten Winter schützen. In der Nähe stand ein hell erleuchtetes achtstöckiges Wohnhaus, in dem Ausländer – ebenfalls hinter hohen Zäunen und Mauern und von der Armee bewacht – untergebracht waren. Auf der anderen Straßenseite wohnten Chinesen in vierstöckigen Häusern ohne Zäune oder Wachtposten. Da im chinesischen Viertel alles zu schlafen schien, hatte ich das Gefühl, flüstern zu müssen, während wir vorbeifuhren.
Noch eine Kurve, und wir befanden uns auf der Chang-An-Avenue, einer sechsspurigen Straße, die breiter und besser beleuchtet war als die Autobahnen in Deutschland. Doch die Straße war fast leer. Ein paar Radfahrer kehrten von der Spätschicht nach Hause zurück, einige Pferde zogen mit Heu beladene Karren in die Stadt. Wasserwagen bespritzten die Straßen, die Bürgersteige und die verdorrte Erde. Es war erst 23.30 Uhr, doch die Seitenstraßen waren menschenleer. Ich fragte mich, ob Peking jeden Abend so früh schlafen ging.
Als wir am Tian An Men vorbeifuhren, einem riesigen, leeren Platz, der den roten Mauern der Verbotenen Stadt gegenüberliegt, war ich überzeugt, wirklich in China zu sein. Ich hatte beide Orte auf Fotos gesehen und erkannte sie sofort wieder.

Die Verbotene Stadt war bis ins erste Viertel des 20. Jahrhunderts hinein die Residenz der Kaiser gewesen, und auf dem Tian-An-Men-Platz hatte der Vorsitzende Mao am 1. Oktober 1949 die Gründung der Volksrepublik China verkündet. Hier hatte er auch während der Kulturrevolution vor einer Million Rotgardisten gesprochen.

Einen Block von der Verbotenen Stadt entfernt wies Hans auf den Eingang zur Residenz des Vorsitzenden Mao, aber wir konnten nur ein schmuckvolles rotes geschnitztes Holztor mit davorstehenden Soldaten ausmachen. In dieser Gegend patrouillierten Soldaten, die mit Gewehren und Bajonetten bewaffnet waren, paarweise auf den Bürgersteigen.

Nach einer halben Meile erreichten wir den großen leeren Parkplatz des Min-Zu-Hotels, in dem wir wohnen würden. Im Foyer deuteten trübe Lichter darauf hin, daß noch jemand wach war. Als wir durch die Drehtür eintraten, sprangen zwei Hotelangestellte von ihren Sitzen auf, als hätte eine Alarmsirene sie aufgescheucht.

Es war offensichtlich, daß sie seit einiger Zeit auf uns gewartet hatten. Sobald wir uns ausgewiesen hatten, sagte einer der jungen Männer, als habe er die Sätze auswendig gelernt: »Wir haben Sie erwartet und erfahren, daß Ihr Flugzeug sich verspätet hat. Sie müssen müde sein. Wir werden Ihnen Ihr Zimmer zeigen.«

Ich hätte mich am liebsten entschuldigt, weil wir sie wach gehalten hatten. Dann bemerkte ich ein Liftgirl, das auch auf uns gewartet hatte. Das Mädchen wirkte sehr jung, hatte rosige Wangen und hüftlange Zöpfe. Es erhob sich von seinem Klapphocker, gähnte und brachte uns zur fünften Etage hinauf. Während der ganzen Fahrt hatte es die Augen auf Bubbles gerichtet, deren Gegenwart es nervös zu machen schien.

Wir gingen durch stille, mit roten Teppichen ausgelegte Flure. Als wir die Tür unseres Zimmers öffneten, schlug uns eine Welle stickiger Luft entgegen. Gerd ging zum Fenster, um frische, kühle Luft hereinzulassen; unsere beiden jungen Begleiter erschauerten und verschwanden hastig, nachdem sie uns vor gesundheitlichen Schäden gewarnt hatten.

Ich inspizierte unser Zimmer, das in einem alten Hotel der mittleren Preisklasse in Europa hätte liegen können. Die Betten quietschten, zu viele massige Möbel drängten sich auf zu

engem Raum, das Badezimmerinventar hatte Risse und Flecke, und die Toilette gurgelte nach dem Spülen.
Doch dieses Hotel bot auch Annehmlichkeiten, die man nicht einmal in Fünfsternehotels in Europa vorfindet. Frotteetücher, Lederhausschuhe, ein Kamm, chinesische Zahnpasta, Gesichtscreme, eine Thermosflasche, Tee und Zigaretten standen uns zur Verfügung. Ich zeigte Gerd diesen Luxus, kroch dann unter die schwere grün-goldene, mit Seide überzogene Decke, legte den Kopf auf ein Kissen, das sich wie ein Sandsack anfühlte, und schlief sofort ein.

Hartnäckiges Hupen weckte uns am nächsten Morgen um 6.30 Uhr. Es klang wie bei einem Verkehrsstau zur Stoßzeit in New York, und ich eilte aufgeregt ans Fenster. Statt wartender Autos erblickte ich Hunderte von Fahrrädern auf der Straße vor dem Hotel. Der Lärm wurde von den wenigen Autos und Bussen verursacht, die versuchten, sich einen Weg durch die Fahrräder zu bahnen.
Bei Tageslicht verblüffte mich die Fadheit und Eintönigkeit der Umgebung. Die Radfahrer glichen grauen und blauen Bündeln, und alle Fahrräder waren von monotonem Schwarz. Die Wände uns gegenüber, das Nachbargebäude, die Bürgersteige vor dem Hotel waren grau. Sogar die kahlen Bäume, die die Straßen säumten und aus den Höfen hervorlugten, waren grau. In der Ferne hatte sich grauer Smog über einen Teil der Stadt gesenkt, und mir schien, daß er sich in unsere Richtung vorschob.
Dann marschierten zwölf Soldaten vorbei und lieferten einen willkommenen Farbtupfer. Sie trugen fesche Khakiuniformen mit straffen Gürteln um die Taille, roten Epauletten und einem roten Stern an der Mütze.
Da Bubbles unruhig wurde, zog ich mich rasch an und ging mit ihr zum Lift. Ein älterer Mann, der an einem Tisch direkt gegenüber dem Lift saß, sagte »*Ni hao*«, während er die anderen Leute beobachtete.
Bald traten mehrere junge Männer aus einem Hinterzimmer jenseits des Tisches. Sie lächelten mir zu, und einer von ihnen erklärte: »›*Ni hao*‹ bedeutet ›Hallo‹.« Es war mein erstes chinesisches Wort; ich wiederholte es, während sie lachten und meine Aussprache guthießen.
Die jungen Männer sahen aus, als hätten sie gerade die höhere

Schule absolviert. Sie hatten kurzes Haar, und ihre Gesichter wiesen kaum ein Anzeichen von Bartwuchs auf. Alle trugen saubere weiße Hoteljacken mit Wollpullovern darunter und weite marineblaue Hosen. Sie hatten einheitliche schwarze Wollschuhe an, die weich und bequem schienen.

Sie hielten einen geringen Sicherheitsabstand zu dem Hund und begannen, mir Fragen zu stellen. »Wie alt sind Sie?« »Welche Nationalität haben Sie?« »Wie viele Kinder haben Sie?« »Ist dies Ihr erster Besuch in China?« »Wie lange werden Sie bleiben?« Die Ankunft des Liftes unterbrach die einseitige Unterhaltung, die ich später fortzusetzen versprach. Sobald ich den fast vollen Aufzug betrat, überwältigte mich der starke Geruch von Knoblauch. Für die nächsten vier Etagen hielt ich den Atem an.

Ein Spaziergang auf dem Parkplatz gab mir die Möglichkeit, frische Luft zu schöpfen und unsere Umgebung zu mustern. Wenn Maos Bild nicht über dem Haupteingang gehangen hätte, wäre das Min Zu mit einem Ministerium in jedem osteuropäischen Land zu vergleichen gewesen. Das zehnstöckige Betongebäude war das höchste weit und breit. Es wirkte fehl am Platze; seine schweren, groben Linien verschmolzen nicht harmonisch mit den gewundenen und anmutigen Dächern der nahe gelegenen Häuser. Später erzählte mir ein Hotelgast, daß die Russen es im Jahre 1956 entworfen hätten, was vieles erklärte.

Eine niedrige Buschhecke trennte den Parkplatz vom Bürgersteig. Wenn ein Fußgänger am Eingang des Hotels vorbeikam, blickte er erwartungsvoll zur Tür und hoffte, daß ein Ausländer erscheinen würde. Wenn tatsächlich einer auftauchte, blieb der Passant gewöhnlich stehen, um ihn anzustarren.

Bubbles hatte zwischen den Autos, die den Gästen zur Verfügung standen, mit einem Stein gespielt, und zuerst war den Passanten die Sicht verdeckt. Dann begann sie, den Stein anzubellen, und jemand bemerkte sie. Innerhalb kurzer Zeit wiesen Hunderte von Menschen in unsere Richtung und schnatterten aufgeregt. Sogar die Radfahrer hatten angehalten, und Fußgänger eilten von der anderen Straßenseite herüber. Es war, als hätten sie nie einen Hund gesehen.

Die Zuschauer glichen einem blauen Meer. Ein Vater hob sich sein Kind auf die Schultern, und ich konnte die Augen nicht von diesem Kind losreißen: Es trug einen hellroten Seidenumhang mit roter Seidenmütze und weißen Häschenohren, die die »dazu passenden« Apfelbäckchen umrahmten. Nach einiger Zeit begann die Menge, sich langsam zu zerstreuen. Ich bemerkte, daß ein Soldat mit roter Armbinde die Menschen zum Weitergehen aufgefordert hatte.

Als wir ins Hotel zurückkehrten, war das ausgedehnte Foyer voller Leben. Am Geldwechselschalter hörte ich das schnelle Klicken der Holzperlen am Abakus, dem chinesischen Rechenbrett. Menschen standen Schlange vor dem Briefmarkenschalter, aber ebenso vor der Flasche mit Leim, den sie für die ungummierten Umschläge und Marken brauchten. In der Ecke wurden an einem kleinen Stand Orangen, Äpfel, Zigaretten und Süßigkeiten verkauft; ihm gegenüber befand sich ein Laden, in dem in China hergestellte Pullover, Schals, Federhalter und Toilettenartikel angeboten wurden.

Der Bücherstand erregte meine Aufmerksamkeit. Ich suchte eine englische Tageszeitung, entdeckte aber nur die gebundenen Werke von Mao, Engels, Lenin und Stalin in verschiedenen Sprachen, ein paar Postkarten sowie in China erscheinende Zeitschriften und Zeitungen von maoistischen Gruppen der ganzen Welt. Ich fragte das junge Mädchen hinter dem Tresen, wann die englische Zeitung eintreffen werde.

Es blickte mich ein wenig verwirrt an und erwiderte. »Wir haben keine. Sie sollten mit dem Personal auf Ihrer Etage sprechen und das Hsinhua-Bulletin abonnieren.« Da ich an ein sprachlich bedingtes Mißverständnis glaubte, ging ich der Sache auch nicht weiter nach. Erst später fand ich heraus, daß damals keine ausländischen Tageszeitungen in China verkauft wurden.

Es war Zeit, etwas zu essen, deshalb kehrte ich in unser Zimmer zurück, wo Gerd sich inzwischen angezogen hatte und auf mich wartete. Wir ließen Bubbles zurück und überlegten, ob wir in dem chinesischen oder dem westlichen Speisesaal, die sich an das Foyer anschlossen, frühstücken sollten.

Wir entschieden uns für ein chinesisches Frühstück und betraten den Speisesaal, in dem uns aus einem Radio von der Größe einer Kommode chinesische Musik entgegenplärrte. Den anderen Gästen, meist Japanern und Chinesen aus Übersee, schien der Lärm nichts auszumachen. Aber ich dachte, daß ich recht lange brauchen würde, um mich an die Serien schriller, gedehnter Töne zu gewöhnen.

Der Kellner gab uns eine auf englisch und chinesisch abgefaßte Speisekarte. Unsere Frage, was wir zum Frühstück bestellen sollten, beantwortete er mit den Worten: »Alles schmeckt gut.« Deshalb verließen wir uns auf den Geschmack unserer Nachbarn und bestellten, was sie aßen.

Unglücklicherweise hatten sie morgens einen viel stärkeren Appetit als wir. Ein aus sechs Gängen bestehendes Frühstück wurde gebracht; dazu gehörten Reisbrei, Kuchen, Nudeln, Eier und Fleischgerichte, und wir schafften es nur, etwas von jedem Gang zu probieren. Als wir um die Rechnung baten, schaute der Kellner uns mit enttäuschter Miene an und fragte: »Hat Ihnen das Essen nicht gefallen?« Wir versicherten ihm, wie gut es sei, und versprachen, beim Mittag- und Abendessen kräftiger zuzulangen.

Dann beglichen wir die bescheidene Rechnung von sechs Yuan* und gingen hinaus, ohne ein Trinkgeld zu geben. Freunde hatten uns gewarnt, daß Trinkgelder in China verboten seien. Leider waren andere Ausländer nicht davon unterrichtet worden. Später beobachtete ich, wie Gäste versuchten, sehr verlegenen Hotelangestellten, die die Annahme verweigerten, Geld und Geschenke in die Hand zu drücken.

Unmittelbar nach unserer Ankunft schrieb Gerd einen Brief an das Servicebüro, das für die Zuweisung von Personal und Unterkünften an Ausländer verantwortlich war. Er bat um einen Dolmetscher, eine Wohnung, einen Lehrer, einen Fahrer und ein Auto, da unser Dienstwagen vorerst noch nicht eintreffen würde und man in Peking keine Autos mieten konnte.

Ich rechnete mit einer umgehenden Antwort, und als sie nicht eintraf, drängte ich Gerd, er solle sich erkundigen, wann die Antwort zu erwarten sei. Aber Gerd, ein sehr geduldiger Mensch, entgegnete, daß das Servicebüro sich melden werde, so bald es etwas anzubieten habe.

Unterdessen hörten wir von anderen Hotelgästen, daß alle für Ausländer bestimmten Gebäude belegt waren und wir warten mußten, bis gerade im Bau befindliche Häuser fertig waren. Nachdem wir diese enttäuschende Nachricht verdaut hatten,

* Im Jahre 1973 entsprachen sechs Yuan ungefähr sechs DM. Die Kaufkraft eines Yuan ist in China, wo das durchschnittliche Monatseinkommen sechzig Yuan beträgt und die Preise relativ stabil sind, jedoch erheblich höher.

baten wir um eine geräumigere Unterkunft in dem Hotel und zogen am selben Tag in eine Suite.
Das Wohnzimmer sah aus wie das Wartezimmer eines Arztes. Es war mit einem sperrigen Sofa, massigen Sesseln, bedeckt von beigen Baumwollschonbezügen und weißen Häkeldeckchen, und mit einem beigen Läufer ausgestattet, der mit der farblosen Umgebung verschmolz. Das Schlafzimmer war genauso überladen, doch wir waren dankbar für den zusätzlichen Platz, den die Suite uns bot. Wir ahnten nicht, daß dies für die nächsten vier Monate unser Heim sein sollte.
Gerds berufliche Lage war ohne einen Dolmetscher sehr schwierig. Er mußte sich, was aktuelle Ereignisse betraf, auf die beiden englischen Hsinhua-Bulletins verlassen, deren Informationen unvollständig waren. Die lokalen täglichen Nachrichten brachten u. a. nur ein paar Artikel aus den beiden chinesischen Tageszeitungen, die Ausländer erhalten konnten, und die internationalen Nachrichten gaben einen einseitigen und selektiven Überblick über das Weltgeschehen. Daher verbrachte Gerd viel Zeit mit anderen Journalisten und ihren Dolmetschern, die ihm mit Übersetzungen aushalfen.

Während Gerd sich einarbeitete, war ich oft mir selbst überlassen. Statt in unserer Hotelsuite zu sitzen und die Welt durch eine Fensterscheibe hindurch zu betrachten, beschloß ich, mich auf die Straßen hinauszuwagen.
Da außer mir keine Ausländer in der Nachbarschaft spazierengingen, erregte ich immer beträchtliches Aufsehen.
Chinesen sind neugierige Menschen; sie starrten mich ohne Scheu an, umringten mich und folgten mir. Zuerst hielt ich sie für vorwitzig und versuchte ohne Erfolg, sie aus der Fassung zu bringen, indem ich ihren Blick erwiderte. Dann akzeptierte ich ihre Gepflogenheiten und lächelte. Wenn sie zurücklächelten, betrachtete ich sie als Freunde. Doch nicht jeder lächelte.
Bei einer Größe von einem Meter achtundsiebzig, mit langer, dünner Nase, einem langen, schmalen Gesicht und bis zur Schulter reichendem, gelocktem braunem Haar konnte ich nie in der Menge untertauchen, und man wußte immer, wo ich war. Wenn ich in einer Sackgasse landete oder irgendwie verwirrt aussah, tauchte immer jemand hinter einer geschlossenen Pforte auf und wies mir die Richtung. Manche Leute aber

betrachteten mich mißtrauisch, als glaubten sie, ich spionierte ihnen nach.
Doch ich selbst hatte nie das Gefühl, daß man mir nachspionierte. Ich war eher eine Quelle der Unterhaltung, besonders für die Kinder, die viel Freizeit hatten und mich begleiten konnten. Wenn ich in Seitenstraßen an jungen Leuten vorbeikam, unterbrachen sie ihr Gespräch und flüsterten einander zu: »*Waikuojen, waikuojen*« (Ausländer, Ausländer). Schuljungen stellten ihre Ringkämpfe oder hitzigen Debatten ein, um mich anzustarren. Gruppen von halbwüchsigen Mädchen, die einander an der Hand hielten, oder von Jungen, die Arm in Arm dahinschlenderten, fuhren rasch auseinander, um mich durchzulassen. Großmütter unterhielten ihre kleinen Enkel, indem sie deren Kopf in meine Richtung drehten und auf mich deuteten. Manchmal erschreckte mein Gesicht sie, und sie verbargen sich hastig hinter ihren Großeltern oder brachen in Tränen aus, wenn sie mich sahen.
Während sich die Chinesen auf mich konzentrierten, studierte ich sie meinerseits. Frauen hatten glattes, kurzes Haar, das im Nacken am Haaransatz abgeschnitten war; jede Strähne war an den Seiten nach hinten gesteckt. Mädchen trugen lange Zöpfe, die, wie ich später erfuhr, bei der Heirat gewöhnlich abgeschnitten werden. Zu meiner Überraschung sah ich viele junge Leute, deren schwarzes Haar von Grau oder Weiß durchsetzt war, während ältere oft pechschwarzes Haar hatten, das gefärbt sein mußte. Etwas, auf das ich immer wieder aufmerksam wurde, war die samtene Haut der heranwachsenden Mädchen.
Das Haar der Männer war kurz, doch der Schnitt variierte. Manche bevorzugten das, was ich den »Stachelschwein-Look« nannte; kurzes Haar stand überall am Kopf ab. Der »Regenschirm-Look« war am beliebtesten; das Haar im Nacken war sehr kurz und das darüber in Stufen geschnitten, so daß die längsten Haare am Scheitel ausfächerten und die kürzeren bedeckten. Gelegentlich ließ ein junger Mann das Haar vorn etwas länger wachsen, so daß er es sich glatt über die Stirn streichen konnte. Schnurrbärte und Bärte existierten nicht, von dünnen Haarbüscheln bei älteren Männern abgesehen. Es ist schwierig für chinesische Männer, sich einen richtigen Schnurrbart wachsen zu lassen, weil ihre Gesichter so schwach behaart sind.

Alle wirkten massig und unförmig in den dunklen Jacken und Hosen. Wenn eine Frau eine wohlgeformte Figur hatte, war das nicht zu erkennen.
Meine langen Spaziergänge führten mich meist in die Nachbarschaft des Min Zu. Direkt neben dem Hotel zog sich eine gewundene Pflasterstraße dahin, an grauen, einstöckigen, reparaturbedürftigen Geschäften vorbei.
Die meisten Läden bestanden nur aus einem einzigen Raum, der vorn einen Tresen mit verschmierten Schaufenstern und hinten staubige Regale enthielt, auf denen die Waren unordentlich gelagert waren. Gewöhnlich stand ein zylindrischer schwarzer Eisenherd in der Mitte des Raumes. Ab und zu ging ein Angestellter zu ihm hinüber, um Kohlen nachzuschütten und sich selbst eine Blechtasse voll kochenden Wassers aus dem Kessel einzugießen, der auf dem Brenner stand. Nachdem das Wasser abgekühlt war, trank er es langsam, ohne Teeblätter hinzuzugeben. Wenn es keinen Herd und Kessel gab, sprenkelte ein Verkäufer Wasser auf den Boden, um die Lufttrockenheit zu verringern.
Man hatte keine Registrierkassen. Das Geld wurde in einer Pappschachtel verwahrt, und die Berechnungen nahm man auf dem Abakus vor. Die Läden besaßen Elektrizität, nutzten sie aber nur selten. Erst wenn ich den Laden betrat, zog der Verkäufer an der Schnur, die an die baumelnde Glühbirne über dem Tresen gebunden war. Dann glühte ein trübes Licht auf.
Überall gab es so etwas wie ein »Woolworth«-Kaufhaus, das alles verkaufte, vom Stoff bis zu Eßstäbchen. Die Käufer waren meist ältere Frauen. Einige trugen die dicken, schwarzen, gefütterten Wollhosen, die sich an die Knöchel schmiegten, und eine entsprechende schwarze Wolljacke mit hohem Kragen. Viele Frauen hatten einen quadratischen schwarzen Samthut, der vorn mit einem grünen Stein geschmückt war, aufgesetzt und trugen Ohrringe. Das Haar war fest zu einem Knoten zurückgebunden, der auf dem Nacken ruhte. Später erfuhr ich, daß dies die traditionelle Bauernkleidung ist, die die Landbewohner (auch wenn sie in die Stadt gezogen sind) tragen.
Die älteren in der Stadt geborenen Frauen unterschieden sich sehr von den Bäuerinnen. Sie trugen über doppelter und dreifacher Unterwäsche schwarze Stoffhosen sowie schwarze Schals auf dem Kopf. Viele hatten kurzes Haar, das an den

Seiten streng zurückgesteckt war, und manche humpelten auf verkrüppelten Füßen, ein Ergebnis der Fußeinschnürung. Obwohl dieser qualvolle chinesische Brauch seit mehr als fünfzig Jahren gesetzlich verboten ist, haben die Frauen immer noch darunter zu leiden. Zweck der Einschnürung war es, winzige Füße, ein Zeichen von Schönheit, zu bekommen. Ein wirklich schöner Fuß durfte nicht länger als zehn Zentimeter sein. Um das zu erreichen, umschnürten Eltern die Füße ihrer Tochter in frühester Jugend mit Stoff, bis alle Zehen außer dem großen sich nach unten gekrümmt hatten. Der Fuß war dann für immer deformiert.
Frauen mit verkrüppelten Füßen trugen speziell angefertigte schmale schwarze Wollschuhe, die sich am großen Zeh zuspitzten und sich dann nach unten bogen, so daß man erkennen konnte, wie verkrümmt der Fuß war. Diese Frauen mußten bei jedem Schritt, den sie taten, um ihr Gleichgewicht fürchten.
Das örtliche Restaurant wurde vor allem von Arbeitern besucht, die sich auf Hockern ohne Lehne um verzogene Holztische drängten. Die Spezialität war *Jao-tze* (Knödel), ein beliebtes Gericht aus dem Norden. Arbeiter mit langen gefütterten Mänteln und Pelzmützen auf dem Kopf verschlangen rasch und wortlos eine Schüssel voll. Innerhalb von fünf Minuten waren sie fertig und überließen ihren Sitz jemandem, der hinter ihnen wartete.
In der Nähe des Einkaufskomplexes stand ein braun-graues vierstöckiges Wohngebäude, das nicht erleuchtet war. Später fand ich heraus, daß die Elektrizität nur zu bestimmten Tageszeiten eingeschaltet wurde.
Jede Wohnung hatte einen Balkon, auf dem Vorräte gelagert und Kleidungsstücke aufgehängt wurden. Nach der Lage der Balkons und der Fenster zu schließen, hatte jede Wohnung nicht mehr als ein oder zwei Zimmer.
Mir fiel auf, daß es auf dem Hof keine Fahrräder gab, und ich bemerkte auch, daß die Balkons abgeschirmt und die Fenster von Parterrewohnungen mit Gittern gesichert waren. Später erzählte mir ein Chinese, daß Diebstahl ein ernstes Problem sei und Fahrräder häufig gestohlen würden.
Von den Seitenstraßen gingen schmale Sandpfade aus, die »Hutungs« genannt werden. Sie waren nur breit genug für ein einziges Fahrzeug. Während ich am Straßenrand dahinschlenderte, überragten mich hohe graue Mauern zu beiden Seiten,

und es kam mir vor, als besichtigte ich eine Festung. Nur die geschwungenen Dächer, die über die Mauern lugten, waren zu sehen.
Die Holztüren waren geschlossen, und jeder offene Eingang in der äußeren Mauer führte zu einer anderen Wand direkt davor. Die Chinesen nennen dies eine »Geisterwand«. Der Tradition gemäß sollte diese Steinanordnung einst böse Geister abschrecken, die sich, wie man glaubte, nur geradlinig bewegten. Wenn ich bei der Mauer nach links oder rechts abgebogen wäre, hätte ich den Hof erreichen können, aber ich wagte es nicht, so einfach einzutreten.
Oft sah ich, daß Kinder versuchten, auf dem Sandhof Drachen steigen zu lassen. Es waren hausgemachte Modelle aus Zeitungen und Schnüren.
Da die Wände mich daran hinderten, das Leben auf den Höfen und in den Häusern zu beobachten, verbrachte ich den größten Teil der ersten paar Monate in Peking damit, mir das Leben auf den Straßen anzuschauen. Ich sah Straßenarbeiterinnen, die Sand durch ein großes Gittersieb schaufelten. Später würde man ihn zur Betonherstellung verwenden. Schäbig gekleidete alte Frauen mit faltigen Gesichtern durchstöberten Abfallhaufen und zerrten Papierfetzen, Kohlebrocken, Drahtstücke und Glasscherben hervor, die sie zu Hause offenbar irgendwie verwerten konnten.
Oft sah ich einen schläfrigen Maulesel, der einen Karren mit einem Behälter zog, dessen scharfer Geruch mir den Atem stocken ließ. Doch dem alten Kutscher, dem eine unangezündete Pfeife aus dem Mund ragte, machte der Gestank nichts aus. In seinem schmutzigweißen, mit Schaffell gefütterten Mantel und der dazu passenden Pelzmütze, deren Ohrenklappen wie Flügel abstanden, sah er recht zufrieden aus.
Er kutschierte den »Honigwagen«, wie die Ausländer den Karren nannten. Damit wurde der Inhalt der Latrinen aus älteren Vierteln transportiert, wo die Häuser keine Toiletten besaßen. Am Ende des Tages wurden die Fäkalien »verarbeitet«. Später benutzte man die Jauche als Dünger für die Felder am Stadtrand.
Jeder meiner Spaziergänge bescherte mir neue Einblicke in die chinesische Lebensweise. Ein paar halbwüchsige Mädchen plauderten neben einem gemeinschaftlichen Wasserhahn, während sie ihre Eimer füllten. Die Häuser in dieser Gegend

hatten kein fließendes Wasser. Eine Großmutter ging langsam vorbei und schob einen niedrigen vierrädrigen Bambuswagen mit zwei peinlich sauberen Kindern darin vor sich her. Während sie pausenlos mit ihnen sprach, saßen die beiden da wie bunte ausgestopfte Tiere, unbeweglich unter dem Gewicht und der Dicke ihrer Kleidung. Ein kleines Mädchen in einer hellroten, grünen und blauen Kombination aus Hose und Jacke wankte zwischen seiner Mutter und seiner Großmutter dahin. Bei jedem Schritt wurden die Backen seines rosigen Gesäßes durch den großen offenen Schlitz in seiner Hose sichtbar. Ich lachte noch über diesen Anblick, als es sich hinhockte, um zu urinieren. Dies ist die chinesische Methode der Erziehung zur Sauberkeit. Schmutzige Windeln und das Ausziehen in der Kälte erübrigen sich.

Die Sandsturmzeit

Früh im März kamen die Winde auf und trugen Sand aus der Wüste Gobi, Hunderte von Meilen entfernt, nach Peking hinein. An manchen Tagen wehte es so heftig, daß ich das Hotel nicht verlassen konnte.

Jeden Morgen war die Luft grau von der Kohle, die man in den Öfen verbrannte, um die Wohnungen zu heizen. Dann hüllte Smog die Stadt ein und beschränkte die Sicht auf die Länge eines größeren Häuserblocks. Sogar die Sonne hatte ein graues Gesicht, und der Himmel, der gewöhnlich blau und wolkenlos war, sah aus, als wäre ein grauer Schirm über ihn gezogen worden.

Kurz vor einem Sandsturm wurde alles still. Nicht einmal ein Papierfetzen oder ein Zweig rührte sich. Ich hatte das Gefühl, daß die Natur den Atem anhielt. In der Ferne wechselte das Grau in ein unheimliches Gelbbraun über, das die Sonne verdeckte. Nach einigen Minuten begann es zu stürmen.

Wir spürten, schmeckten und aßen den Sand. Er blendete, stach wie mit Nadeln, setzte sich auf den Lippen fest und ließ sie platzen; er knirschte zwischen den Zähnen, drang uns in die Nase, ließ uns spucken und husten.

Im Gegensatz zu uns waren die Chinesen an die Sturmzeit gewöhnt und darauf vorbereitet. Fußgänger drehten dem Wind den Rücken zu, und Frauen banden Gazeschals über die

Gesichter ihrer Kinder. Die Verkehrspolizisten setzten ihre Spiegelsonnenbrillen auf, und die Radfahrer trugen weiße Atemmasken, ähnlich denen, die in Operationssälen benutzt werden.
Radfahrer stiegen ab und schoben ihre Räder gegen den Wind. Nur die ganz Eiligen blieben auf dem Rad sitzen, neigten den Kopf bis zur Lenkstange hinab und kämpften sich vorwärts.
In unserem Hotelzimmer setzte sich eine feine Staubschicht in den Ecken unserer Schubladen ab, klebte an der Kleidung im Schrank und bedeckte unsere Schuhe. Abends war Gerds Hemdkragen genauso schwarz wie der Waschlappen, mit dem ich mir mehrere Male am Tag das Gesicht säuberte.
Die Trockenheit ließ meine Haut abblättern. Meine Hände fühlten sich an wie Bimsstein, meine Fersen platzten auf und bluteten, und auf meinen Handflächen bildeten sich Schmutzlinien, die sich nicht abwaschen ließen. Meine Nägel splitterten, und die Nagelhaut wurde schwarz. Mein Haar fühlte sich wie Stroh an, und ich bekam Schuppen.
Wir erwachten auch mitten in der Nacht mit dem Gefühl, ausgedörrtes Schmirgelpapier in der Kehle zu haben. Bald gewöhnten wir uns daran, stets ein Glas Wasser neben dem Bett stehen zu haben. Aber es gab keine Möglichkeit, die Bronchien zu schützen, so daß wir an chronischem Husten litten.
Während der Wind draußen pfiff, hallte die Leere im Inneren des Hotels wider. Sehr wenige Touristengruppen besuchten Peking im März, und nur zwanzig Diplomaten und Geschäftsleute bewohnten das Hotel, das mehr als fünfhundert Menschen aufnehmen konnte.

Der Hotelalltag mit ganz und gar nicht alltäglichen Ereignissen

Das Leben im Hotel zwang uns eine bestimmte Routine auf. Jeden Morgen gegen 8.30 Uhr marschierten zwischen fünf und sieben Etagenbedienstete in unser Wohnzimmer – gewöhnlich, ohne anzuklopfen. Wir machten uns nie die Mühe, die Wohnzimmertür abzuschließen, weil es nicht nötig war und weil sie außerdem jederzeit von außen aufgeschlossen werden konnte.

Bei der Reinigung hatte jeder eine bestimmte Aufgabe. Einer entleerte die schmutzigen Gläser auf den Teppich. Dies verringere die Luftfeuchtigkeit, wie er erklärte. Ein anderer brachte eine frische Thermosflasche mit heißem Wasser. Daneben leerte er die Aschenbecher in Drahtkörbe, die unglücklicherweise münzgroße Löcher hatten, so daß die Asche auf den Boden fiel. Ein dritter fuhr mit einem Kleiderbesen über den Teppich, und ein vierter Mann reinigte Tische und Stühle mit einem Staubwedel. Die übrigen machten die Betten, säuberten das Schlafzimmer und nahmen unsere schmutzige Wäsche mit, die am nächsten Morgen frisch gereinigt und gebügelt zurückkam.

Die Aufräumoperation war gut organisiert, aber wenig effektiv. Man pfuschte im Grunde genommen, und wenn jemand fehlte, wurde seine Arbeit nicht getan. Ich beschwerte mich nur selten über den Schmutz unter den Gegenständen und in den Winkeln, weil ich es nicht mit dem Reinigungspersonal verderben wollte. Diese Männer stellten meinen einzigen informellen Kontakt mit den Chinesen dar.

Alle lernten Englisch und baten mich manchmal um Hilfe, wenn sie revolutionäre Texte lasen, die ins Englische übersetzt waren. Die Wendungen, die sie sich einprägten, waren für ihre Arbeit untauglich, doch ich sagte nichts. Gelegentlich war einer von ihnen daran interessiert, praktische Ausdrücke zu lernen, aber er war zu schüchtern, um sich allein helfen zu lassen. Er brachte immer einen Freund mit, der in der Nähe saß und sich die Bilder in unseren Zeitschriften ansah, während er das Sprechen übte.

Einige Male führte unsere »Politik der Offenen Tür« zu peinlichen Situationen. Eines Tages betrat ein älterer Mann das Badezimmer, als ich in der Wanne saß, und begann, den Fußboden zu wischen. Mir wurde sofort klar, daß sich der westliche Begriff der Intimsphäre von dem chinesischen unterscheidet, und ich schrie ihn an, um ihn hinauszuscheuchen.

Bei einer anderen Gelegenheit saß ich unter einem Haartrockner, als die Angestellten eintraten. Sie hatten ein solches Schauspiel noch nie gesehen, stellten ihre Ausrüstung sofort ab und kamen herüber, um mich anzustarren. Bald kam ich mir unter der Trockenhaube wie eine Gefangene vor, aber ich konnte nichts tun, als zu lächeln und das Ganze höchst albern zu finden. Eines Abends wurde ein Hotelangestellter gebeten, uns Getränke aufs Zimmer zu bringen. Er klopfte leise an und trat ein; Bubbles lief bellend auf ihn zu, und der Mann ließ das Tablett fallen, so daß die Flaschen und Gläser zerbrachen. Der Lärm lockte seine Freunde an, die laut zu lachen anfingen. Nach meiner Meinung hatte es der Mann nicht verdient, ausgelacht zu werden, und ich empfand eine gewisse Mitschuld. Erst später fiel mir ein, daß es ein Verlegenheitslachen gewesen sein konnte. Am nächsten Tag kam dieser Mann nicht zur Arbeit, und wir erkundigten uns nach ihm. Ein anderer Bediensteter meinte: »Er ist ins Krankenhaus gegangen, um seine Nerven behandeln zu lassen. Der Doktor hat ihm ein paar Tage Ruhe empfohlen.« Ich hörte ungläubig zu und wußte nicht, ob ich mich entschuldigen oder lachen sollte.

Drei Tage später tauchte er wieder auf und war bereit, es mit dem Hund aufzunehmen. Seine Freunde hatten sich wartend um die Tür gruppiert, als er das Zimmer betrat. Sofort packte ich Bubbles. Dann ging er auf sie zu und protzte vor den anderen, indem er ihren Kopf tätschelte.

Nach diesem Vorfall hatten die Chinesen weniger Angst vor Bubbles. Manche warfen den Ball, wenn ich auf dem Korridor mit ihr spielte. Zwei Angestellte fragten eines Abends sogar, ob sie Bubbles samt Ball einmal ausleihen könnten. Dies überraschte mich. Ich folgte ihnen und bemerkte, daß sie direkt vor den Aufzügen spielten; jedesmal, wenn ein Liftgirl auf unserer Etage anhielt, mußte es die drei sehen. Ihre Darbietung beeindruckte die Mädchen offenbar, die kicherten und mit aufgerissenen Augen zuschauten.

Die Nachricht von dem zahmen Hund verbreitete sich im Hotel. Bald freute sich das Personal, wenn Bubbles auftauchte, und man begann sogar, sie bei ihrem Namen zu rufen. Aber die alten Leute auf unserer Etage standen unserem vierzehnpfündigen Leichtgewicht immer noch skeptisch gegenüber und weigerten sich zu glauben, daß der Hund zahm war. Einer von Gerds Kollegen, der in den fünfziger Jahren in China gewohnt hatte, klärte uns auf.

Er erzählte, daß die Furcht der Chinesen vor Hunden noch aus der Zeit vor der Befreiung im Jahre 1949 herrührt, als halbwilde, kranke, hungrige Hunde in den Außenbezirken Pekings herumstrichen. Mitte der fünfziger Jahre führten die Chinesen einen richtigen Feldzug durch, um alle Hunde auszurotten, weil sie glaubten, daß die Tiere Hirnhautentzündung und

Enzephalitis verursachten. Danach durften Hunde nicht mehr in Ballungsgebieten leben und wurden hauptsächlich zur Bewachung eingesetzt.
Diese Vorschrift wurde für Ausländer zum Glück aufgehoben. Jetzt wußte ich, weshalb Bubbles in unserer Gegend eine solche Kuriosität war. Die meisten Kinder hatten nie einen Hund gesehen; manche fragten: »Ist das ein Schaf?«

Unsere erste chinesische Einladung

Eines Morgens wurde hartnäckig an unsere Tür geklopft. Mir war klar, daß es ein Fremder sein mußte. Sonst wäre er einfach in unser unverschlossenes Zimmer eingetreten.
Als ich die Tür öffnete, übergab mir ein Mann, der wie ein Bote aussah, einen Umschlag und verschwand. Die Mitteilung war auf chinesisch geschrieben. Ich suchte also nach einem englisch sprechenden Hotelangestellten.
Die Botschaft besagte, daß uns ein Hsinhua-Beamter am selben Abend zu einem Bankett einlade. Mich überraschte dabei, daß die Einladung so spät eingetroffen war. Spätere Erfahrungen belehrten uns, daß chinesische Einladungen gewöhnlich erst am Tag des Ereignisses erfolgen, was uns oft zwang, andere, schon seit langem getroffene Verabredungen zu verschieben. Eine Absage wäre beleidigend gewesen, und außerdem wollte Gerd nicht die seltene Gelegenheit verpassen, chinesischen Offiziellen zu begegnen, die Informationen aus erster Hand liefern konnten.
Das Essen wurde im Restaurant des International Club gegeben, der hauptsächlich für Ausländer, seltener für chinesische Funktionäre geöffnet war. Neben dem Restaurant besaß er einen Friseurladen, eine Tennishalle, einen riesigen Swimmingpool sowie andere Möglichkeiten zur Freizeitgestaltung und Empfangssäle.
Da dies unser erstes Bankett war, nahm ich das chinesische Protokoll sorgfältig zur Kenntnis. Unser Gastgeber gab Gerd den Ehrenplatz zu seiner Rechten, und ich saß links neben ihm. Drei andere Hsinhua-Beamte vervollständigten die Gesellschaft.
Ich habe vergessen, welche Gerichte serviert wurden, erinnere mich aber, daß mein Teller immer gefüllt war. Ich wollte einen

guten Eindruck machen und probierte deshalb alles, sogar die grünen »tausendjährigen Eier«. Sie schmeckten mir gar nicht. Sobald ich meinen Teller geleert hatte, füllte der Gastgeber ihn trotz meiner lebhaften Proteste wieder. Bald hatte ich mich daran gewöhnt, so langsam wie die anderen zu essen, und mühte mich durch eine scheinbar endlose Folge von Gerichten.

Wenn unser Gastgeber nicht damit beschäftigt war, unsere Teller aufzufüllen, brachte er zahllose Trinksprüche mit einem Glas *Mao-tai* in der Hand aus, einem 65prozentigen Schnaps. Er schmeckte nach Massagealkohol. Der Gastgeber forderte immer wieder dazu auf, »*Gambeis*« (»Ex!«) zu trinken, und toastete auf die »Freundschaft zwischen Westdeutschland und der Volksrepublik China«. Während Gerd mit dem Gastgeber mithielt, nippte ich an dem schmackhaften süßen, warmen Reiswein.

Das laute Rülpsen, das die Unterhaltung begleitete, zwang mich, tief einzuatmen und mein Gesicht mit der Stoffserviette zu bedecken, damit ich nicht losprustete. Später erfuhr ich, daß die Chinesen grundsätzlich nach einer guten Mahlzeit rülpsen. Die chinesischen Tischsitten unterschieden sich überhaupt stark von dem, was ich gewöhnt war. Es war üblich, Gräten und Knochen auf die Tischdecke zu spucken, zu schlürfen, zu schmatzen, laut zu kauen, mit vollem Mund zu sprechen, sich mit einem Fingernagel zwischen den Zähnen zu stochern und sich auf die Ellbogen zu stützen – mit alldem würde ich mich also abfinden müssen.

Der Gastgeber bestimmte das Gespräch, das sich auf das Wetter, das Essen und die Familie konzentrierte. Nur einmal kam er auf die Politik zu sprechen, um die gängige offizielle Meinung zu zitieren und die beiden Supermächte, die Vereinigten Staaten und die Sowjetunion, wegen ihrer »Hegemoniebestrebungen« anzugreifen. Nach dieser Erklärung wandte unser Gastgeber sich an mich und bemerkte: »Das meine ich nicht persönlich. Wir sind nicht gegen das amerikanische Volk, wir kritisieren nur seine Regierung.«

Das Essen, das pünktlich um 19 Uhr begonnen hatte, war genau um 21 Uhr beendet, als der Gastgeber plötzlich aufstand und uns für unser Kommen dankte. Auf dem Heimweg merkten wir plötzlich, daß wir dauernd zugehört oder geantwortet und nie eine Chance gehabt hatten, selbst eine Frage zu stellen.

Es war nun Mitte März, und wir waren seit einem Monat ohne Dolmetscher in China. Gerd beschloß, das Servicebüro anzurufen, um herauszufinden, ob sich etwas getan habe. »Wir bearbeiten Ihren Antrag, Mr. Ruge«, erwiderte eine nicht zu identifizierende Stimme. Bei späteren Anrufen wurde der gleiche Satz als Antwort auf die gleiche Frage wiederholt. Niemand entschuldigte sich oder versuchte, die Verzögerung zu rechtfertigen. Es war sinnlos, sich um weitere Informationen zu bemühen. Ich hatte von ausländischen Besuchern gehört, die eine Taktik der Drohung oder Einschüchterung gewählt hatten, um sich durchzusetzen, doch auch das führte zu nichts. Gerd blieb ruhig und geduldig, da er ähnliche Schwierigkeiten erlebt hatte, als er während der späten fünfziger Jahre als Korrespondent in Moskau gearbeitet hatte. Aber ich als Neuling kochte vor Wut über unsere Hilflosigkeit.

Ein paar Tage nach dem Anruf tauchte ein lächelnder kleiner Mann mit rundem Gesicht auf, der eine blaue Arbeitermütze trug. Er umklammerte einen auf englisch abgefaßten Vertrag, der verriet, daß er unser Fahrer war. Er würde uns von nun an in einem grünen, in China hergestellten Auto namens Shanghai chauffieren, der einem alten Mercedes ähnelt. Die Miete für den Fahrer und den Wagen betrug 25 Yuan (etwa 25 DM) pro Tag, dazu einen Yuan für jede Überstunde nach dem achtstündigen Arbeitstag. Ein Yuan entspricht etwa einer DM; ein Yuan hat hundert Fen. Bis dahin hatten wir uns auf den Taxidienst des Hotels verlassen müssen, da es auf der Straße keine Taxis gab. Die Anwesenheit eines Fahrers würde Gerd die Arbeit erleichtern.

Zu Beginn war die Verständigung mit unserem Fahrer schwierig. Wir waren auf Zeichensprache und die Hilfe der englisch sprechenden Hotelangestellten angewiesen. Schließlich gab uns ein Freund, der Diplomat war, eine Liste chinesischer Orte und Ausdrücke in *Pinyin*, der latinisierten chinesischen Aussprache; danach war die Verständigung kein Problem mehr.

Zwei Wochen, nachdem der Fahrer eingetroffen war, rief das Servicebüro schließlich an, um mitzuteilen, daß wir unseren Dolmetscher am folgenden Tag erwarten könnten. Am nächsten Morgen, genau um 8.30 Uhr, klopfte ein bebrillter Mann

Mitte dreißig an die Tür. Es war Herr Chen, unser englisch sprechender Dolmetscher.
Was Herrn Chen betraf, so wußten wir nur, was wir dem Servicebüro monatlich für seine Dienste bezahlen mußten. 300 Yuan schienen wahrhaftig keine große Summe zu sein, und wir waren sicher, daß er selbst weniger erhalten würde.
Herr Chen schien bei seiner Ankunft sehr nervös. Er schluckte und zappelte dauernd mit den Händen und Füßen. Um ihn zu beruhigen, unterhielten wir uns über seinen Lebenslauf. Er erzählte, daß er Englischlehrer in einer höheren Schule gewesen sei, und wir machten ihm ein Kompliment für seine Sprachkenntnisse. »Ich spreche sehr schlecht«, sagte er. Mit der Zeit merkten wir, daß dies die Antwort der Chinesen auf ein entsprechendes Kompliment war.
Als erstes beauftragte Gerd Herrn Chen damit, ein zusätzliches Zimmer im Hotel, das als Büro benutzt werden konnte, zu beantragen. Herr Chen brachte unsere Bitte dem Revolutionskomitee des Hotels vor, dem Verwaltungsausschuß, der für die Zuteilung von Zimmern verantwortlich war. Mittlerweile hatten wir uns an die chinesischen Methoden gewöhnt und erwarteten keine sofortige Antwort.
Kurz nachdem wir das zusätzliche Zimmer erbeten hatten, kam Herr Chen zu uns und schlug vor, Bubbles während des anstehenden Besuches des mexikanischen Präsidenten in Peking aus dem Hotel auszuquartieren. Obwohl der Präsident nicht im Min Zu wohnen werde, würden andere mexikanische Gäste im Hotel sein, und die Gegenwart eines Hundes könne einen schlechten Eindruck machen.
Ich protestierte sofort, da es nach meiner Ansicht keinen Grund gab, Bubbles auszuquartieren. Aber Gerd glaubte, daß da eine Verbindung zwischen unserem Büro und der zeitweiligen Entfernung des Hundes aus dem Hotel bestehen könne. Ich hielt seine Theorie für weit hergeholt, aber nachdem die Begleitung des mexikanischen Präsidenten abgereist und Bubbles wieder bei uns war, wies uns das Revolutionskomitee tatsächlich einen zusätzlichen Raum neben dem Wohnzimmer zu. Die Chinesen hatten eine unausgesprochene Vereinbarung eingehalten, und ich begann, ihr subtiles Vorgehen zu verstehen.

Es war Mitte April, und der Wind hatte sich gelegt. Nach so vielen grauen Wolken begrüßte ich den blauen Himmel, die wärmenden Sonnenstrahlen und die ersten Knospen an den kahlen Bäumen. Mit dem Frühlingsanfang verschwand langsam die Winterkleidung, und die Hosen der Menschen waren bald nicht mehr ausgestopft, sondern ausgebeult. Am lustigsten war, daß der Schlitz in den Hosen der kleinen Kinder breiter wurde und einen größeren Teil ihrer rosigen Gesäße entblößte.

Meine Lehrerin war immer noch nicht eingetroffen, und ich wurde unruhig. Früher hatte der Tag für mich nie genug Stunden gehabt, aber nun wurden die Tage länger, und ich mußte nach Beschäftigungen suchen. Vorher hatte ich kurze Spaziergänge in der Nähe des Hotels gemacht, doch das schöne Wetter führte dazu, daß ich mich weiter hinauswagte. Bald verbrachte ich vier oder fünf Stunden am Tag damit, durch die Straßen von Peking zu wandern. Jeden Tag nahm ich mir eine andere Gegend vor.

Die Haupteinkaufsstraße Hsi Tan, im westlichen Teil der Stadt gelegen, war zu Fuß nur fünf Minuten von Min Zu entfernt, und ich kam fast jeden Tag an ihr vorbei. Hier drängten sich die Fußgänger auf den Bürgersteigen, und der Lärm von Fahrradklingeln und Hupen erfüllte die Luft.

Manchmal durchdrang eine schrille Stimme das Getöse; dann sah ich eine Frau, die, mit einem Megaphon dicht an den Lippen, auf dem Bürgersteig stand. Sie jagte einen Radfahrer davon, der sein Gefährt dort abgestellt hatte, wo es verboten war. Für Räder waren besondere Bereiche vorgesehen; dort bezahlte der Fahrer eine Parkgebühr von zwei Fen (zwei Pfennig).

Alle trugen irgendeine Tasche. Am populärsten war ein Schulterranzen aus Khakistoff, aber manche zogen die schwarzen, im Stil der Fluggesellschaften geschnittenen Taschen vor. Diese Taschen enthielten das wichtigste Dokument, das ein Chinese besitzt: die Einwohnerkennkarte, aus der seine Adresse hervorgeht. Ohne diese Karte konnte es beim Einkaufen Probleme geben. Jeder Verkäufer konnte danach fragen, und wenn der Kunde nicht in Peking ansässig war, erlaubte man ihm möglicherweise nicht, knappe Artikel zu kaufen, zum Beispiel Öl, Baumwolle, Seife oder Reis.

Während ich dahinschlenderte, konnte ich erkennen, was es für die Familie an dem jeweiligen Tag zu essen gab. Einkaufsnetze enthielten frisches Gemüse, gekochte kalte Nudeln, gedämpfte Brötchen, Trockenfisch, Eier, Obst und manchmal ein lebendes Huhn. Menschen auf Fahrrädern hatten große Stoffsäcke mit der Monatsration an Reis oder Mehl geladen.
Allmählich begann ich, einen Unterschied in der Bekleidung und Erscheinung der Einwohner Pekings und der Besucher zu erkennen. Die Menschen vom Lande trugen schwarze, gefütterte Hosen und Jacken, und zuweilen hatten sich die Männer weiße Handtücher um den Kopf gewickelt. Die Handtücher dienten, wie ich später hörte, dazu, den Schweiß bei der Feldarbeit aufzufangen, waren nun aber zu einem Teil ihrer normalen Kleidung geworden. Die Landbevölkerung trug oft auch große Mao-Abzeichen, die in Peking nicht mehr gefragt waren. Aber ich sah nie jemanden mit dem kleinen roten Buch, der »Mao-Bibel«.
Während die Pekinger Familie selten, vom Sonntag abgesehen, vollzählig auf der Straße erschien, hatten die Landbewohner in der Regel bei ihrem ein- oder zweimaligen Ausflug in die Stadt ihre erweiterte Familie bei sich, von der Großmutter bis zum Enkelkind. Am Ende des Besuches war jedes Familienmitglied mit allen möglichen Gegenständen, von Töpfen und Pfannen bis zu Garnsäcken, beladen. Oft ließen sie sich erschöpft auf dem Bürgersteig oder dem Fußboden eines Ladens nieder, umgeben von einem Berg von Bündeln, und machten ein Schläfchen, bevor sie sich auf die lange Heimreise begaben.
Chinesische Touristen hatten oft Kästchen von verschiedener Größe bei sich, die säuberlich in einem Bündel verschnürt waren. Die schmuckvollen Kästchen enthielten Bonbon- und Nußspezialitäten aus Peking. Gelegentlich kamen Gruppen von Minderheiten, etwa Mongolen und Tibeter, vorbei, deren unterschiedliche Gesichtszüge und Bekleidung die Aufmerksamkeit der Menschen von mir ablenkten. Aber sobald ich ein Geschäft betrat, richteten sich sofort wieder alle Augen auf mich.
In keinem Geschäft fehlte Maos Bild, das an der Wand gegenüber dem Eingang hing. Das übliche Porträt stellte sein Gesicht mit runden rosigen Wangen, durchdringenden dunklen Augen, zurückweichendem Haaransatz und einer großen Warze am Kinn dar. Ein anderes zeigte ihn an irgendeinem Strand in einem langen Mantel – Ausländer sprachen von der

»John-F.-Kennedy-Pose«. Dann wieder saß er mit einer Zigarette in der Hand und einem Aschenbecher voller Kippen vor sich an einem Schreibtisch. Er erschien als junger Mann in Armeeuniform, dann wieder trug er den Helm eines Bergmannes. Manchmal schüttelte er die Hände von Arbeitern und Bauern. Er wurde auch mit einem wallenden Mantel und dem Gesichtsausdruck eines Heiligen abgebildet. Mir fiel auf, daß alle Bilder eines gemeinsam hatten: Die Warze an seinem Kinn, die die Chinesen für einen Glücksbringer halten, war das hervorstechende Merkmal seines Gesichtes.

Ich war erstaunt über die Vielfalt der Geschäfte und die Auswahl an Waren. Ein Laden verkaufte nur Glasscheiben und dekorative Wand- und Tischspiegel. Ein Warenhaus bot nicht nur alltägliche Haushaltsartikel und Kleidung an, sondern auch alte fremdsprachige Bücher. Es gab dort mehrere Restaurants. Eine Apotheke für chinesische Medikamente schien so beliebt wie eine Eisdiele im Sommer, aber der starke Geruch wilder Kräuter hielt mich davon ab einzutreten.

Ein anderes Geschäft spezialisierte sich auf chinesische Siegel, mit denen man offizielle Briefe unterzeichnet. Sie waren aus Stein oder Holz, geformt wie eine Säule, von rund fünf Zentimeter Höhe und oben oft mit einem geschnitzten Tier geschmückt. Unten war der Name des Besitzers eingraviert. Man tauchte das Siegel in eine rote Paste ein, bevor man den Brief damit abstempelte.

Kurz nach unserer Ankunft mußte Gerd ein Siegel für *Die Welt* – auf chinesisch – kaufen. Jeder Brief, den er an eine Regierungsbehörde schrieb, erforderte statt seiner Unterschrift diesen offiziellen Stempel.

Einige der chinesischen Gepflogenheiten beunruhigten mich zunächst. Eltern und Kinder spuckten z. B. auf den Bürgersteig. In Geschäften mit Spucknäpfen »benutzten« die Menschen oft den Fußboden. Statt einen Abfalleimer zu verwenden, warf man Papier und Speisereste auf den Bürgersteig oder den Fußboden.

Wem die Nase lief, der benutzte weder ein Stoff- noch ein Papiertaschentuch – man drückte einfach ein Nasenloch zu und schneuzte durch das andere. Doch ich erfuhr, daß die Chinesen meine Methode mit dem gleichen Ekel betrachteten. Wie konnte ich mir ein verunreinigtes Tuch in die Tasche stopfen und es dann noch einmal benutzen? Dies galt als unhygienisch.

Zunächst dämpften die langen Spaziergänge meine Ruhelosigkeit. Aber bald wurde es mir langweilig, im Hotel zu leben und so oft allein zu sein. Außerdem belastete mich das Gefühl, daß ich jedes Wort abwägen mußte, falls die Chinesen – nach den unter Ausländern gängigen Gerüchten – unsere Gespräche abhörten.

Meine Lehrerin war immer noch nicht erschienen, und nach zwei Monaten in China konnte ich erst ein paar Worte chinesisch sprechen. Ich hatte versucht, mit Hilfe von Tonbändern zu lernen, doch diese Methode behagte mir nicht. Außerdem ärgerte ich mich darüber, daß uns das Servicebüro immer noch nicht mitteilte, wann wir eine richtige Wohnung beziehen konnten.

Ich bemühte mich, eine Arbeitsstelle zu finden, aber vergeblich. Die Botschaften hatten keinen Personalbedarf, und ausländische Gesellschaften besaßen keine Büros in Peking.

Zum erstenmal in meinem Leben begann ich, Heimweh zu verspüren. Meine Eltern schlossen aus meinen Briefen auf meinen Zustand und riefen mich alle zwei Wochen an. Oft war ich am Telefon stumm vor Trauer.

Briefe aus den Vereinigten Staaten benötigten elf Tage und solche aus Europa eine Woche; ich zählte die Tage, bis ich eine Antwort von meinen Freunden erhielt. Ich formulierte den Inhalt meiner Briefe immer sehr vorsichtig, da ich annahm, daß jeder von ihnen geöffnet und gelesen wurde. Ein Brief von meiner Mutter war an den Umschlag geklebt, und sie teilte mir später mit, daß auch einer meiner Briefe so eingetroffen sei.

Deprimiert und enttäuscht reagierte ich noch ungeduldiger auf die chinesische Bürokratie. Eines Tages explodierte ich, als ich versuchte, eine amerikanische Landsmännin zu finden, von der ich wußte, daß sie in unserem Hotel wohnte. Ich wartete eine Viertelstunde, während ein Angestellter am Informationsschalter des Foyers einen dicken Stapel amerikanischer Anmeldekarten durchsah, nur um mir schließlich zu erklären: »Sie wohnt nicht in diesem Hotel.«

Das war unmöglich, weil ich die Frau am selben Morgen beim Frühstück gesehen hatte und wußte, daß sie immer noch hier war. Ich erklärte ihm das, aber er bestand ruhig und unerschütterlich darauf, daß sie nicht mehr im Hotel wohne.

Schließlich wurde ich ärgerlich und begann zu schimpfen. Dies erregte die Aufmerksamkeit eines anderen Angestellten, der mir den Stapel Anmeldekarten zur Überprüfung reichte. Ich fand ihren Namen sofort und strahlte den Angestellten triumphierend an, der sich jedoch weigerte von seinem Tisch aufzublicken. Später erfuhr ich, daß ich chinesische Anstandsregeln verletzt hatte: Ich war laut geworden und hatte einen Mann gezwungen, sein Gesicht zu verlieren, indem ich ihn auf demonstrative, beleidigende Weise eines Besseren belehrt hatte. Es war eine Lektion, die ich nicht vergessen sollte.

Die Frau, die ich hatte ausfindig machen wollen, schloß sich mir an und wollte sich gern mit mir über ihr Tagesprogramm unterhalten, das einen Besuch in einer Kommune, einer Schule und einem Krankenhaus einschloß. Es waren die Orte, die Gerd und ich uns hatten ansehen wollen, doch war von der Informationsabteilung nie eine Antwort gekommen.

Ich klagte der Frau mein Leid, und sie bestand darauf, daß ich sie am folgenden Tag bei einem Ausflug zu einer Jadefabrik begleitete. Als sie aber dem Reiseführer mitteilte, daß sie mich mitnehmen wolle, erwiderte er: »Das geht schlecht«, ohne eine Erklärung zu geben. Ich kochte vor Wut und fühlte mich wieder einmal hilflos.

Dann bat ich darum, die Hotelküche besichtigen zu dürfen. Ich nahm an, das sei eine einfache Angelegenheit, aber ich täuschte mich. Ein Brief von Gerd an das Revolutionskomitee war erforderlich. Nach mehreren Tagen ohne Antwort erkundigte Herr Chen sich und kehrte mit besorgter Miene zurück. Er erklärte, daß eine Organisation für mich bürgen müsse, bevor das Revolutionskomitee meine Bitte erwägen könne. Das Informationsministerium sei für Journalisten, nicht aber für ihre Ehefrauen zuständig. Dies bedeutete, daß ich nichts allein unternehmen konnte, weil ich keinen Bürgen hatte.

Bubbles fühlte, daß ich traurig und verzweifelt war, und leckte mir die Tränen vom Gesicht. Ich hatte diese fremde Welt satt, und es tat mir leid, daß ich überhaupt jemals nach Peking gekommen war. Als ich anfing, meine Koffer zu packen, bat mich Gerd, noch ein bißchen länger zu warten, und ich ließ mich überreden.

Ein Ausflug außerhalb Pekings

Endlich war Gerd dann doch in der Lage, andere Journalisten zu einem Ausflug mit uns zur Großen Mauer und zu den Ming-Gräbern einzuladen. Auf der 72 Kilometer langen Fahrt zur Großen Mauer, die etwa 90 Minuten dauerte, überquerten wir das flache Land, das Peking umgibt. Fast überall wurde die Erde bestellt, und nur zuweilen sahen wir braune Gruppen ländlicher Gebäude, ein paar Bäume und die niedrigen Erdhügel der Hünengräber.

Die Felder waren voll von Bauern, die säten, den trockenen Boden mit einfachen Hacken bearbeiteten oder Bewässerungskanäle gruben. Während wir vorbeifuhren, winkten sie uns oft zu. Sie schienen dankbar für eine Ablenkung von ihrer schweren Arbeit.

Nur wenige Autos waren auf der Straße. Wagen, die überraschenderweise von einem großen Pferd und einem kleinen Maulesel oder einem Ochsen und einem Maulesel gezogen wurden, waren mit Heu und Gemüse beladen und bewegten sich in Richtung Peking. Häufig stakste ein junges Fohlen neben seiner Mutter daher, blieb dann stehen, um zu grasen, und preschte mitten auf der Straße weiter, wenn es entdeckte, daß es zurückgeblieben war.

Wir überholten Lastwagen mit gedrängt stehenden Passagieren, die auf dem Weg zur Großen Mauer waren. Sie fuhren viel schneller als die Busse, die für die Reise von Peking dreieinhalb Stunden brauchten.

Trecker stießen schwarzen Rauch aus, während sie auf der Straße dahinrollten. Ihre Fahrer waren ernst wirkende junge Männer mit Spiegelsonnenbrillen und schmutzig-weißen, pelzgefütterten Schaffellmänteln.

Manche Radfahrer hatten sich Schweine, Schafe oder Ziegen, die wahrscheinlich auf dem Weg ins Schlachthaus waren, auf den Rücken gebunden. Andere waren mit großen Strohkörben und Schaufeln ausgerüstet, mit denen sie den Tierkot von der Straße aufsammelten. Mit ihm wurden kleine private Grundstücke gedüngt.

Verwitterte, unrasierte alte Männer führten lahme Gäule am Straßenrand entlang. Faltige Frauen und junge Enkelkinder waren ebenfalls damit beschäftigt, Zweige zu sammeln und weidende Ziegen zu hüten.

Ein Mann auf einem gestriegelten, eleganten Pferd trabte vorbei. Dies war ein ungewöhnlicher Anblick, da Pferde in erster Linie Arbeitstiere sind.
Gegen 11 Uhr leerten sich die Felder, und wir wußten, daß es Essenszeit war. Frauen mit bunten, hinten verknoteten Kopftüchern um die Stirn unterhielten sich lächelnd, während sie langsam nach Hause gingen. Heranwachsende Mädchen mit Zöpfen trugen eine Hacke über der Schulter, hielten sich an den Händen und kicherten. Die älteren Männer hatten sich weiße Handtücher um den Kopf gebunden, und den meisten hing eine Zigarette oder eine Pfeife aus dem Mund. Alle trugen geflickte, verblichene Arbeitskleidung, die sie ärmer wirken ließ als die Stadtbewohner. Doch sie schienen glücklicher und sorgloser.
Kurz vor der Abzweigung zu den Ming-Gräbern, die wir auf der Rückfahrt besuchen wollten, kamen wir an einem kleinen, schläfrigen, staubigen Dorf aus Lehmziegelhütten vorbei. Dies war die Futter- und Ruhestation für Pferde und ihre Kutscher auf dem Weg nach oder von Peking. Zwischen den Pferden suchten Schweine und Hühner nach Nahrung.
Als wir uns der Großen Mauer näherten, wurde die Straße schmal und gewunden. Wir begannen, über brache Hügel zu klettern. Die Landschaft war felsig, ausgedörrt, fast gebirgig; sie sah aus, als wenn hier kein Pflanzenwuchs möglich sei. Aber die Chinesen waren entschlossen, dieses Land urbar zu machen. Mit Spitzhacken bewaffnete Arbeiter ebneten die Seiten der felsigen Berge langsam und geduldig ein. In der Nähe warteten Pferde und Karren, um das Geröll fortzuschaffen.
Unterhalb der Großen Mauer standen leere Lastwagen am Straßenrand. Die Passagiere, die aus Fabriken und Kommunen dieser Gegend kamen, besuchten die Große Mauer.
Wir stellten unser Auto auf dem Parkplatz ab und blickten dann zu diesem 2500 Jahre alten, von Menschen hergestellten Wunderwerk auf, an dessen Bau 300 000 Männer mehr als zehn Jahre lang gearbeitet haben sollen. Ich hatte das Wort China immer mit der Großen Mauer verbunden, und nun war ich dort, von ihrem Anblick überwältigt.
Auf dem Weg zur Mauer blieben wir stehen, um die Mengen von Chinesen zu beobachten, die Aufnahmen machten oder fotografiert wurden. Die Art und Weise, wie Frauen für ein Bild posierten, amüsierte mich. Sie sahen aus, als ahmten sie die Darsteller der Oper von Peking nach. Jede stellte einen Fuß

vor, legte eine Hand an die Lippen und schaute mit ernster, entschlossener Miene in die Kamera – das ist die übliche Haltung von Opernheldinnen.
Am Rande des Parkplatzes gab es Erfrischungsstände und einen Picknickbereich. Dort verzehrten alle das gleiche Essen, ein kleines »Vitaminbrot«, das süß und mehlig schmeckte, eine kohlensäurehaltige Orangeade sowie Äpfel und Kekse. Männer und Frauen saßen in verschiedenen Gruppen da; einige hatten sich um einen Tisch versammelt, und andere hockten auf dem Boden. Nach dem Essen spielten die Männer Karten und rauchten, während die Frauen sich unterhielten und hellfarbene Pullover für ihre Kinder strickten.
Schließlich erreichten wir die übrigen Mitglieder unserer Gruppe, die nun die Mauer hinaufkletterte; bald überholten wir jene vor uns. Nach einer raschen, anstrengenden Kletterpartie von fünfzehn Minuten gelangten wir zu einem Verbotsschild. Vor uns und hinter uns lagen über 3000 Meilen der nichtrestaurierten Mauer, die zum Schutz gegen die Stämme aus dem Norden gebaut worden war. Nun gehörte das Gebiet jenseits der Mauer, die Innere Mongolei, zu China. Ich schaute in dieses riesige Land hinein und suchte nach den Kamelkarawanen, die unsere Freunde hier manchmal gesehen hatten.
Nachdem wir Atem geschöpft hatten, liefen wir innerhalb von zehn Minuten den Hügel hinunter, wobei wir an vielen Chinesen vorbeikamen, die über uns lachten. Sie hatten es nicht eilig und genossen die Ruhe eines freien Tages.
Wir hatten Appetit bekommen und freuten uns schon auf das Picknick, das wir bei den Ming-Gräbern, 45 Fahrtminuten von der Mauer entfernt, abhalten wollten. Jemand aus unserer Gruppe schlug vor, zum Deh-Ling-Grab zu fahren, das wir später unter den dreizehn Grüften der Ming-Kaiser am meisten schätzen sollten.
Deh-Ling war mehr als dreihundert Jahre alt und nicht restauriert worden. Es hatte jene zerbrechliche Schönheit, die das Alter manchen Gegenständen verleiht. Eine zerbröckelnde Mauer umgab den größten Teil des Grabes. Das letzte noch stehende Gebäude zerfiel, während Bäume und Laub aus seinen Seiten und dem nackten Holzdach wuchsen. Die gelben und grünen Ziegel, die früher das Dach bedeckt hatten, waren zwischen knorrigen uralten Bäumen auf dem Boden zerstreut.
Hinter dem Gebäude lag ein großer runder Hof mit einem

künstlichen Hügel. Der Kaiser und seine Schätze waren dort begraben. Ein Steinpfad führte um den Hof, und als wir ihm folgten, konnten wir gebirgiges Gelände und weidende Schafe und Ziegen erkennen.
Chinesische Besucher bevorzugten die beiden restaurierten Paradegräber, so daß wir Deh-Ling ganz für uns hatten. Nachdem wir gepicknickt und uns an der Schönheit und Anmut dieser Stätte erfreut hatten, begannen wir die Rückfahrt nach Peking. Dann erst fiel mir ein, daß unser Fahrer das zweistündige Schläfchen nicht hatte halten können, das für die meisten Chinesen unerläßlich ist.
Als wir zur Hauptverkehrszeit die Stadt erreichten, sah ich, wie sich seine Augen schlossen. Zuerst wollte ich ihm einen Rippenstoß geben, aber dann hatte ich Bedenken, ihn so zu wecken. Deshalb kurbelte ich das Fenster herunter und begann, auf das Autodach zu trommeln, wobei ich eine Melodie sang. Dadurch blieb er für den Rest der Fahrt wach.

Frau Shu trifft ein

Im Mai kam meine Lehrerin, und meine negative Grundeinstellung änderte sich langsam. Frau Shu gefiel mir schon bei unserer ersten Begegnung. Als sie unser Hotelzimmer betrat, wirkte sie anders als viele Chinesen, die ich gesehen hatte. Sie hatte eine forsche Gangart; wenn sie sprach, funkelten ihre Augen hinter schwarzumrandeten Brillengläsern, und ihre Stimme war voller Leben. Sie sprach perfekt Deutsch, was Gerd beeindruckte. Ich bewunderte ihre selbstbewußte und gelöste Art und kam zu dem Schluß, daß es sich gelohnt hatte, drei Monate auf diese Lehrerin zu warten.
Ich begann, Chinesisch aus einem Konversationsbuch für Anfänger zu lernen. Aber es enthielt nicht das Vokabular, das man in einer Stadt brauchte, in der niemand Englisch sprach. Deshalb schlug ich vor, meine täglichen Lektionen aufzuschreiben. Dies bedeutete, daß ich den ganzen Tag mit einem Notizbuch umherging und die Worte und Wendungen niederschrieb, die ich brauchte, wenn ich mit Chinesen sprechen wollte. Frau Shu war mit meinem System einverstanden, das sich eher auf die gesprochene Sprache als auf Lesen und Schreiben konzentrierte.

Der Mai war plötzlich sehr schwül und warm geworden. Alte Männer saßen draußen und hatten sich die Hosen und Unterhosen bis zu den Knien aufgerollt, während ich meine Hemdsärmel bis zu den Ellbogen hochschob.
Das Schiff, das unsere persönlichen Habseligkeiten und all meine Sommersachen bringen sollte, war noch nicht eingetroffen; deshalb war ich auf meine Winterkleidung angewiesen. Ich versuchte, Blusen von der Stange zu kaufen, doch sie waren für flachbrüstige Frauen mit kurzer Taille gedacht, zu denen ich nicht gehöre.
Aber Hongkong, berühmt für seine rund um die Uhr geöffneten Schneidereien, war verlockend nahe. Außerdem würde mir ein Szenenwechsel guttun. Die ersten Monate der Anpassung waren sehr schwierig gewesen, und ich sehnte mich nach einem saftigen Lendensteak, eleganten Geschäften, einem modernen, makellosen Hotelzimmer und ungestörten Gesprächen.
Ich beschloß, nach Hongkong zu fliegen. Aber bevor ich Peking verlassen konnte, benötigte ich eine Reiseerlaubnis. Dazu mußte Gerd die chinesische Bürokratie bemühen. Er schrieb einen Brief an das Informationsministerium und beantragte eine Reiseerlaubnis für mich. Nachdem die Genehmigung erteilt war, mußte ich das Öffentliche Sicherheitsbüro aufsuchen, wo das letztmögliche Datum für die Rückkehr nach China auf den Schein gestempelt wurde. Erst danach konnte ich einen Flug bei der CAAC (der nationalen chinesischen Fluggesellschaft) reservieren lassen und eine Karte nach Kanton kaufen.

Schock in Hongkong

Ich hatte die Wahl, zwei Nächte in einem Zug zu verbringen oder zunächst nach Kanton zu fliegen, und ich entschied mich für die zweite Möglichkeit. Der Flug nach Kanton (1600 Meilen) gab mir viel Zeit, mich auszuruhen und Appetit zu entwickeln, denn er dauerte mit Zwischenlandungen sechseinhalb Stunden, und unterwegs wurde kein Essen serviert. (Ein Jahr später machte ich die gleiche Reise in weniger als drei Stunden mit einer Boing-Maschine, die China von den USA gekauft hatte.)
Die jungen Stewardessen sahen aus, als hätten sie gerade die

Mittelschule verlassen. Alle waren sehr hübsch; sie trugen Uniformen, die aus blauen Hosen, weißen Blusen und blauen Jacken bestanden.
Jede von ihnen hatte hüftlange Zöpfe, einen samtigen Teint und lächelte freundlich. Wenn sie nicht bedienten, sprachen sie ein paar Worte Englisch: »Möchten Sie eine Orangeade oder Tee?« »Bitte, nehmen Sie noch Bonbons, Zigaretten und Kaugummi.« Doch damit ließ sich das Loch in meinem Magen nicht stopfen, und auch jene Ausländer, deren Bitte um alkoholische Getränke mit den Worten: »Wir haben keine!«, beantwortet wurde, waren so nicht zufriedenzustellen.
Neben den Ausländern waren gutgekleidete Chinesen an Bord, die wie erfahrene Reisende wirkten. Sie mußten auf Geschäftsreisen gewesen sein, da Privatflüge, wie ich hörte, nicht gestattet waren. Nach ihrer Kleidung – elegant geschnittene Anzüge mit hohen Kragen – zu schließen, mußten sie hohe Regierungsfunktionäre sein.
Mich verblüffte, daß einige Passagiere ihre Mütze nicht abnahmen, obwohl ihnen Schweißtropfen über die Wangen liefen. Ich hatte bemerkt, daß die Männer ihre Mützen im Winter nie abnahmen, aber nun war es ja warm. Erst später erfuhr ich, daß es für die Chinesen, die nach dem Mondkalender lebten, immer noch Frühling war, was bedeutete, daß Mützen eben noch getragen wurden. »Es ist ungesund, sich für den Sommer zu kleiden, bevor er offiziell begonnen hat«, erklärte ein chinesischer Freund.
Da keine Flugzeuge zwischen Kanton und Hongkong verkehrten, mußte ich meine Reise nach einer Übernachtung in Kanton mit der Eisenbahn fortsetzen. Der Zug zur Grenzstation Shumchun fuhr am frühen Morgen ab.
Kanton und Peking schienen mir so verschieden wie New Orleans und Boston. Während Peking ruhig und wenig aufregend ist und die Menschen reserviert und ohne Hektik sind, ist Kanton lebhaft und laut, und die Menschen wirken gelöst und gesellig. Die Bewohner von Kanton trugen buntere Kleidung und sahen salopper aus als die Menschen im Norden; sie verbrachten ihre Tage und Abende auf den Straßen und Bürgersteigen, wo es kühler ist. Nachts – ungefähr zu der Zeit, zu der sich die Einwohner von Peking schlafen legten – waren die Restaurants und Straßen von Kanton immer noch voller Menschen.

Am nächsten Morgen machte ich die zweistündige Reise zur Grenze in einem klimatisierten Sonderzug, der verstellbare Liegesitze mit weißen Überzügen und Spitzendeckchen hatte. Die Fensterbänke waren gerade gesäubert worden, und die junge Zugbegleiterin wischte häufig die fleckenlosen roten Linoleumgänge ab. Sie servierte Tee, das einzige verfügbare Getränk, während chinesische Funktionäre, die in unserem Wagen saßen, chinesisches Geld gegen ausländische Währung eintauschten. Es war illegal, chinesisches Geld mit ins Ausland zu nehmen.

Das Innere des Zuges schien ungewöhnlich kahl. Der einzige Schmuck an den Wänden war ein Bild von Kweilin, einer Stadt im südwestlichen China, die für ihre Felsenformationen berühmt ist.

Ich schob die weißen Spitzenvorhänge zurück, um die üppige grüne Landschaft des Südens zu betrachten. Bauern, die breite Strohhüte trugen, standen knietief in Reisfeldern und pflanzten Schößlinge. Wasserbüffel zogen Pflüge durch die Felder oder ruhten sich im Wasser aus, das sie bis auf die zwei großen Nasenlöcher ganz bedeckte. Ab und zu gingen alte Männer mit Stöcken neben grasenden Büffeln einher, die junge Reiter auf dem Rücken trugen.

An der Grenze war die Zollabfertigung reine Routinesache, und ich brauchte meine Tasche nicht zu öffnen. Dann überquerte ich zum erstenmal in meinem Leben eine Grenze zu Fuß. Um China zu verlassen und Hongkong zu betreten, muß man eine hölzerne Eisenbahnbrücke passieren.

Als ich mich umdrehte, um einen letzten Blick auf die Volksrepublik China zu werfen, sah ich ein vertrautes Schild mit der Aufschrift »Lang lebe die Einheit der Völker der Welt« und »Lang lebe die Volksrepublik China«. Armeeposten in Khakiuniformen und Mützen mit roten Sternen standen in Habachtstellung auf der Brücke. Ich schaute nach vorn und war überrascht. Die Zollbeamten von Hongkong, ebenfalls Chinesen, trugen weiße Bermudashorts, weiße Mützen, weiße Hemden und weiße Kniestrümpfe. Dieser Kontrast in der Kleidung und der plötzliche Lärm brachten mich aus der Fassung.

Nachdem wir den Zoll in Hongkong passiert hatten, bestiegen wir den Zug, dem Ausländer den Spitznamen »Gin-and-Tonic-Expreß« gegeben hatten. In der Volksrepublik wurde nämlich kein importierter Alkohol verkauft.

Die Fenster des Zuges waren geöffnet, um eine Brise hereinzulassen, aber gleichzeitig drangen Kohlenstaub und Asche ins Innere. Die stinkende Toilette war nicht zu benutzen. Die Sitze waren aufgerissen, meiner konnte nicht einmal zurückgestellt werden. Wenn der Passagier vor mir sich zurücklehnte, drückten sich meine Knie gegen ihn. Papier und Speisereste lagen in den Gängen herum. Das Innere des Zuges war mit Reklameplakaten vollgeklebt, die *Mao-tai,* den Schnaps aus Kweiling, Pillen gegen Kehlkopfentzündung, Viceroy-Filterzigaretten usw. anpriesen.

Faltige und verhutzelte alte Frauen, in Schwarz gekleidet, gingen auf dem Gang hin und her und boten ihre Waren in Pidgin-Englisch an. »Hübsche schwarze Regenschirme, müssen haben«, »Süßigkeiten, Süßigkeiten, warum Sie nicht wollen?« Die Aufforderung »Gin, Whisky bitte« brauchte nicht wiederholt zu werden.

Ich schaute aus dem Fenster und weidete meine Augen an dem glänzenden blauen Meer und den hoch aufragenden Bergen im Hintergrund, aber dann sah ich die Abfallhaufen und Trümmer. Ich entdeckte ungewaschene, in Lumpen gekleidete Kinder, Hütten mit Fenstern aus Zellophanpapier und Baracken mit Dächern aus Teerpappe. Diese Zeichen der Armut ließen den schönen Hintergrund vergessen. Als die Fahrt ihrem Ende entgegenging, kamen Wohnhochhäuser mit zerbrochenen Fensterscheiben, mit Wäsche an Bambusstangen zugehängte Balkons und chinesische Frauen mit Lockenwicklern ins Blickfeld. Ich begann, mich sehr unwohl zu fühlen.

24 Stunden nach meiner Abreise aus Peking – fast so lang wie der Flug von Paris nach Peking – erreichte ich Kowloon, eine Stadt auf der Festlandseite von Hongkong. Vor dem Bahnhof streckte ein abgezehrter, gebeugter alter Mann seine geäderte, zitternde Hand nach Geld aus. Das beunruhigte mich, denn ich hatte vergessen, daß es Bettler gibt. In der Volksrepublik war Betteln verboten.

Als ich zum Hotel ging, kam ich an chinesischen Mädchen in engen Blusen mit tiefem Ausschnitt und kurzen Röcken vorbei. Ihre bemalten Gesichter wirkten wie Masken, und ihre langen Fingernägel waren sorgfältig mit rotem Lack manikürt. Ihr schwarzes Haar hing ihnen entweder lose über den Rücken oder war zu engen Locken gedreht, manchmal mit gefärbten roten oder blonden Strähnen. Verglichen mit den Frauen in

Peking, die unförmige Kleidung, strenge Frisuren und kein Make-up trugen, sahen sie wie Prostituierte aus.
Alte Rikschafahrer liefen auf muskulösen Beinen vorbei; ihre Kraft war erstaunlich. Die Passagiere – westliche Touristen – lachten und genossen diese exotische Transportmethode. Auch dies war ein neuer Anblick für mich. In Peking gab es keine Rikschas. Sie waren gesetzlich verboten, weil die Chinesen meinten, daß das eine Arbeit für Tiere und nicht für Menschen sei.
Ich war erstaunt, auf den Straßen junge Paare zu sehen, die sich eng umschlungen hielten; manche küßten einander sogar. In Peking wagten Paare es kaum, in der Öffentlichkeit ihre Hände zu berühren. All diese Dinge war ich nicht mehr gewöhnt, und zum erstenmal wurde mir bewußt, daß Peking mich stark beeinflußt hatte.
Als ich mich in meinem Hotel in Hongkong anmeldete, fiel mir eine kleine Notiz auf der Meldekarte auf: »Gäste sollten alle Wertsachen und Geld aus Sicherheitsgründen in einem Schließfach verwahren.« In Peking befanden sich mein Schmuck und mein Geld in unserem unverschlossenen Zimmer. Schließfächer gab es nicht.
Nachdem der Träger meinen Koffer auf mein Zimmer gebracht hatte, dankte ich ihm, aber er blieb stehen. Plötzlich fiel mir ein, daß ich ihm kein Trinkgeld gegeben hatte. Als er hinausgegangen war, sah ich eine Aufschrift an der Innenseite der Tür, die den Gästen riet, das Doppelschloß von innen zu sichern, wann immer sie im Zimmer waren.
Ich nahm an, daß ich meine ersten Eindrücke bald revidieren würde, und machte mich auf, Sommerkleidung einzukaufen. Doch das turbulente Leben in Hongkong verwirrte mich. Von Chauffeuren gefahrene Mercedes-Wagen setzten kostbar gekleidete Chinesen vor exklusiven Juweliergeschäften ab, deren Türen verschlossen waren und vor denen Wachtposten standen. Straßenhändler kamen auf mich zu und versuchten, mir besonders günstige Ware zu verkaufen, die wie Diebesgut aussah. Aufdringliche Verkäuferinnen versicherten mir, daß alles, was ich anprobierte, wunderschön aussehe. Dröhnende westliche Hits wetteiferten mit chinesischer Musik.
Diese Szenen kamen mir nur deshalb seltsam vor, weil Chinesen die Hauptrollen spielten. Ich war an das Verhalten, das Äußere und den Lebensrhythmus der Chinesen in der Volksre-

publik gewöhnt und fühlte mich hier unbehaglich. Verstört und enttäuscht beschloß ich, meinen Aufenthalt zu verkürzen. Statt eine ganze Woche zu bleiben, beendete ich meine Einkäufe innerhalb von drei Tagen und kehrte in meinen sicheren Pekinger Kokon zurück.

2. Kapitel

Sommer

Der Umzug in die Wohnung

Während ich in Hongkong war, erhielt Gerd die Nachricht, daß das Schiff mit unseren Haushaltscontainern bald in Hsinkang, einem 200 Meilen östlich von Peking gelegenen Hafen, gelöscht würde. Es war Mitte Juni, und die feuchte, regnerische Sommerzeit setzte ein. Ausländer warnten uns. Der Hafen habe keine Schuppen, um die Fracht zu schützen. Wir befürchteten, daß unsere Habseligkeiten unter dem Regen leiden könnten, nahmen Kontakt mit dem Servicebüro auf und baten darum, einen Unterstand für unsere Sachen bereitzustellen.
Wir hatten immer noch keine Wohnung, aber innerhalb weniger Tage rief jemand vom Servicebüro an und forderte uns auf, eine Wohnung in einem neuen Block zu besichtigen. Wir fuhren durch die Tore eines umzäunten, für Ausländer reservierten Geländes. Ein Mann vom Servicebüro erwartete uns am ersten Eingang zu einem achtstöckigen Ziegelsteingebäude. Wir betraten einen schlechtbeleuchteten Flur und kamen an einer Fahrstuhlführerin vorbei, die in einem erhöhten Verschlag dem Aufzug gegenüber saß und eine Zeitung las.
Die Wohnung, die der Mann uns zeigte, war eine von zweien im Erdgeschoß und hatte seit der Fertigstellung des Gebäudes sechs Monate zuvor leergestanden. Wir öffneten die Tür und betraten den Flur, der zu einem geräumigen Wohnzimmer, dem daran anschließenden Eßzimmer und der Küche führte. Wir durchquerten das Wohnzimmer und erreichten den anderen Teil der Wohnung, wo ein Schlafzimmer mit einem eingebauten Kleiderschrank und ein weiteres mit einem abgeschirmten Balkon lagen. Die Größe des Badezimmers und seine riesige Wanne beeindruckten mich; Bubbles war vom Bidet begeistert. Sie sprang hinein und hockte sich hin, um sich abzukühlen.

Die geräumige Küche machte mir am meisten Spaß. Sie war ausgerüstet mit eingebauten Wandschränken, einem Gasherd mit drei Brennern, Lagermöglichkeiten, Spülbecken und einem Außenbalkon mit Müllschlucker.
Dann folgten wir einem weiteren Korridor, der vom Eingangsflur abzweigte, und betraten ein kleines Badezimmer mit Toilette und Dusche sowie ein weiteres Schlafzimmer, das als Büro vorgesehen war.
Die Wohnungsmiete betrug 400 Yuan (rund 400 DM) pro Monat; wir erklärten uns sofort einverstanden und nahmen die Vorschrift zur Kenntnis, daß wir keine Löcher in die Wand bohren oder die Beleuchtungskörper von der Decke entfernen durften. Diese Bedingungen des Servicebüros ließen viele vermuten, daß oben »Wanzen« angebracht waren, aber bis dahin hatte niemand einen schlüssigen Beweis dafür gefunden.
Unsere Vorderfenster gingen auf einen Garten mit Forsythienbüschen und hellroten blühenden Mandelbäumen hinaus. Hinter den jungen Bäumen war ein Zaun gezogen und etwa sieben Meter weiter lag die Chang An, die Hauptverkehrsstraße Pekings.
Von unserer Küche aus konnten wir den Eingang zu unserem Gelände sehen. Zwei Wächter der Volksbefreiungsarmee mit Pistolen am Gürtel standen vor dem Tor. Sie ließen Ausländer durch, überprüften aber die Chinesen, die einen Passierschein vorzeigen mußten, bevor sie eingelassen wurden. Als ich fragte, weshalb diese Wachtposten nötig seien, wurde mir geantwortet: »Um die Ausländer, die hier wohnen, zu schützen.« Ich hätte am liebsten gefragt, was damit gemeint sei, aber ich wußte, daß es ein schlechter Zeitpunkt war und ein Angestellter des Servicebüros eine so herausfordernde Frage nicht beantworten konnte.
Sand und Schmutz, die sich in den sechs Monaten angesammelt hatten, veranlaßten uns, eine Reinemachefrau als Ganztagskraft einzustellen, die uns 120 Yuan im Monat kosten würde. In Bonn war ich daran gewöhnt gewesen, daß für ein paar Stunden in der Woche eine Haushaltshilfe kam, doch mir war klar, daß das Klima von Peking viel mehr Hausarbeit erfordern würde, als ich selbst erledigen konnte.
Das Servicebüro schickte uns eine Frau, die zerbrechlich und sehr ängstlich aussah. Frau Yin kam direkt aus einer Fabrik und

hatte noch nie für eine ausländische Familie im Haushalt gearbeitet. Wir waren wahrscheinlich die ersten Ausländer, mit denen sie je gesprochen hatte, und sie war nervös. Außerdem muß die Größe unserer Wohnung sie überwältigt haben. Ihre Familie, die aus vier Personen bestand, lebte wahrscheinlich wie die meisten in einem oder zwei Zimmern. Unsere Wohnung war viermal so groß.

Zehn Tage lang waren Frau Yin und ich damit beschäftigt, die Staubschichten von den Wänden abzukratzen, die einmal weiß gewesen waren, und das Parkett und die Kachelböden zu säubern und zu polieren. Einmal fiel mir auf, daß sie müde und blaß aussah, und ich schickte sie früher nach Hause mit der Begründung, ich sei zu erschöpft, um weiter zu arbeiten. Aber später hörte Frau Yin von der stets aufmerksamen Fahrstuhlführerin, daß ich doch weiter geputzt hätte, und von da an weigerte sie sich, nach Hause zu gehen, ehe ich wirklich zu arbeiten aufhörte.

Unsere Container kamen mit dem Lastwagen nach Peking; als die Packer sie öffneten, entdeckten sie, daß die innere Plastikhülle schon unter dem Gewicht des angestauten Wassers durchsackte. Noch ein weiterer Regentag, und alles wäre total durchnäßt gewesen.

Gerd, der Dolmetscher, die Reinemachefrau und ich halfen den Packern beim Entladen. Zu unserer Überraschung waren wir bereits nach einem Tag fertig. Herr Chen erklärte später: »Die Hilfe von Herrn Ruge inspirierte alle, schwerer zu arbeiten« – außer dem Fahrer, der wie ein Buddha hinter dem Lenkrad des Autos saß, bis schließlich die Fahrräder ausgepackt wurden. Dann erst fühlte er sich in die Pflicht genommen. Er stieg aus und bot sich an, die Reifen aufzupumpen.

Innerhalb einer Woche gaben uns das gewohnte Mobiliar, die überall verstreuten vertrauten Kleinigkeiten, die an den Wänden hängenden Bilder und die grünen Pflanzen auf den Fensterbänken ein Gefühl der Häuslichkeit. Der Dienst-Mercedes und unser neuer Fahrer, Herr Liu, waren eingetroffen. Für Herrn Lius Dienste zahlten wir 150 Yuan im Monat – das war weniger als ein Fünftel dessen, was der gemietete »Shanghai« mit seinem Chauffeur uns gekostet hatte.

Herr Liu war ein attraktiver und lebhafter junger Mann. Er war stolz darauf, einen Mercedes, den Wagen mit dem größten

Prestige auf chinesischen Straßen, zu fahren, und er wusch ihn täglich.

Unser Personal arbeitete fünfeinhalb Tage pro Woche; ich brauchte einige Zeit, um mich daran zu gewöhnen, daß jeden Tag von 9 bis 17 Uhr Menschen um mich herum waren. Gerd benötigte den Dolmetscher und den Fahrer während des ganzen Arbeitstages. Frau Yin allerdings schickte ich oft viel früher nach Hause.

Mich freute, daß die drei sehr gut zusammenarbeiteten und häufig nicht nur mir, sondern auch einander halfen. Einmal unternahmen Herr Liu, Frau Yin und ich etwas gemeinsam.

Frau Yin benötigte Reinigungsmittel für den Haushalt, und Herr Liu erklärte sich bereit, sie zu dem entsprechenden Geschäft zu fahren. Nachdem sie sich vorsichtig auf den Vordersitz gesetzt hatte, griff sie sofort nach dem Armaturenbrett und hielt sich, als wir uns in Bewegung setzten, daran so fest, daß ich die weiß hervortretenden Knöchel auf ihrem Handrücken erkennen konnte. Sie war – wie viele andere Chinesen – noch nie mit einem Auto gefahren.

Als wir drei das Geschäft betraten, wichen die anderen Kunden bei meinem Anblick zurück, ein Verkäufer unterbrach die Bedienung einer Frau und kam auf mich zu. Herr Liu und Frau Yin erklärten, was sie wollten, während der Verkäufer ihnen langsam jeden Artikel reichte, den sie gründlich inspizierten. Wenn sie nicht zufrieden waren, ging der Verkäufer ins Lager und kehrte mit neuer Ware zurück, die nicht ausgestellt war. Mir fiel auf, daß kein anderer Kunde so behandelt wurde, und ich fühlte mich unwohl wegen des Aufhebens, das um mich gemacht wurde. Aber Herr Liu und Frau Yin genossen die Situation sichtlich.

Neunzig lange Minuten später verließen wir das Geschäft, beladen mit einem schweren Mop, hergestellt aus langen bunten Wollreststreifen, einem Staubwedel – Hühnerfedern an einem Bambusgriff –, einem kurzen Kleiderbesen aus Stroh, mit dem der Boden und die Teppiche gefegt werden konnten, einem Holzwaschkrug, Fliegenklatschen, einem Aluminiumeimer, Seife und Waschmittel. Ich war nach der zeitraubenden Einkaufszeit ermüdet, doch Herr Liu und Frau Yin strahlten und schienen sehr zufrieden mit dem, was sie erworben hatten.

Obwohl wir an Reinigungsmitteln keinen Mangel hatten, hielt

ich es für besser, Frau Yin freie Hand zu geben. Ihre erste Aufgabe bestand darin, jeden Morgen durch die Wohnung zu gehen und die Fliegen zu töten; auch tagsüber war die Fliegenklatsche immer in Reichweite. Das Töten von Fliegen war ein wichtiger Teil des chinesischen Hygieneprogramms, und sogar Flugzeugstewardessen war es zur Pflicht gemacht worden. Auf einem meiner Flüge hielt die Stewardeß, die mir Tee servierte, für einen Moment inne, zog eine Fliegenklatsche aus der Tasche, tötete eine Fliege und reichte mir dann meine Tasse Tee.
Nachdem unser Haus fliegenfrei war, kümmerte Frau Yin sich um die Wäsche. Sie reinigte unsere Sachen und schlug sie kraftvoll gegen das Waschbrett. Bald begann ich, mir Sorgen zu machen, ob der Stoff unter einer solchen Behandlung nicht leiden würde.
In der Küche stand eine Waschmaschine, aber sie war noch nicht benutzt worden. Die Zeit war jetzt reif. Zuerst mußte ich erklären, wie sie funktionierte. Herr Chen, Herr Liu und Frau Yin traten zu einer Demonstration an. Als ich die Maschine zum erstenmal anstellte, standen die drei stumm, mit aufgerissenen Augen und geöffneten Mündern da.
Eine Woche später lud Frau Yin mich in die Küche ein. Ich wußte, daß Herr Chen ihr die Technik beigebracht hatte, und sie zeigte mir stolz, daß sie nun die Maschine allein bedienen konnte. Aber für arg verschmutzte Sachen benutzte sie immer noch ihr Waschbrett.
Der Staubsauger beeindruckte sie nicht im geringsten. Ich zeigte ihr, wie er funktionierte, und erklärte, daß er das Saubermachen erleichtere, aber aus einem mir unverständlichen Grund benutzte sie ihn nicht, sondern fegte den Teppich weiterhin.
Da ich mich jetzt eingerichtet hatte, schauten einige unserer Hausnachbarn vorbei. Gerds Kollegen baten uns zum Abendessen, und Botschaften schickten uns Einladungen zu Empfängen. Diese Popularitätswelle war der Tatsache zu verdanken, daß unsere Namen, unsere Telefonnummer und unsere Adresse in das kleine Journalistentelefonbuch aufgenommen worden waren, das das Außenministerium veröffentlichte und an Ausländer verteilte. Außerdem erhielten wir ein separates Telefonbuch, das Diplomaten nach Botschaft und Rang aufführte. Ein Pekinger Telefonbuch stand uns jedoch nicht zur Verfügung.

Zuerst freute ich mich darüber, daß ich eingeladen wurde, an den Aktivitäten der kleinen Ausländergemeinschaft von rund dreitausend Menschen teilzunehmen. Es gab Bridge- und Mah-Jongg-Gruppen, Klassen für Yoga und Ikebana (die japanische Kunst des Blumenarrangierens), fremdsprachige Konversationskreise, einen Chor und Englisch für Ausländer. Aber ich lehnte all diese Einladungen ab und schloß mich statt dessen einer Gymnastikklasse an, die dreimal pro Woche im Keller einer Botschaft zusammenkam. Außerdem spielte ich gern Tennis im International Club, und gelegentlich nahm ich auch Einladungen zu Frauentreffen an, weil ich darauf bedacht war, andere Frauen kennenzulernen und zu erfahren, wie sie ihre Zeit in Peking verbrachten.

Wir trafen uns dann in einer Botschaftsresidenz oder in irgendeiner Wohnung. Dort konnte ich meinen Heißhunger auf Luxusartikel wie importierte ausländische Pralinen, Kekse, Käse und Wein stillen. Das einzige, was mir zu schaffen machte, war die Unterhaltung. Jede Teilnehmerin hatte irgend etwas zu bemängeln: Das chinesische Essen war zu fett. Das Fleisch war zäh, die Schneider hatten ein Stück Seide zerrissen. Ein Verkäufer in einem Freundschaftsladen war unverschämt. Die Chinesen waren faul.

Meine größte Enttäuschung hatte nichts mit diesen Beschwerden zu tun. Ich wollte den Chinesen näher sein, sie und ihre Lebensweise verstehen und sogar Freundschaften schließen, wenn das möglich sein sollte. Deshalb zog ich mich bald wieder zurück und erkundete auf Gerds Fahrrad die chinesische Welt.

Vom Einfluß des Wetters

Die Chinesen werden immer vom Wetter in Atem gehalten. Es gehörte ständig zur Konversation. Im Sommer sprachen die Chinesen wie ausgebildete Meteorologen; ihr Wissen stützte sich auf den chinesischen Mondkalender, der den Juli und August in vier heiße Perioden einteilt.

An glühendheißen Tagen, wenn die Temperatur 37 Grad Celsius erreichte und die Luftfeuchtigkeit 95 Prozent betrug, tröstete eine chinesische Freundin mich, indem sie voraussagte, wann der Hitzezyklus vorbei sein und an welchem Tag die

Temperatur fallen werde. Als sich die Prophezeihung erfüllte, begann ich, langsam an den Kalender zu glauben.

Die Chinesen beklagten sich nie über die Hitze – im Gegensatz zu mir. Wenn es warm war, fächelten sie sich mit einem Fächer, den sie immer in Reichweite liegen hatten, frische Luft zu, während ich schwitzte. Sie bewegten sich an heißen Tagen langsam und tranken eine Menge warmen Tees. Ich beeilte mich wie gewöhnlich, so daß mir der Schweiß über das Gesicht rann. Nach dem Mittagessen schliefen sie zwei Stunden, während ich irgendeiner Beschäftigung nachging. Erst als ich ihre Bräuche im folgenden Sommer allmählich übernahm, fand ich die Hitze erträglicher.

Die Nächte waren für mich am schlimmsten. Im Gegensatz zu den Chinesen hatten wir Klimaanlagen. Nur: Sie funktionierten selten. Häufig brannte eine Sicherung durch, wenn beide Klimaanlagen gleichzeitig arbeiteten; dann mußten wir bis zum nächsten Morgen warten. Erst dann trafen die Elektriker ein.

Nach vier Stromausfällen in einer Woche bat ich um den Schlüssel zum Sicherungskasten, damit wir den Schalter selbst umlegen konnten. »Das ist unsere Aufgabe«, sagte der Elektriker, und ich wußte aus Erfahrung, daß es nichts gab, um ihn von seiner Meinung abzubringen.

Frau Shu, meine Lehrerin, kam jeden Morgen pünktlich um 8.30 Uhr; wenn sie die Ringe unter meinen Augen sah, wußte sie, daß die Hitze mich nicht hatte schlafen lassen. »Warum versuchen Sie nicht, im Sommer so wie die Chinesen zu schlafen?« fragte sie. »Kaufen Sie sich eine Strohmatte und legen Sie sie über ihr Bett. Dann decken Sie sich mit einer Frotteedecke zu. Ich schlafe fast jede Nacht gut.«

Im ersten Sommer kam ich nicht dazu, ihrem Vorschlag zu folgen. Aber als ich ihre Methode endlich ausprobiert hatte, bedauerte ich meine frühere skeptische Einstellung, denn zum erstenmal schlief ich die ganze Nacht hindurch, ohne daß die Hitze mich weckte.

Das Sommerwetter war so wechselhaft, daß kein Radfahrer – außer mir – morgens seine Wohnung verließ, ohne auf einen Regenguß gefaßt zu sein. Die Chinesen falteten blaue oder graue Plastikregenmäntel zu faustgroßen Päckchen und stopften sie in die unentbehrlichen Schulter- oder Handtaschen, die sie immer bei sich hatten.

Gewöhnlich war ich mit meinem Fahrrad mehrere Meilen von zu Hause entfernt, wenn sich der Himmel plötzlich bewölkte. Während die Chinesen rasch ihre Regenmäntel anzogen, begann ich, eilig nach Hause zu fahren. Aber ich entging dem Regen nur selten, der niederprasselte und mich in Sekundenschnelle durchnäßte. Andere Radfahrer, die unter ihren Regenmänteln und Schirmen trocken blieben, lachten, wenn ich ihnen klatschnaß begegnete. Ich dagegen fragte mich, wie sie die Hitze unter der Plastikhülle aushielten.

An heißen Tagen war der Regen ein Geschenk für die Kinder, die kaum Möglichkeiten zum Schwimmen hatten. Sie patschten durch Ströme von Wasser und spielten im Schlamm, bis sie aussahen, als wären sie in Schokolade getaucht worden.

Etwa sechs Wochen lang erlebten wir im Sommer jeden Tag einen Platzregen, der nie länger als eine Stunde dauerte. Dann hellte sich der Himmel auf, und die Sonne brannte. Das Straßenpflaster dampfte, Regenmäntel wurden eingepackt, Fußgänger fächerten sich frische Luft zu, und meine Kleidung trocknete wieder.

Aber der Regen verschaffte nur zeitweilige Erleichterung. Innerhalb einer Stunde war der Boden trocken, die Pfützen waren verschwunden, und die Wasserwagen besprühten wieder Bäume, Bürgersteige und vor Vergnügen quietschende Kinder.

Morgendliche Aktivität im Park

Ich stand regelmäßig gegen 5.30 Uhr oder 6 Uhr auf und sah Dauerläufer an unseren Fenstern vorbeikommen und Arbeiter, die von der Nachtschicht zurückkehrten. Da dies die kühlste Tageszeit war, eignete sie sich ideal zum Radfahren, und manchmal war ich um 7 Uhr unterwegs. Zu dieser Stunde verkehrten wenige Autos, doch Fahrräder waren überall zu finden.

Manche Leute hielten an, um sich auf dem Weg zur Arbeit ihr Frühstück zu kaufen. Dreiräder waren am Straßenrand abgestellt, und ein Angestellter aus einem örtlichen Restaurant verkaufte Zigaretten und *Yo ping*, flache, fast runde Stücke aus gebratenem Teig, die die Chinesen gern zum Frühstück essen. Die *Yo pings* schmeckten mir, aber ich konnte nie mehr als

einen essen; in warmem Zustand waren sie köstlich, doch schwer zu verdauen, wenn man sie kalt aß.
Meist steuerte ich auf den »Sonnenaltar«-Park zu, wo sich die Chinesen aus unserer Nachbarschaft morgens versammelten. Nach der Zahl der Räder zu schließen, die vor den Toren des Parks standen, gehörte ich immer zu den letzten Ankömmlingen.
Eine braune Staubwolke schlug mir ins Gesicht, kurz nachdem ich den Park betreten hatte. Die Straßenfegerinnen hatten schon begonnen, die Bürgersteige zu säubern. Wenn sie aufblickten und sahen, daß statt eines Chinesen eine Ausländerin aus dem Staub auftauchte, schienen sie überrascht und kicherten vor Verlegenheit. In der Stadt unterbrachen die Straßenfegerinnen fast immer ihre Arbeit, bis ich vorbeigegangen war.
Ein kreisförmiger Garten, in dem säuberliche Reihen von roten Geranien gepflanzt waren, war nicht weit entfernt. Ich blieb nicht stehen, während Chinesen bewundernd auf einzelne Blumen wiesen. Sie liebten Blumen, die – in Peking – ein nur in Parks zu findender Luxus waren.
Ein breiter Sandpfad, der von Reihen gepflegter Blumen eingerahmt war, führte zum Mittelpunkt des Parks. Unterwegs traf ich eine weitere Gruppe von Straßenfegerinnen, die weiße Kochmützen, Schutzmasken, verblichene blaue Drillichhosen und -jacken trugen. Sie fegten den Pfad in zeitlupenartigem Tempo. Während ich vorbeiging, machten sie eine Pause; dann sammelten sie von neuem die Papierfetzen und Obstschalen auf. Leere Abfallkörbe standen in der Nähe, aber niemand machte sich die Mühe, sie zu benutzen.
An beiden Seiten des Gehweges waren Fotos der neuen Fabriken und mechanisierten Landwirtschaftsgeräte Chinas in Glaskästen ausgestellt. Dazwischen sah man Bilder des Vorsitzenden Mao, der ausländische Würdenträger begrüßte, und von Regierungsführern, die Arbeiter und Bauern besuchten.
Vor jedem Bild standen Menschen, die den Begleittext laut lasen und jede Szene lange anstarrten. Ähnliche Ausstellungsstücke waren an Haupt- und Nebenstraßen angebracht, wo sie eine der größten Attraktionen darstellten. Sie glichen Museen auf dem Bürgersteig.
Ich war oft an diesen Bildern vorbeigekommen und ging deshalb direkt zum Ende des Eingangspfades, wo sich vier

Rentner in den Sechzigern eine grüne Parkbank teilten. Wir begrüßten einander wie alte Freunde. Wann immer ich den Park besuchte, saßen sie dort und trugen dieselbe Kleidung.

Einer der vier hatte schon seine graue geflickte Hose bis zu den Knien hochgekrempelt und war gerade dabei, die langen Ärmel seines weißen Hemdes bis zu den Ellbogen aufzurollen.

Ein anderer, der mit seinem geschorenen Kopf wie ein Mönch aussah, fuchtelte mit einem Bambusstock in der Luft herum und sprach mit lebhafter Stimme. Als er mich sah, unterbrach er sich, um zu lächeln, wobei er viele Zahnlücken enthüllte.

Der dritte trug knielange Shorts, die wahrscheinlich einmal lange Hosen gewesen waren, darüber ein weißes zerrissenes T-Shirt und schwarze Baumwollschuhe. Er hörte der Unterhaltung zu, wobei er grunzte und mit einem grünen Plastikregenschirm auf den Boden klopfte.

Dem vierten Mann wuchsen am Kinn lange Büschel weißen Haares, was ein Zeichen des Alters war. Ich schätzte ihn zwischen fünfundsechzig und fünfundsiebzig. Sein Hauptinteresse bestand offenbar darin, sich die Pfeife aus einem ledernen Tabakbeutel zu stopfen, die an dem hölzernen Pfeifenstiel hing. Mir fiel sofort auf, daß er, obwohl er schielte, keine Brille trug. Später fand ich heraus, daß Brillen und Gebisse teuer sind und viele Menschen sie sich nicht leisten können.

Lieder der revolutionären Oper von Peking ertönten aus den umliegenden Buschgruppen, aber ich konnte niemanden erkennen. Die Sänger hatten sich hinter Bäumen versteckt und wollten offensichtlich nicht beobachtet werden. Während ich weiterging, äfften zwei halbwüchsige Jungen, die aussahen, als ob sie sich auf dem Schulweg einen Spaß machen wollten, die unsichtbaren Sänger nach.

Die Musik kam aus allen Richtungen. Bariton- und Sopranstimmen wurden nun von Instrumenten untermalt. Ein Akkordeonspieler saß, umgeben von singenden Freunden, auf einem kleinen künstlichen Hügel. Ein Posaunist ließ sich nicht von einem Trompeter stören, der in der Nähe Tonleitern übte. Bald klang der Park wie ein Orchester, das seine Instrumente stimmte.

Die Mandel- und Forsythienbäume lieferten mehr als Schatten und Schönheit. Eine untersetzte Frau in den Fünfzigern hob langsam das Bein und streckte es gegen einen niedrigen Ast. Eine andere massige ältere Frau hielt sich an einem jungen

Stamm fest, während sie Kniebeugen machte. Plötzlich knickte der Baum um, doch sie blieb unverletzt. Sie begann zu lachen, und die anderen stimmten ein.
Im Hintergrund hieb ein Mann mit den Fäusten gegen einen Baum. Er hatte seinen Vogelkäfig, der von einem weißen Tuch bedeckt war, in der Nähe an einen Ast gehängt. An demselben Ast hingen die blaue Jacke des Mannes, eine entsprechende Mütze und eine Schultertasche aus Segeltuch.
Ältere Männer und Frauen beschäftigten sich in Gruppen unter Bäumen mit Schattenboxen, einem traditionellen chinesischen Sport. Es sah aus, als tanzten sie in Zeitlupe ein Ballett. Erst später, als ich an einem zweimonatigen Schattenboxkursus im International Club teilnahm, wurde mir klar, wie schwierig diese Übung ist. Sie besteht aus 173 aufeinanderfolgenden Bewegungen, die Angriffs- und Verteidigungspositionen gegen imaginäre Gegner darstellen.
Die ersten unvergeßlichen Worte unserer Lehrerin waren: »Starren Sie nicht wild vor sich hin. Verstecken Sie Ihre Knochen. Neigen Sie die Schultern. Bilden Sie Speichel, entspannen Sie sich.« Diese Kombination war schon schwierig genug, aber gleichzeitig mußte ich eine bestimmte Folge von Bewegungen einhalten, einen fortlaufenden Rhythmus aufrechterhalten und die Stellung jedes Körperteils beherrschen. Hätte ich während jener ersten Spaziergänge durch den Park gewußt, wieviel Übung und Disziplin das Schattenboxen verlangt, ich hätte längere Pausen eingelegt, um diese Kunst und die Menschen, die sie gemeistert hatten, zu bewundern.
Schattenboxen war ein Sport, der von der älteren Generation an die jüngere weitergegeben wurde. Ein paar betagte Lehrer leiteten im Park Klassen von Männern und Frauen mittleren Alters an. Junge Leute sah ich nur selten teilnehmen.
Vor mir versammelten sich Zuschauer um einen jungen Mann, der nicht einmal ein Meter fünfzig groß war; er balancierte auf einer Hand, die auf einer kleinen Steinplatte ruhte. So wie er seinen Körper krümmte und verdrehte, erinnerte er an ein Stück Gummi. Ein paar Zuschauer versuchten, seine scheinbar mühelosen Bewegungen nachzuahmen, aber sie gaben rasch auf.
Neben ihm wurde eine Schwerttanzklasse unterrichtet. Jeder Teilnehmer besaß für die Übungen ein grobes, zu Hause geschnitztes Schwert. Dieser Sport schien die gleiche Disziplin

wie das Schattenboxen zu erfordern. Der Lehrer stieß das Schwert vor und zog es mit geschmeidigen, beherrschten Bewegungen zurück, wobei er Körperharmonie und -koordination bewies. Beim Weitergehen stieß ich fast mit einem jugendlichen Läufer zusammen, dessen Trainer seine Zeit für einen Fünfzigmetersprint stoppte.

Musik aus einem grün-blauen Holzpavillon zog mich an. Ein blinder Musiker spielte auf einer *Erh-hu,* einer traditionellen zweisaitigen Violine. Junge und alte Zuhörer saßen auf niedrigen hölzernen Klapphockern, die sie von zu Hause mitgebracht hatten, um ihn herum.

Dann stand eine grauhaarige Frau mit lederartigem, hartem Gesicht aus dem Publikum auf. Sie zog noch einmal an ihrer Zigarette, ließ den Stummel dann zwischen ihren gelb verfärbten Fingern baumeln und begann zu singen. Ich hatte eine grobe, heisere Stimme erwartet und war überrascht über die schönen und zarten Töne, mit denen sie eine klassische Pekinger Opernarie sang.

Als sie ihre Darbietung beendet hatte, sang ein Arbeiter, der eine graue Mütze trug und einen grauen Plastikranzen in der Hand hielt, das nächste Lied. Danach ging er zur Arbeit. Doch das Programm wurde fortgesetzt.

Das Publikum war gemischt. Menschen mit sensiblen und intelligenten Gesichtern hörten aufmerksam zu, nickten und lächelten bei vertrauten Melodien, die sie lange Zeit nicht gehört hatten. Alte Arbeiter saßen in einer Ecke, rollten sich Zigaretten und unterhielten sich. Großmütter spielten mit ihren Enkeln, fütterten sie mit Obst und Keksen und redeten ihnen gut zu, damit sie für ein paar Minuten still saßen und der Musik lauschten.

Ich kehrte der Musik den Rücken und schlenderte auf einen großen runden Marmoraltar zu, nach dem der Park benannt ist. In einem Reiseführer hatte ich gelesen, daß der Kaiser vor mehr als 450 Jahren hierhergekommen war, um Opfer zu bringen und zur Sonne zu beten. Nun war der Altar zur Bühne für zwei sechsjährige Kinder geworden, die einen Schwerttanz unter den kritischen Augen eines Lehrers übten. Sie waren mit blauen Sporthosen, darauf abgestimmten T-Shirts und schwarzen Gürteln bekleidet, die eine Taille vom Umfang meines Halses umschlossen. Die Präzision, das Selbstbewußtsein und die Anmut, die sie zeigten, beeindruckten mich; ich

reihte mich in die große, Beifall spendende Zuschauermenge ein und applaudierte ebenfalls.
In dem Marmorbogen, der etwa die Größe einer Eisbahn hatte, fanden andere Aktivitäten statt. Zwei Jungen spielten Badminton. Lehrerinnen, die weiße Kittel wie Krankenschwestern trugen, beaufsichtigten eine frisch gebürstete Kindergartenklasse bei der Morgengymnastik. Eine weitere Lehrerin rief halbwüchsigen Schulkindern, die paarweise durch das Kreiszentrum marschierten, Befehle zu.
Noch vor 8 Uhr war der Park fest in den Händen der Rentner, die ruhig auf Parkbänken saßen, Bücher und Zeitungen lasen, plauderten und strickten, während ihre Enkelkinder spielten. Als ich hinausging, zirpte ein Orchester von Zikaden einen Abschiedsgruß.

Der Koch trifft ein

Bei meiner Rückkehr erfuhr ich, daß unser Koch noch am selben Tag ankommen werde. Ich war an der chinesischen Küche interessiert, aber es gab keine Kochkurse für Ausländer. Gerd hatte daher beschlossen, einen Koch einzustellen, der uns das Mittagessen zubereitete; von ihm sollte ich die chinesische Kochkunst lernen. Dieser Luxus war uns 140 Yuan im Monat wert.
Das Servicebüro hatte uns gewarnt, daß wir lange auf einen Koch warten müßten, der sich auf chinesisches Essen spezialisiert habe. Aber man konnte uns fast sofort jemanden anbieten, der sich auf westliche Gerichte verstand. Dies war meine Spezialität, also entschieden wir uns zu warten.
Als Herr Yu eintrat, überraschten mich sein jugendliches Gesicht und seine winzige Gestalt. Er war 27 Jahre alt, und ich überragte ihn beträchtlich. Bis dahin war ich immer Köchen begegnet, die wie ihre eigenen besten Kunden wirkten, doch Herr Yu paßte nicht in dieses Muster. Er war kaum einen Meter fünfzig groß und wog etwa hundert Pfund. Sein freundliches Lächeln, seine großen dunklen Augen und sein kurzes Haar, das borstig abstand, gefielen mir sofort.
Seine Schüchternheit ließ ihn beinahe flüstern, und ich mußte mich anstrengen, um zu verstehen, was er sagte. Er teilte uns mit, daß er zum erstenmal für eine ausländische Familie arbeite

und daß er Wert darauf lege, uns zufriedenzustellen. »Was essen Sie?« fragte er. Ich war bereit, alles auszuprobieren – außer schleimigen Seeschnecken, eine teure und sehr beliebte chinesische Delikatesse, sowie Quallen, die ich einmal fälschlich für knusprige Nudeln gehalten und probiert hatte. Herr Yu versprach, uns ein Menü mit einfachen Gerichten zusammenzustellen.

»Was für Speisen soll ich für den Hund zubereiten?« fragte er mit sehr ernstem Gesichtsausdruck. Ich versicherte ihm, daß Bubbles Reste fressen könne. Später sah ich die rohen Leckerbissen, die er für sie beiseite legte. Bubbles fraß täglich ausgesucht gutes Fleisch! Da ich unseren Koch nicht beleidigen wollte, schlug ich vor, daß die Hündin abends fressen solle. Sobald er die Wohnung nach dem Mittagessen verlassen hatte, verwendete ich Bubbles' Mahlzeit für unser abendliches Eintopf- oder Gulaschgericht und sie bekam die Reste.

Zwei Wochen später präsentierte Herr Yu mir das handgeschriebene Menü, das er versprochen hatte, aber es war auf chinesisch abgefaßt, und ich konnte es nicht lesen. Also trug Herr Chen eine englische Übersetzung in das Original ein. Das vollständige Menü erinnerte mich an die Speisekarte eines chinesischen Restaurants in New York. Es hatte fünfzig Gerichte, die in einer bestimmten Folge durchnumeriert und arrangiert waren: Fisch, Geflügel, Fleisch und Gemüse. Das Menü wirkte vertraut, aber die Mahlzeiten von Herrn Yu waren viel besser als alle chinesischen Gerichte, die ich in den Vereinigten Staaten bestellt hatte.

Nach jedem Mittagessen bat Herr Yu mich, eine Wahl für den nächsten Tag zu treffen. Wenn ich zwei Speisen wählte, bestand er darauf, drei zu servieren. »Zwei Gerichte reichen für eine Person, nicht für zwei«, erklärte er.

Anfangs fiel mir auf, daß Herr Yu alle Reste fortwarf. Da ich sparsam bin, befahl ich ihm sofort, nichts in den Abfall zu werfen, was noch eßbar sei. Aber er ließ die kalten Reste weiterhin verschwinden. Ich wußte, daß Chinesen selbst nichts verschwenden, und wollte herausfinden, weshalb er sich so verhielt. Zuerst nahm ich an, daß er es tat, weil er uns für reich hielt und deshalb meinte, kein Essen aufbewahren zu müssen.

Ich fand den wahren Grund heraus, als ich mich mit chinesischen Freunden unterhielt, die mir erzählten, daß sie im Sommer gekochte Nahrung nie wieder aufwärmten, weil die

Speisen verdorben sein könnten. Chinesen haben keine Kühlschränke, kaufen im Sommer für jede Mahlzeit frische Lebensmittel und bereiten nur die Menge zu, die auch aufgegessen wird. Da er die Vorteile eines Kühlschranks nicht begriff, war Herr Yu skeptisch und folgte dem chinesischen Brauch auch im Sommer.

Sorgfältig darauf bedacht, Herrn Yu nicht zu beschimpfen oder zu beleidigen, begann ich, ihm langsam zu zeigen, wie ich den Kühlschrank benutzte. Nach dem Mittagessen räumte ich den Tisch ab und stellte die Reste in den Kühlschrank. Am nächsten Morgen begrüßte ich Herrn Yu und dankte ihm für das köstliche Abendessen. Ich erklärte ihm, daß ich die Reste des Mittagessens aufgewärmt hätte und daß sie sehr schmackhaft gewesen seien.

Es dauerte ein paar Wochen, bevor er selbst regelmäßig den Kühlschrank benutzte und keine Speisen mehr fortwarf. Sein Vertrauen zu dem Kühlschrank veranlaßte ihn, auch die Tiefkühltruhe auszuprobieren. An einem Tag, an dem wir Gäste hatten und er ein großes Mittagessen zubereitete, zeigte er mir stolz, daß er einige Gerichte schon vorher gekocht und eingefroren hatte.

Auf der Straße

Die Sommerhitze veränderte die Bewohner Pekings. Menschen, die im Winter zurückhaltend und distanziert gewesen waren, begannen, mich auf der Straße anzusprechen. Bald sagte jemand: »*Tienchi hen hao*« (Das Wetter ist sehr gut.), bald rief ein anderer: »*Ni hao*« (Hallo), während er mit seinem Fahrrad an mir vorbeirollte.

Wenn es kühler war, forderten mich junge Männer mitunter zum Fahrradrennen heraus. Fuhr ich an ihnen vorbei, wurden sie plötzlich schneller, überholten mich, drehten sich um und lächelten. Dann wurden sie wieder langsamer und warteten darauf, daß ich sie einholte. Danach ging das Rennen weiter, bis ich erschöpft war und die Jagd aufgab.

Die Türen zu Höfen und Behausungen waren im Sommer offen, und die grauen Mauern wirkten nicht mehr so abschreckend wie im Winter. Ich blickte hinein und sah zum erstenmal, was sich hinter diesen gewaltigen Wänden verbarg.

In den Höfen lagen Weingärten, voll von grünen Trauben, die

kurz vor der Reife standen. Mehr als drei Meter hohe goldene Sonnenblumen wurden von Stöcken gestützt.
Im Schatten anmutiger Weiden saßen alte Frauen mit nackter Brust auf niedrigen Hockern und wuschen Kleidung mit Hilfe von Waschbrettern. Ein Großvater döste, während sein Enkel auf dem trockenen Boden mit Steinen spielte. Beide hatten geschorene Köpfe. Mädchen unter fünf hatten ebenfalls eine praktische Sommerfrisur. Ihre Zöpfe waren am Ohr abgeschnitten; darüber wuchs sehr kurzes Haar.
Eine Mutter ging mit geöffneter Bluse vorbei und gab einem Kind, das mindestens zwei Jahre alt war, die Brust. Ein Mann fuhr langsam auf einem Dreirad; er hatte einen rasch schmelzenden Eisblock geladen, der für den örtlichen Markt bestimmt war.
Das monotone Blau des Winters und Frühjahrs verschwand. Die Menschen hatten ihre Jacken ausgezogen und durch Kleidungsstücke von anderer Farbe ersetzt, so daß sie weniger steif aussahen und die Atmosphäre freundlicher war. In jenem ersten Sommer trugen die meisten Männer und Frauen dunkle Baumwollhosen und ein weißes formloses Hemd, das die Hüften bedeckte. Schwarze Gummisandalen waren während der Regengüsse eine sehr praktische Fußbekleidung.
Manchmal tauchte meine Lehrerin in einem schwarzen Rock auf, der ihre Knie bedeckte. Als ich einen Kommentar dazu abgab, hatte sie sofort eine Erklärung: »Heute wird es sehr heiß werden.« Auf meine Frage, weshalb sie ihn nicht an früheren heißen Tagen getragen habe, erwiderte sie: »Ich würde vor dem 1. Juli nie einen Rock anziehen«; an diesem Tag begann nach dem Mondkalender der Sommer. Im Gegensatz zu ihren Müttern trugen die Mädchen hellfarbene Röcke mit elastischem Bund.
In den folgenden Sommern änderten sich die Farben und der Schnitt. Die Männer trugen blaue Hemden und die Frauen Konfektionsblusen aus bedrucktem Kattun, die in leuchtenden hellroten, grünen und blauen Farben hergestellt wurden. Dann erschienen Kleider in den Geschäften.
Ein beliebtes Kleidergeschäft, das nur Konfektionsartikel verkaufte, stellte verschieden geschnittene Kleider und Kombinationen von Röcken und Blusen aus. Als wir uns eins dieser hinter Glas gezeigten Modelle anschauten, machte uns die Verkäuferin auf den Kragen aufmerksam, der dem während

der Tang-Zeit (618–906) getragenen glich. Ich fand nicht nur den V-förmigen Ausschnitt attraktiv, sondern auch die flachen Faltenröcke und den von einem Gürtel gehaltenen Bund.

Wir hatten gehört, daß ähnliche Kleider in den Schaufenstern von Shanghai gezeigt worden waren; auf einem Schild daneben stand, daß Tschiang Tsching, die Frau Maos, beim Entwurf mitgewirkt habe. Einmal hatte ich sie öffentlich in einem bis zur Mitte der Wade reichenden Kleid mit Hemdbluse auftreten sehen.

Mit Hilfe der Ausstellungsstücke in Peking wollte man ermitteln, welcher Stil den Leuten am besten gefiel. Eine Chinesin, die die Modelle gesehen hatte, meinte zu mir: »Die Kleider sind zu modern, zu teuer und erfordern zu viele Berechtigungsscheine.« Baumwolle war wie Getreideprodukte und Öl rationiert, und jeder hatte pro Jahr Anspruch auf rund fünfeinhalb Meter. Die Reaktion dieser Frau schien für die allgemeine Einstellung in Peking typisch zu sein, wo ich nur eine einzige Frau sah, die auf der Straße ein Kleid trug.

Bis zum Sommer 1975 hatte man die Armeeuniform der Frau ausgetauscht. Statt Hosen trug sie nun einen weiten knielangen Khakirock, Jacke, Bluse, kurze weiße Socken und Sandalen. Wenn weibliche Armeeangehörige sich auf den Straßen zeigten, hefteten sich aller Augen auf diese neue chinesische Mode. Offensichtlich fand sie Beifall, denn bald begannen auch gewöhnliche Frauen, etwas weitere Polyesterröcke zu tragen.

Im Jahr 1976 kreierten Frauen ihre eigene Mode, statt Röcke von der Stange zu tragen. Flache Falten tauchten auf, und Röcke enthüllten Taillen, die die langen Hosen vorher verborgen hatten. Der Saum lag in Kniehöhe und manchmal sogar darüber. Einige Frauen zogen zehn Jahre alte glatte Röcke an, die sie zum letztenmal vor der Kulturrevolution getragen hatten.

Nylon- und Polyesterblusen wurden modern, in jedem Warenhaus gab es lange Schlangen vor den Blusentischen. Als meine Lehrerin eines Tages in einer Nylonbluse erschien, fragte ich sie, wie sie im Sommer einen so warmen Stoff tragen könne. Sie gab zu, daß Nylon wärmer als Baumwolle sei, schwärmte aber von seinen Vorzügen: »Es läßt sich leicht waschen, trocknet schnell und braucht nicht gebügelt zu werden.« Ich stimmte zu, daß es ein sehr praktischer Stoff sei, da ich wußte,

daß die Chinesinnen wenig Freizeit und im Haushalt kaum eine Hilfe hatten.
Die neue Mode enthüllte zum erstenmal während unseres Aufenthalts die Figur der Chinesin. Bis dahin hatte ich keine Ahnung gehabt, wie sie gebaut waren, weil sie ständig mehrere Kleidungsstücke übereinander trugen. Die Beine der Frauen waren oft kurz und unförmig und ihre Hüften wirkten breit. Die Taille war schmal und der Busen fast flach. Später hörte ich von einer chinesischen Freundin, daß Mädchen mit großem Busen einige Probleme hätten. Zum Beispiel hätten ältere Frauen über ein Mädchen geklatscht: »Ihre Brüste sehen aus, als wenn sie sechs Monate schwanger ist, aber ihr Bauch ist flach.«
Da ich aus einer Gesellschaft kam, in der die Menschen dazu neigen, zuviel zu essen und die Ergebnisse zur Schau zu stellen, war ich überrascht, so viele schlanke, feste Körper zu sehen. Ein Chinese, der Übergewicht hatte, war die Ausnahme.
In der Sommerhitze war es in den Warenhäusern schwül und überhitzt, doch es roch nie nach Schweiß. Diese Tatsache verblüffte mich, bis ich einem amerikanischen Arzt begegnete, der Peking besuchte. Er erklärte, daß die Chinesen keine Drüsen haben, die den Schweißgeruch erzeugen.
Fast unbewußt erinnerte ich mich wieder an einen Besuch, den wir einer Klinik in Shanghai abgestattet hatten. Der Arzt hatte uns erzählt, daß dort kleinere Operationen durchgeführt würden, zum Beispiel die Entfernung der Geruchsdrüsen bei den wenigen Chinesen, die mit dieser Anomalität geboren werden. Da wir annahmen, daß der Dolmetscher einen Übersetzungsfehler gemacht hatte, ignorierten wir diese Einzelheit. Aber nun verstand ich, was der Arzt gemeint hatte.
Später berichtete mir ein chinesisches Mädchen, daß sie in der Mittelschule eine Freundin mit Körpergeruch gehabt habe, der sich keine ihrer Schulkameraden habe nähern wollen. »Sie machten sich über sie lustig und ließen sie allein. Deshalb wurde ich ihre Freundin.«
Zuweilen bemerkte ich, daß auch mein Geruch unsere Hausangestellten störte. Als ich eines Tages ein Parfüm benutzte, bevor ich zu einem Essen fuhr, und dann in unseren klimatisierten Wagen stieg, öffnete Herr Liu sofort die Fenster, um frische Luft hereinzulassen. Bei anderer Gelegenheit fragte mich meine Lehrerin, was das für ein seltsamer Geruch im

Wohnzimmer sei. An jenem Morgen hatte ich mich parfümiert.
Nach dem Mittagessen ruhten wir uns aus – wie fast alle Menschen in Peking. Es war die heißeste Zeit des Tages, und niemand wagte sich hinaus auf die Straße, wenn es nicht unvermeidlich war. Zwischen 14.30 und 15 Uhr begann die Stadt aufzuwachen; Straßen und Bürgersteige waren voller Farben und regem Treiben. Zu dieser Zeit fuhr ich gewöhnlich mit meinem Rad hinaus.
Die Chinesen waren nicht an Ausländer gewöhnt, und manchmal sorgte meine Anwesenheit für eine unerwartete Folge von Ereignissen. Einmal überholte mich ein dreirädriger Motorkarren, der mit Gurken beladen war. Als der Fahrer mich erblickte, starrte er mich so lange an, bis er gegen den Lastwagen vor sich prallte und die Gurken auf die Straße purzelten.
Am späten Nachmittag machten Pferdekarren, die nur auf Nebenstraßen zugelassen waren, und Lastwagen den Hauptverkehr aus. Sie waren mit Auberginen, Gurken, grünen Bohnen, Zwiebeln und anderem Gemüse beladen, das in den Kommunen angebaut wurde. Sie kamen aus den Randbezirken von Peking und brachten frische Ware. Lange vor der Lieferung hatten sich vor den leeren Tischen der Straßenmärkte Menschenschlangen gebildet. Doch wenn die Waren eintrafen, eilten andere auf den Stand zu und drängten sich in die Schlange.
Das Abladen nahm mich immer wieder gefangen, und ich hielt oft an, um zuzusehen. Obst und leicht verderbliches Gemüse waren gewöhnlich in Körben abgepackt, die rasch ausgeladen werden konnten. Die Verkäufer bedeckten sie dann mit Strohmatten, um sie vor der Sonne zu schützen. Die festen Gemüsearten wie Kohl, Kartoffeln, Salat, Rüben und Rettiche kippte oder schaufelte man in verschiedenen Haufen auf den Bürgersteig, wo sie von dem Strohdach des Standes geschützt wurden.
Zum Entladen von Melonen brauchte man besonders lange. Ein paar Leute standen hüfttief in dem Melonenberg auf dem Lastwagen oder Karren und warfen jedes Stück Fängern auf dem Bürgersteig zu, die sie wie am Fließband weiterreichten.
Melonen waren im Sommer die beliebtesten Früchte, und sie wurden in jeder Haupt- und Nebenstraße in verschiedenen Größen, Formen, Arten und Schattierungen gestapelt. Man

konnte eine ganze Melone kaufen oder ein Stück am Stand essen. Ein Korb für die Kerne und ein weiterer für die Schale waren in der Nähe bereitgestellt, und jeder schien sie, im Gegensatz zu sonst, zu benutzen. Die Schale wurde als Schweinefutter verwendet, und die Kerne wurden getrocknet und gesalzen; später sah ich, wie sie als beliebter Winterimbiß verkauft wurden.

Eine Wassermelone auszusuchen, war wirklich eine Kunst. Viele Käufer waren Experten, die dreißig oder vierzig Stück befühlten und beklopften, bevor sie eine erwarben. Da ich mich nicht im geringsten auskannte, verließ ich mich auf die Urteilskraft der Verkäufer.

Eines Tages benötigte ich eine reife Melone, die noch am selben Abend serviert werden sollte. Ich fuhr mit dem Rad zu einem Stand, der nur fünf Minuten von unserer Wohnung entfernt war. Dort stand ich einem langen Wall von Wassermelonen gegenüber, die für mich alle gleich aussahen. Der Verkäufer merkte sofort, daß ich eine Anfängerin war, und bot an, mir zu helfen. Ich sagte ihm nur, daß die Melone reif sein müsse, aber später entdeckte ich, daß dies ein Fehler gewesen war.

Nachdem er viele Melonen angehoben, geschüttelt, getätschelt und abgehört hatte, rief er einen weiteren Verkäufer zur Beratung zu sich. Die beiden konnten sich nicht einigen, und bald schlossen sich vier andere der Suche an, während die Kunden stumm warteten, bis ich bedient wurde. Während ich die geschäftigen Verkäufer, die weiße Mützen und weiße Schürzen trugen, betrachtete, mußte ich an Ärzte denken, die Patienten untersuchen.

Rund 40 Minuten später hatten sie sich auf die vollkommene Melone geeinigt. Aber als ich sie am Abend aufschnitt, war ich enttäuscht. Die Melone war breiig. Erst später wurde mir klar, daß »reif« nach chinesischen Maßstäben »weich« bedeutet. Ich bat nie wieder um eine reife Melone.

Eisverkäufer waren ebenso umlagert wie die Wassermelonenverkäufer, doch sie hatten einen anderen Status. Die Regierung erteilt bedürftigen, alten Menschen die Genehmigung, Eis zu verkaufen, und ihr Einkommen beträgt zehn Prozent des erzielten Betrages. Im Unterschied zu Arbeitern bekommen sie keinen festen Monatslohn. Außerdem gehören den Eisverkäufern ihre weißen Holzkarren, die für sie wie ein Laden sind, während alle anderen Geschäfte der Regierung gehören.

Die meisten Verkäufer sahen so aus, als ob sie ein schweres Leben hinter sich hatten. Ihre Hände waren schwielig, ihre Gesichter voll tiefer Falten, und ihre Kleidung war abgetragen. In einem anderen Land wären diese alten Männer und Frauen vielleicht Bettler gewesen, doch in China arbeiteten sie noch selbst für ihren Lebensunterhalt.

Nachdem er seinen täglichen Eisvorrat abgeholt hatte, schob der Verkäufer seinen Karren jeden Tag zu derselben Ecke. Dann setzte er, wie die Hygienevorschriften es verlangten, eine weiße Mütze auf, band sich eine Schürze um und rief mit krächzender, zitternder Stimme: *»Pinguar«* (Eis am Stiel). Die Karren hatten keine Kühlanlage, aber gefütterte weiße Stoffdecken bewahrten das Eis vor dem Schmelzen.

Ich war eine ihrer regelmäßigen Kundinnen. Nachdem ich die vier Geschmacksrichtungen – Vanille, Ananas, Sojabohne und Schokolade – probiert hatte, kam ich zu dem Schluß, daß Schokolade am besten schmeckte. Doch Schokolade wurde nicht jeden Tag verkauft. Meist wurde an jedem Tag in Peking nur eine Sorte angeboten, und ich mußte mich damit zufriedengeben.

Da mir auffiel, daß die Preise für ein Eis zwischen drei und fünf Fen differierten, bat ich einen Freund um eine Erklärung. Er sagte, daß das billigste Eis aus Wasser, einem Geschmackszusatz und Süßstoff bestehe, während die anderen Sorten mit Zucker gemacht würden. Die teuerste Eissorte war Sahnevanille, die zehn Fen kostete, doch nur in Regierungsläden und nicht bei den Straßenverkäufern erhältlich war.

Während unseres ersten Sommers in Peking waren die Menschen auf Wassermelonen und Eis angewiesen, um sich abzukühlen, aber im folgenden Sommer wurden Getränkeautomaten eingeführt. Ich sah allerdings nur zwei in der ganzen Stadt; sie waren als Stände in der belebtesten Gegend aufgestellt worden, wo sich die Menge auf sie stürzte.

Bevor der Käufer zu dem Automaten ging, mußte er sich eine Porzellanteetasse bei einem Angestellten holen. Dann stellte er sie unter einen der sieben Hähne der Maschine und steckte gleichzeitig vier Fen in einen Schlitz. Kurz darauf tröpfelte ein lauwarmer Orangetrunk heraus. Wenn er ausgetrunken hatte, mußte er dem Angestellten die Tasse zurückgeben, der sie in einer Wasserschüssel wusch und sie dem nächsten Käufer reichte. Diejenigen, die den Automaten nicht benutzten, gaben

sich damit zufrieden, als Zuschauer dabeizustehen und diese neue Form der Unterhaltung zu genießen.
Wenn die Menschen am späten Nachmittag von der Arbeit nach Hause zurückkehrten, war es in ihren Wohnungen sehr heiß. Nachdem sie das Abendessen auf einem Kohle- oder Gasherd zubereitet hatten, war die Innentemperatur so unerträglich, daß sie draußen essen mußten. Die Luft war dort viel kühler, deshalb blieben manche bis Mitternacht vor der Tür sitzen.
Jeden Abend drängten sich die Menschen auf der Chang An, der Hauptverkehrsstraße, die vor unserem Haus vorbeiführte, und verwandelten sie in eine Promenade. Ich schloß mich ihnen oft auf meinem Fahrrad an. Mütter und Väter, die ihre Kinder den ganzen Tag nicht gesehen hatten, spielten mit ihnen auf der Straße, und mich überraschte, daß kleine Kinder oft noch nach Mitternacht draußen waren. Junge Paare gingen zusammen spazieren, unterhielten sich, und manchmal berührten sich ihre Schultern. Einige Leute saßen auf dem Bordstein, strickten und rollten Garn zu einem Knäuel auf. Andere trugen Wassermelonen nach Hause, die sie an einem Nachtstand, der im Sommer bis 22 Uhr geöffnet war, gekauft hatten.
Alte Leute lagen oft auf Strohmatten, mit einem Frotteetuch zugedeckt, auf dem Bürgersteig. Dies war die Methode, die Frau Shu mir empfohlen hatte, wenn man es kühl und luftig haben wollte.
Eine Gruppe von Rentnern traf sich jeden Abend an derselben Ecke. Jeder brachte einen Klapphocker, einen Stock und eine lange dünne Holzpfeife mit. Sie saßen da, sprachen nur selten und sahen so aus, als mache es ihnen Spaß, zusammen zu sein und das Treiben um sich herum zu beobachten.
Die beliebteste Zerstreuung am Abend war das Kartenspiel. Obwohl sich die Karten nicht von unseren unterschieden, kannte ich – als Laie – die Spiele nicht, die oft bis nach Mitternacht dauerten.
Kinder waren so eifrige Spieler wie ihre Eltern und Großeltern. Viele hockten um eine Zeitungsseite herum, die sie als Unterlage benutzten.
Eines Abends sah ich vier Männer mittleren Alters, die, nur mit Hose und Unterhemd bekleidet, unter einer Straßenlaterne saßen. Sie hatten Klapphocker und einen Tisch von zu Hause

mitgebracht, und es schien, daß das Kartenspiel lange dauern würde.
Viele Zuschauer standen da und sahen dieser Gruppe schweigend zu. Ich habe nie gesehen, daß Geld bei Kartenspielen den Besitzer wechselte, da Glücksspiele illegal sind. Aber ich hörte von Chinesen, daß der Verlierer den Gewinner manchmal zu einem Essen einlädt.
Die Straßenlaternen zogen nicht nur Kartenspieler an, sondern auch Menschen, die Bücher lasen. Unter einer Laterne hatten zwei Grundschüler ein kleines Klassenzimmer eingerichtet. Nachdem sie ihre Schreibtische und Hocker auf der Straße aufgestellt hatten, machten sie ihre Hausarbeit, ohne offenbar von dem Lärm abgelenkt zu werden.
Heranwachsende Jungen hatten ein Badmintonnetz zwischen zwei elektrische Lampen gespannt. Ein junges Mädchen hatte eine Laterne ganz für sich allein; es machte Seifenblasen und sah zu, wie sie aufstiegen und schließlich zerplatzten. Ein anderes Mädchen kämmte sein frisch gewaschenes hüftlanges Haar, das im Licht glänzte. Kinder sprangen über ein langes, ein bis zwei Zentimeter breites Gummiband, das sie zwischen zwei feste Gegenstände gespannt hatten. Die einzigen, die das Licht mieden, waren die Schattenboxer, deren Silhouetten sich langsam in der Dunkelheit bewegten.

Auf Freiersfüßen

Erst im Sommer sah ich junge Menschen zu zweit. Doch an Sommerabenden waren dann die Parks und Straßen auch voll von Paaren, die Hand in Hand spazierengingen, auf Bänken dicht beieinander saßen und im Schatten von Bäumen flüsterten.
Die meisten jungen Paare wirkten schüchtern. Während sie kicherten und unverfängliche Gespräche führten, achteten das Mädchen und der Junge sorgfältig darauf, daß sie einander nicht anschauten. Wenn der Junge den Kopf in den Schoß des Mädchens legte oder das Mädchen den Kopf an die Schulter des Jungen lehnte, so war das die äußerste Grenze. Küssen ist in China nicht üblich, auch wenn eine Freundin bemerkte: »Liebespaare küssen sich«, und lachte.
Andere Ausländer berichteten, daß sie junge Leute an einsa-

men malerischen Orten gesehen hätten, die sich durchaus nicht damit begnügten, Händchen zu halten. Es gab auch viele Geschichten über die sexuelle Freiheit, die Absolventen der höheren Schule aus der Stadt genossen, wenn sie auf dem Lande arbeiteten.

Das Gelände hinter dem Militärmuseum in Peking hatte den Ruf, ein Treffpunkt für junge Leute zu sein. Seine hügelige Landschaft sorgte dafür, daß sie ungestört blieben. Wenn ich dort spazierenging, sah ich, daß viele die Abgeschiedenheit nutzten. An jedem Hügel waren zwei Fahrräder abgestellt, doch ihre Besitzer waren nur selten zu entdecken.

Obwohl ich nie »freizügigen« Paaren begegnete, zweifelte ich nicht an ihrer Existenz. Aber ich war sicher, daß es nur eine kleine Gruppe junger Leute war. In China sind voreheliche Beziehungen tabu, und Vergewaltigung wird mit dem Tode bestraft.

Als wir ein Krankenhaus in Shanghai besuchten, fragte Gerd, ob an unverheirateten Frauen Abtreibungen vorgenommen würden. Nach langem verlegenem Schweigen sagte ein Arzt leise, wobei er zu Boden starrte: »Außergewöhnlich wenige Mädchen, die nicht verheiratet sind, bitten um Abtreibung.« Eine Frau mittleren Alters meldete sich dann mit lauter, aufgeregter Stimme zu Wort: »Diejenigen, die unverheiratet sind und um Abtreibung bitten, müssen von der Arbeitsorganisation erzogen werden.« Ich hatte gehört, daß Mädchen zur körperlichen Arbeit aufs Land geschickt wurden, weil sie zu viele Freunde hatten, und nahm an, daß sie diese Art von Erziehung meinte.

Jedes Mädchen, das mit verschiedenen Männern gesehen wird, ist »schlecht«, wie man mir sagte. Ich erkannte diesen Typ nie, aber die Chinesen wußten sofort Bescheid. Mädchen, die rauchen, das Haar in losen Zöpfen tragen, so daß ihnen Strähnen ins Gesicht fallen, oder im Sommer Sonnenbrillen tragen, werden sofort als »schlecht« abgestempelt.

Die gleichförmige Kleidung und Frisur lassen die meisten jungen Frauen unscheinbar aussehen. Als ich einmal ein Mädchen entdeckte, das sein gelöstes Haar trocknete, sagte ich zu unserem Dolmetscher: »Wie schade, daß die Mädchen nicht immer so hübsch aussehen dürfen.«

»Alle würden sie auslachen, wenn sie ihr Haar immer so trüge«, erwiderte Herr Gu.

Eine andere Freundin äußerte sich präziser: »Kein Mädchen sollte auffallen. Es ist besser, wie alle anderen auszusehen. Dann wird man nicht kritisiert.«
Wenn schöne junge Mädchen auf der Straße zu sehen waren, fand ich es ungewöhnlich, daß ich sie als einzige anstarrte. Die Männer, die vorbeikamen, schienen sie nicht einmal zu bemerken, obwohl ein Freund später sagte: »Die Mädchen, die hübsch sind, wissen es selbst, und sie entgehen den jungen Männern nicht.«
Daraufhin fragte ich einen Chinesen, wie er sich eine schöne Frau vorstelle. »Sie sollte lange Wimpern haben, eine Haut wie ein Pfirsich, große mandelförmige Augen, die Nase sollte nicht zu platt, der Mund nicht zu groß sein, und sie sollte eine doppelte Hautschicht über den Augen haben«, antwortete er und zeigte auf mich. Als ich mich nach der Figur erkundigte, erklärte er: »Sie sollte nicht dick sein.«
Jungen und Mädchen kommen nur selten zusammen, bevor sie Anfang zwanzig sind. Wenn ein Mädchen in der Öffentlichkeit mit einem jungen Mann erscheint, steht fest, daß es ihn eines Tages heiraten wird. Bevor sie sich verloben, begutachten beide Elternpaare den zukünftigen Schwiegersohn oder die zukünftige Schwiegertochter. Der Austausch von Geschenken bedeutet, daß beide Seiten zustimmen.
Wenn man ein Geschenk erhält, muß man nach chinesischem Brauch seinerseits ein Geschenk von etwa demselben Wert machen. Ich wußte von einem Paar, dessen Familien ständig Geschenke austauschten. Die zukünftige Schwiegermutter nähte eine Bluse für die zukünftige Schwiegertochter, und dann schenkten die zukünftigen Schwiegereltern dem zukünftigen Schwiegersohn ein Polyesterhemd. Später wechselten tropische Fische in einem Aquarium, ein dekorativer Steinberg, Muschellampen und andere Artikel den Besitzer.
Oft dauerte eine Verlobung mehrere Jahre. So lernte die zukünftige Schwiegertochter ihre zukünftige Schwiegermutter kennen, in deren Haus sie wohnen würde. Während dieser Zeit sparten der Junge und das Mädchen Geld für die Möbel und Haushaltsartikel, die sie nach der Heirat benötigen würden.
Nur wenige Chinesen oder Chinesinnen über dreißig waren unverheiratet, und kein Paar, das Kinder haben konnte, verzichtete auf sie. Aber es gab ein Alter, in dem die Heirat

empfohlen wurde: 25 Jahre für Frauen und 27 Jahre für Männer.
Vor früher Ehe und früher Schwangerschaft wurde öffentlich gewarnt. Ein Büchlein mit dem Titel *Hygiene für Jugendliche* verkündete, daß eine frühe Heirat zu übertriebener sexueller Aktivität führe, und deutete an, daß dies sich schädlich auf die körperliche Entwicklung auswirken könne. Es behauptete, daß übermäßiger Genuß Impotenz verursache, und riet jungen Leuten, sich bis Mitte zwanzig jeder Sexualität zu enthalten.
Es wurde offiziell behauptet, daß Masturbation Impotenz bei Männern, unregelmäßige und schmerzhafte Perioden bei Frauen sowie Gehirnschäden und Kurzsichtigkeit bei beiden hervorbringe. Man empfahl Jugendlichen das sorgfältige Studium der Werke von Marx, Lenin und Mao, um die Neigung zur Masturbation zu überwinden. »Nur wenn die proletarische Weltanschauung entwickelt wird, kann die richtige ideologische Basis gelegt werden, um die Gewohnheit aufzugeben«, hieß es.
Junge Leute, die nicht schlafen konnten, sollten körperliche Übungen machen. Man hielt sie außerdem dazu an, früh aufzustehen, nicht auf dem Bauch zu schlafen, sich nicht mit zu vielen Decken zuzudecken und keine enge Unterwäsche zu tragen. Diejenigen, die trotzdem Schlafschwierigkeiten hatten, wurden ermuntert, sich mit Schattenboxen zu beschäftigen oder sich sogar der Behandlung durch Akupunktur zu unterziehen.
Das Büchlein *Hygiene für Jugendliche* verkündete, daß eine Schwangerschaft bei Frauen, die noch keine 25 Jahre alt sind, Anämie und Knochenschwund hervorrufen könne. Es zitierte eine Studie, derzufolge junge Mütter 24 Prozent von 781 stark mißgebildeten Babys geboren hätten. Jedoch verzichtete es darauf, die Gefahren einer späten Schwangerschaft zu erwähnen.
Das Büchlein informierte seine Leser, daß die Antibabypille und andere Verhütungsmittel in Fabrikkliniken und in Kommunen frei verteilt würden. Dies war das Ausmaß der »sexuellen Erziehung«, die ein junger Mensch offiziell erhielt.
Nachdem ich erfahren hatte, daß »die Pille« in Apotheken verkauft wurde, fragte ich, ob unverheiratete Mädchen sie erwerben könnten. »Weshalb sollten sie? Sie benötigen sie nicht«, antwortete eine chinesische Freundin kurz angebunden.

Da ich wußte, daß eine Familie mit vier bis sechs Angehörigen manchmal nur zwei Zimmer hatte, wollte ich wissen, wie ein Paar ungestört sein könne. »Das ist einfach«, erklärte mir eine Bekannte. »Wir schicken die Kinder zu Besorgungen hinaus.« Aber andere Chinesen gaben zu, daß die Enge der Wohnungen eine automatische Geburtenkontrolle bedeute.

Peitaiho, die Sommerfrische für Ausländer

Die Ausländergemeinschaft hatte andere »Abkühlungsmöglichkeiten« als die Chinesen. Der riesige Swimming-pool des International Club war die Hauptattraktion für diejenigen, die während des Sommers in Peking blieben. Wer vor der Hitze und Schwüle der Hauptstadt fliehen wollte, konnte nach Peitaiho reisen. Dies Seebad liegt an der Pohaibucht, einem Ausläufer des Gelben Meeres.

Da wir viele begeisterte Berichte über diesen Ort gehört hatten, beschlossen Gerd und ich, dort ein verlängertes Wochenende zu verbringen. Wie gewöhnlich mußten wir beim Außenministerium die Genehmigung zum Verlassen Pekings beantragen, die wir in diesem Fall sofort erhielten. Dann bestiegen wir einen Zug für die sechseinhalbstündige Fahrt nach Nordosten.

Im Unterschied zu der Mehrheit der Chinesen, die in der »harten Klasse« auf überfüllten Holzbänken saßen, hatten wir keine andere Wahl, als erster Klasse zu reisen. Die erste Klasse bestand aus bequemen, sauberen Abteilen für sechs Passagiere.

Da wir das Abteil für uns hatten, streckten wir uns auf den beiden langen gepolsterten Sitzen aus, die einander gegenüberlagen und in Betten verwandelt werden konnten. Auch oben, wo wir unsere Koffer untergebracht hatten, gab es zwei Kojen. Sobald wir uns hingelegt hatten, brachte ein junger Zugbegleiter einen Teebeutel und eine Thermosflasche mit kochendem Wasser.

Ein kleiner Wandventilator mühte sich ab, das Abteil zu kühlen, doch er war der Aufgabe nicht gewachsen. Deshalb ließen wir die Schiebetür offen und hofften auf eine Brise. Statt dessen warfen uns die Chinesen, die durch den Zug gingen, viele überraschte Blicke zu.

Im nächsten Abteil saßen ältere Armeeoffiziere, die keine Rangabzeichen trugen. Es mußten bedeutende Personen gewesen sein, sonst hätte man ihnen nicht gestattet, erster Klasse zu reisen. Während die erste Klasse für uns obligatorisch war, wurde sie nur führenden Chinesen, die angeblich Geschäftsreisen machten, als Privileg gewährt.
Ein paar Stunden vor dem Essen brachte der Zugbegleiter uns die Menükarte, die sowohl auf den chinesischen wie auf den westlichen Geschmack zugeschnitten war. Zum Frühstück konnte man Spiegeleier, Weißbrot und Konfitüre bestellen. Zum Mittagessen gab es chinesische Krabben, Fisch, Fleischgerichte, Gurken und Tomatensalat. Nachdem wir unsere Bestellung aufgegeben hatten, ging der Zugbegleiter hinaus. Er holte uns zum Mittagessen, als die Chinesen fertig waren.
Mich beeindruckte die Ausstattung des Speisewagens. Jeder Tisch hatte eine weiße Decke, auf der eine Topfblume sowie eine Auswahl von Weinen, Bieren und harten Getränken standen. Gerd und ich wollten natürlich zusammensitzen, doch wir wurden zu getrennten Tischen geführt. Auf meine Frage, weshalb wir nicht zusammen essen könnten, antwortete der Kellner: »Weil Sie verschiedener Nationalität sind.« »Aber wir sind verheiratet«, entgegnete ich. Er schien erstaunt und ließ uns dann zusammensitzen. Ihm und vielen anderen war niemals eingefallen, daß zwei Menschen verschiedener Nationalität verheiratet sein könnten. Einige Monate später hatten wir ein ähnliches Erlebnis an der Grenze nach Hongkong. Gerd wurde angehalten, mit den Deutschen zu essen und ich mit den Amerikanern.
Die Nationalität spielte eine wichtige Rolle bei unserem Leben in der Volksrepublik. Immer wenn wir einen Wunsch hatten, war die erste Frage: »Welche Nationalität haben Sie?« Selbst wenn ich zum Einkaufen ging, schrieben die Verkäufer meine Nationalität auf die Quittung.
Etwa zu dieser Zeit, im Mai 1973, eröffneten die Vereinigten Staaten ein Verbindungsbüro in Peking. Westliche Ausländer hatten Mühe, abends ein Taxi zu finden, und man hörte, daß den Amerikanern Priorität eingeräumt wurde. Nachdem es einer Freundin nicht gelungen war, ein Taxi zu bestellen, bat sie mich, die Taxivermittlung für sie anzurufen. Der Mann stellte die übliche Frage: »Welche Nationalität haben Sie?« Auf meine Antwort: »Ich bin Amerikanerin«, entgegnete er: »Das

Taxi kommt sofort.« Ein paar Minuten später hupte das Auto draußen vor dem Tor.
Wenn der Zug auf den Bahnhöfen anhielt, dachten die Zuschauer nicht an Nationalitäten. Sie interessierten sich vor allem für unsere Gesichter. Menschen umschwärmten das Zugfenster, und ich konnte an ihren Lippen das Wort *Waikuojen* (Ausländer) ablesen. Ihrer Miene war zu entnehmen, daß viele Chinesen zum erstenmal einen *Waikoujen* sahen.
Gelegentlich stiegen wir aus dem Zug, um frische Luft zu schnappen, und fühlten uns sofort wie Tiere im Zoo. Zum Glück gab es noch das Zugpersonal, das die neugierigen Zuschauer zurückhielt.
Eine Zugbegleiterin saß gewöhnlich in einem Raum neben der »westlich eingerichteten« Toilette. Wenn sie einen Ausländer kommen sah, schloß sie die Tür auf, die sonst nicht geöffnet wurde. Näherten sich chinesische Passagiere, wurden sie zu einer typisch chinesischen Toilette – mit zwei Löchern im Boden – am anderen Ende des Wagens geschickt.
Bei unserer Ankunft im Gebiet von Peitaiho wurden wir von zwei Charterbussen abgeholt. Auf der 35 Minuten langen Fahrt zu dem Seebad kamen wir an riesigen, wunderbar gepflegten Anwesen mit hohen Mauern und zweistöckigen Häusern vorbei. Vor der Befreiung im Jahre 1949 war Peitaiho die beliebteste Sommerfrische ausländischer Missionare, Diplomaten und Geschäftsleute gewesen, die diese Villen und Bungalows gebaut hatten. Nun hatte die chinesische Regierung sie übernommen und benutzte sie als Erholungsheime für die chinesische Führung. Bei einem seiner Besuche in Peitaiho schrieb Mao ein Gedicht und widmete es diesem Ort.
Die Außenbezirke der Stadt erinnerten mich eher an die typisch chinesische Agrarlandschaft. Bauern auf den Feldern jäteten Unkraut und bewässerten den hier angebauten Weizen.
Bei unserer Fahrt durch Peitaiho bezauberte mich dieser anmutige, schläfrige Kurort, der früher ein Fischer- und Bauerndorf gewesen war. Hühner kratzten nach Körnern, und Frauen wuschen ihre Kleidung an einem Fluß. Die Häuser hätten repariert und frisch gestrichen werden müssen. Wir erreichten die Hauptstraße, die sich von den anderen Teilen des Städtchens unterschied. Die Geschäfte waren Schaustücke mit neu bemalten Fassaden, sauberen Fenstern und makelloser

Umgebung. Im Vergleich zu Peking sah ich viele Schilder mit englischer Aufschrift vor den Kaufhäusern. Es gab ein Lebensmittelgeschäft, einen Kunsthandwerksladen, eine Bäckerei, ein Restaurant und sogar ein Geschäft, das Texte auf T-Shirts druckte.

Der Bus beförderte uns zu dem Hotel, das abseits von der Hauptstraße lag. Auf dem Schild davor stand: »Erholungsheim für diplomatische Gäste.« Wie in Peking überprüften Armeeposten alle Chinesen, die dieses Gelände betraten.

Sobald ich aus dem Bus stieg, konnte ich die Seeluft und die Pinien riechen. Meine Augen glitten über den Sandstrand, die blaue Pohaibucht und die blühenden Obstgärten. Vögel sangen, und plötzlich merkte ich, wie lange ich dieses Geräusch nicht gehört hatte, das es in Peking nicht gab.

Unser Hotelzimmer war spartanisch eingerichtet: mit zwei knarrenden Betten, deren Matratzen Schlagseite hatten, einem Schreibtisch und einem Stuhl. Aber das machte uns nichts aus, weil wir hierhergekommen waren, um unsere Zeit im Freien zu verbringen.

Früh am nächsten Morgen schreckte mich ein Signalhorn auf, das in einem nahe gelegenen Armeelager zum Wecken blies. Wir zogen uns rasch an und beschlossen, einen Morgenspaziergang am Strand zu machen.

Vom Strand aus hatten wir eine bessere Aussicht auf die prächtigen Häuser, die an ein exklusives Sommerbad in Long Island denken ließen. Ein- und zweigeschossige frischgestrichene hellrote, gelbe und weiße Häuser verteilten sich über große Grundstücke. Das kurz gehaltene Gras und die beschnittenen Hecken deuteten auf die Tätigkeit eines Gärtners hin. Ab und zu sahen wir jemanden in einem Hof spazierengehen, aber die Personen waren immer zu weit entfernt, als daß wir hätten erraten können, wer sie waren oder was sie zu diesem Luxus berechtigte.

Dann kamen wir an einem Strandgelände mit Sonnenschirmen und leeren Stühlen vorbei. Ein Haus war hinter hohen Hecken und einer Mauer versteckt. Wir fragten uns, wer hier leben mochte, und wurden nicht lange im Ungewissen gelassen. Zwei ältere Armeeangehörige tauchten auf und näherten sich dem Strand. Es mußte also eine Pension für höhere Offiziere sein.

Nach zwanzig Minuten erreichten wir ein englisch, chinesisch und russisch beschriftetes Schild: »Zutritt für ausländische

Besucher verboten.« Wir drehten uns bedauernd um und gingen in die andere Richtung.
Schließlich stießen wir auf ein weißgetünchtes Hotel, das in seiner parkähnlichen Umgebung herrlich aussah. Es lag auf einem Hügel und überragte ein Stück des Strandes, der zu dem Ausländerbereich gehörte. Andere Gästehäuser, die ausländische Familien im Sommer mieten konnten, lagen unterhalb des Hügels.
Rechts von unserem Gelände erstreckte sich eine Felsenzunge ins Meer. Viele Chinesen angelten hier, fingen Krabben oder gingen spazieren. Sie wirkten wie Urlauber, und ich sah, daß sie aus einem großen, schlichten Gebäude kamen. Später erfuhr ich, daß dies ein Sanatorium war, in das Fabrikarbeiter aus der Provinz geschickt wurden, um sich auszuruhen und Krankheiten behandeln zu lassen.
Wir wanderten weiter und begegneten den Einheimischen. Fischer zerrten Netze ans Ufer, und wenn sie ihre Beute an den Strand brachten, wurden sie von Dorfbewohnern umringt, die ihnen die Fische abkauften.
Nach ungefähr vierzig Minuten stießen wir wieder auf ein Verbotsschild. Wir wandten uns also um und machten uns auf den Rückweg. Wir waren verärgert.
Als wir unseren Strand erreichten, bemerkte ich die Schönheit der Umgebung schon nicht mehr. Ich dachte nur an die Beschränkungen, die die Chinesen uns auferlegten. Kein Chinese durfte sich an unserem Strand aufhalten, und die Schwimmzone vor dem Hotel war ausschließlich für Ausländer reserviert.
Ich war nicht nach Peitaiho gekommen, um ständig mit Ausländern zusammenzuhocken. Also beschloß ich, in die Stadt zu gehen. Das waren fünf Minuten Fußmarsch.
An der Ecke der Straße, die zu unserem Hotel führte, lag eine frühere österreichische Bäckerei, die nun von den Chinesen betrieben wurde. Ich übersah, daß die Bäckerei zwei Eingänge hatte, und trat durch die erste Tür, hinter der chinesische Kunden warteten. Sofort forderte ein Verkäufer mich auf, den nächsten Eingang zu benutzen, der für Ausländer vorgesehen war. Der Anblick von deutschem Stollen, üppigen Sahnetorten, Salzstangen, Makronen, französischem Brot und Krapfen beruhigte mich. Bald biß ich in Gebäck, das ich seit Monaten entbehrt hatte.

Danach besuchte ich einige Geschäfte, in denen die meisten Verkäufer Englisch sprachen und die meisten Kunden Ausländer waren. Dies dämpfte meine Begeisterung für einen Einkaufsbummel, und ich machte mich wieder zum Hotel auf. Neben der Bäckerei lag, etwas von der Straße versetzt, ein Restaurant. Seine Spezialitäten waren Flundern und Krabben, meine Lieblingsgerichte.

An jenem Abend aßen wir neben anderen Ausländern im Innenhof des Restaurants. Das Silberbesteck, in das der Name »Kiesling und Bader« eingraviert war, erinnerte uns daran, daß die früheren Eigentümer Österreicher gewesen waren. Nach dem Essen tranken wir bei Mondschein Kaffee, und ich hörte, wie eine Frau neben mir sagte: »Dies ist der schönste Abend, den ich seit meiner Ankunft in China erlebt habe.«

Nach diesem Wochenende war ich der Isolation und Sonderbehandlung, die die Chinesen uns auferlegt hatten, überdrüssig und konnte meine Rückkehr nach Peking kaum erwarten. Als unser Zug dort am Abend eintraf, eilte ich nach Hause und sprang auf mein Fahrrad. Ich hatte Peking vermißt und mußte es wieder fühlen, sehen und riechen.

3. Kapitel

Herbst

Die Kohlzeit

Im Oktober und November sah die Ebene von Peking nicht mehr flach aus. Überall standen Hügel aus langblättrigen grünen Kohlköpfen, die im Ausland als »chinesischer Kohl« bekannt sind. Fahrradparkplätze, Bürgersteige, Straßenecken, Bordsteine und der ungepflasterte Bereich vor den Ladentüren waren mit Kohl überhäuft.

Plötzlich wimmelte es auf den Feldern um Peking von Menschen, die die Kohlköpfe ernteten, aufstapelten und verluden. Die Menge bestand hauptsächlich aus Studenten, Armeeangehörigen, Lehrern, Ärzten und Verwaltungsbeamten, die *Laotung* (körperliche Arbeit) verrichteten. Dies war ein wesentlicher Teil des Arbeits- und Studienprogramms eines jeden.

Lastwagen und Pferdekarren rollten täglich in langen Reihen in die Stadt, um frischen Kohl zu liefern. Der neue Vorrat wurde vor den Käufern entladen, die auf seine Ankunft gewartet hatten. Der vom Vortag übriggebliebene verwelkte Kohl wurde nebenan aufgestapelt und zu herabgesetzten Preisen verkauft.

Der Kohlkauf war Familiensache. Die Großmutter wählte und untersuchte sorgfältig jeden Kopf, während die Enkel sich damit vergnügten, auf der großen Metall- oder Holzwaage zu spielen. Nachdem der Kohl gewogen war, halfen alle mit, ihn nach Hause zu bringen.

Gewöhnlich reichte die Zahl nicht aus, um die gesamte Ladung zu tragen, so daß man andere Transportmittel benutzte. Kinderwagen aus Bambus, Fahrräder, Dreiräder und quietschende, im Eigenbau gezimmerte Karren wurden mit Kohl vollgestopft.

Die Tonnen von Kohl, die in die Stadt gebracht werden, ließen oft eine Spur von Blättern hinter sich, und auch während des

Entladens waren die Verluste groß. Aber auch diese Blätter wurden noch genutzt. Alte Frauen in zerlumpter Kleidung sammelten sie in Plastiknetzen und nahmen sie mit nach Hause, um sie dort zu kochen.
Manche Familien kauften mehr als einen Zentner Kohl. Sie verstauten ihn dann an einem Ort, wo die Sonne und die Luft ihn für die nächsten paar Monate trocken halten würden. Meist regnete es von Mitte September bis Juni nicht; deshalb wurde der Kohl auf Höfen, Dächern und Balkons gestapelt.
Während der Hochsaison kostete Kohl weniger als drei Fen pro Kilo, doch einige Monate später würde der Preis mindestens um das Sechsfache steigen. Im Winter war die Auswahl an Gemüse, das in den Treibhäusern um Peking gezüchtet wurde, begrenzt, und wenn jemand Abwechslung wünschte, etwa grüne Paprikaschoten oder Karotten, mußte er einen beträchtlichen Preis bezahlen. Deshalb war Kohl das Hauptgemüse im Winter und wurde fast bei jeder Mahlzeit gegessen. Er wurde gebraten, eingelegt, als Suppe verwertet, als Füllung für *Jaotze* verwendet und mit anderen Gerichten kombiniert.
Auch Kohlebriketts, die im Freien trockneten, kündeten den Herbst an. Ich sah sie nur in den alten Vierteln, wo Kohleöfen die Häuser von November bis März heizten. Alte Männer kauerten in ungepflasterten Seitengassen vor den Wänden und vermischten Wasser und Kohlenstaub. Sie fertigten aus dieser Mischung Briketts an und reihten sie auf dem Boden auf oder stellten sie gegen die Wände, um sie trocknen zu lassen. Hausgemachte Briketts waren billiger als solche aus der Fabrik und brannten langsamer, wie mir ein chinesischer Freund verriet.
Viele Leute hatten jedoch keine Zeit, selbst Briketts herzustellen und bestellten sie deshalb in einer nahen Fabrik. Die Kohle wurde dann in Scheffelkörben oder mit Dreirädern geliefert.
Diejenigen, die aus den alten Häusern in vierstöckige Wohngebäude gezogen waren, brauchten sich über die Kohleversorgung im Winter keine Sorgen mehr zu machen. Sie hatten Zentralheizung von Mitte November bis Mitte März. Doch sie wurde nur zwei Stunden am Morgen und zwei Stunden am Abend angestellt, wenn die meisten Leute zu Hause waren.
Das Herbstwetter im Oktober war ideal zum Radfahren. Die Temperatur betrug 20 bis 25 Grad Celsius, der Himmel war hellblau und die Sonne schien.

Oben: In drei Herbstwochen sind die Straßen mit Kohl überhäuft, von dem die meisten Familien ungeheure Mengen kaufen.

Unten: In der Markthalle sind die Waren auf Tischen aufgestapelt.

Oben: Zwei alte Rentner spielen in einem Parkpavillon auf der Erh-hu (zweiseitige Fiedel).

Unten: Junge Leute üben den Schwerttanz.

Ein Kind sitzt an einem frühen Herbstmorgen auf einer Bank im Park und übt auf der Erh-hu.

Oben: Das Fahrrad ist der wertvollste Besitz vieler Menschen.

Unten: Beim Eishacken. Im Winter wird Eis aus den Seen geschlagen und bis zum Sommer unterirdisch gelagert. Dann benutzt man die Eisblöcke auf Märkten, um vergängliche Lebensmittel kühl zu halten.

Oben: Die Großeltern sind sehr wichtige Familienmitglieder. Sie kümmern sich um die Enkel, während die Eltern arbeiten.

Unten: Die regelmäßige Ruhe ist wichtig.

Oben: Schlittschuhlaufen ist ein beliebter Wintersport.

Unten: Kinder ziehen auf dem Eis einen hausgemachten Schlitten vor. Er besteht aus einem Stück Holz, Metallkufen und zwei Stahlstäben zur Fortbewegung.

Ein Mann beim Schattenboxen im Park.

Oben: Zu einem Familienausflug gehört eine Bootsfahrt auf einem der vielen Seen von Peking.

Unten: In der Hua-Hsi-Brigade leisten junge Frauen und Männer die schwere Feldarbeit.

Unterwegs kam ich an riesigen Reklameflächen mit Zitaten von Mao, Lenin und Marx vorbei, die mit weißen Buchstaben auf glänzendem rotem Untergrund geschrieben waren. Winterkleidung wurde auf Wäscheleinen gelüftet, die zwischen Bäume und Pfähle gespannt waren, wobei ein älteres Familienmitglied in der Nähe saß und aufpaßte. Schwarze Baumwollschuhe trockneten auf Fenstersimsen oder Astgabeln. Kleine Kinder hockten bei ihren Großmüttern und halfen ihnen, Kohlblätter zu waschen und voneinander zu trennen.
Während beide Elternteile arbeiteten, hatten die älteren Kinder erhebliche Verantwortung zu tragen. Sie mußten sich um die jüngeren und oft auch um den Haushalt kümmern. Die Zuneigung, die Brüder und Schwestern zueinander hegten, rührte mich immer sehr. Große und kleine Paare spazierten Arm in Arm, plaudernd und lachend, dahin.
Die Sandstraßen waren wie Hindernisbahnen. Ich mußte Schlaglöchern, Sandhügeln und Kohlbergen ausweichen. Daneben mußte ich mich in acht nehmen, um keine Kinder zu überfahren, die nach draußen stürzten, ohne nach links oder rechts zu schauen. Einmal entging ich knapp einem Eimer Wasser, den eine Frau durch ihre Tür nach draußen schüttete.
Gegen 11.30 Uhr begannen die Straßen, immer leerer zu werden. Gleichzeitig durchdrang der Geruch von Fisch, eingelegtem Gemüse und Gewürzen die Luft. Einmal rief mir ein Schuljunge zu: »*Chu ma la?*« (Hast du schon gegessen?). Das ist ein um die Mittagszeit üblicher Gruß.
Ich hielt immer Ausschau nach meiner Lieblingsschleckerei im Herbst: winzigen kandierten Weißdornäpfeln am Stiel. Nur sehr wenige Märkte boten sie an, aber sobald ich Menschen mit ihnen sah, fragte ich, wo sie sie gekauft hätten.
Kurz darauf fuhr ich schmausend durch die Straßen, und die Menschen lächelten oder lachten. Vorher hatten mich meist nur wenige lächelnde Gesichter begrüßt.
Wenn ich vorbeifuhr, verschwanden die Kinder manchmal mit dem Ruf *Waikuojen* (Ausländer) in den Höfen. Ich war nie sicher, ob diese Reaktion einfach auf Neugier oder auf Feindseligkeit zurückzuführen war. Später erfuhr ich von einer Freundin, daß Chinesen nicht verstehen, weshalb Ausländer Spaß daran haben, in Nebenstraßen umherzufahren, obwohl sie doch mit ihren Autos auf den Hauptstraßen bleiben könnten.

Sie erzählte mir von einer Schülerin, die berichtet habe, daß sie in einer Seitenstraße einen Ausländer auf einem Fahrrad gesehen hatte. Daraufhin hatte die Lehrerin die ganze Klasse gewarnt: »Ihr müßt euch vor Spionen in acht nehmen.«

Die zweistöckigen Häuser in den alten Stadtteilen waren mit schönen, verschlungenen Holzschnitzereien verziert, die dringend ausgebessert werden mußten. Ihre Balkons und Fensterbänke waren voller Pflanzen, die mit Eierschalen aufgepäppelt wurden.

Die Chinesen lieben Gewächse, und ich besuchte häufig das einzige Pflanzengeschäft, das ich in Peking gefunden hatte. Manchmal drängten sich so viele Kunden darin, daß ich nicht eintreten konnte. Aber wenn mir dies gelang, sah ich, daß die Hälfte der Menschen nur zum Zuschauen gekommen war.

Die Käufer brachten Freunde mit, die sie bei der Auswahl unterstützen und beraten sollten. Jede Blüte und jedes Blatt mußte untersucht und dann mit anderen verglichen werden. Der Kauf einer Pflanze war kein eiliges Unternehmen und dauerte oft wenigstens eine Stunde.

Ich kam häufig an Nähwerkstätten vorbei, in denen meist ältere Frauen arbeiteten. Da sie im Sitzen nähten, hatten sie kaum Gelegenheit, sich zu bewegen. Deshalb legten sie manchmal Pausen ein, bildeten vor dem Geschäft eine Reihe und machten leichte Gymnastik.

Bei einer meiner Fahrten sah ich vor mir einen Jungen von vielleicht zehn Jahren. Er übte auf dem Fahrrad seiner Eltern, das zu groß für ihn war. Während ich über diesen Anblick lächelte, prallte sein Rad gegen eine Unebenheit, und er lag plötzlich weinend auf dem Boden. Andere Radfahrer achteten nicht auf ihn und fuhren weiter, aber ich eilte auf ihn zu, um zu sehen, ob er sich verletzt hatte.

Sobald die anderen Radfahrer dies bemerkten, stellten sie ihre Räder auf der Hauptstraße ab und kamen ebenfalls heran. Sie dankten mir, sagten, daß alles in Ordnung sei und daß ich weiterfahren könne. Ich verstand sofort, daß meine Anwesenheit ihnen peinlich war und folgte ihrem Rat.

Es war nicht das erstemal, daß ich dieses scheinbar gleichgültige Verhalten beobachtete. Als der Wind die Pappbögen zerstreute, die ein alter Mann mit seinem Dreirad transportierte, half ihm niemand, sie aufzusammeln. Auch einem Mann, der Schwierigkeiten hatte, einen schweren Reissack hinten auf

seinem Fahrrad zu balancieren, kam niemand zur Hilfe, als der Reis begann, aus einem Loch in dem Sack zu rinnen. Zwei durchgehende Pferde galoppierten eines Tages während der Hauptverkehrszeit die Chang An hinunter, und ein alter Mann rannte hinter ihnen her. Doch niemand schloß sich ihm an.
Dieses Benehmen verblüffte mich, da ich soviel von dem legendären Lei Feng gehört hatte, der allen Kindern als Beispiel hingestellt wurde. Er half alten Frauen, schwere Lasten zu tragen, er zog seinen warmen Mantel an einem kalten Tag aus und lieh ihn einem armen Bauern, der nicht angemessen bekleidet war. Er gab seine Mahlzeit einem Arbeitskollegen, der seine Verpflegung vergessen hatte. Er überließ seinen Platz im Zug einer alten Frau.
Ich wollte herausfinden, weshalb die Menschen seinem Beispiel nicht folgten. Eine chinesische Freundin lieferte mir eine mögliche Erklärung. Als Kind habe sie gesehen, wie ein Fahrrad auf einem Abstellplatz umgefallen sei, und habe es wieder aufstellen wollen. Doch ihre Mutter habe sie zurückgehalten. »Wenn der Besitzer zurückkommt, wird er denken, daß du versuchen willst, sein Fahrrad zu stehlen. Es ist besser, sich um seine eigenen Angelegenheiten zu kümmern und sich nicht einzumischen, da man nie weiß, was das für Konsequenzen haben wird.«

Spare in der Zeit

Oft kam ich an Dreirädern vorbei, die an Straßenecken abgestellt waren. Sie waren mit Altwaren beladen; neben jedem stand eine Frau, die eine weiße Mütze, einen blauen Drillichoverall und eine Schürze trug. Man brachte ihr Glasscherben, Flaschenverschlüsse, Blechdosen, Lumpen, Mandarinenschalen, Federn, Haar, getrocknete Fleischknochen, Papier, Schuhe, Stoff und Aluminium. Sie wog die Artikel einzeln ab und bezahlte die Kunden.
Ich wußte, daß Lumpen zu Zeitungspapier und Mops und Zöpfe zu Perücken für den Export verarbeitet wurden. Aber erst später erfuhr ich, daß aus der Mandarinenschale Arzneimittel und aus Knochen Zahnbürsten, Knöpfe und Zigarettenspitzen hergestellt wurden.
Ein chinesisches Mädchen zeigte mir einen wunderbaren,

neuen weißen Pullover und erklärte: »Eine Verwandte hat ihn für mich aus fünf Paar aufgedröselten Arbeitshandschuhen gemacht.«
Die meisten Menschen kauften Woll- anstelle von Kaschmirpullovern, die billiger und wärmer waren. Ich begriff die Vorteile von Wolle nicht und fragte Frau Shu. »Das Garn der Wollpullover kann aufgedröselt und wiederbenutzt werden. Das ist bei Kaschmir nicht möglich«, antwortete sie.
Die Wiedergewinnung, die Neuverarbeitung gebrauchter Artikel, um Verschwendung zu vermeiden, war nicht nur eine Familienangelegenheit, sondern eine nationale Politik. Eine Möbelfabrik, die wir besuchten, hatte eine separate Abteilung, in der aus Holzspänen Lineale angefertigt wurden.
In einem Hsinhua-Bulletin las ich, daß Altkupfer für Hochspannungsleitungen verwendet wird. Vierzig Prozent des chinesischen Betons wird aus den Schlacken der Eisen- und Stahlwerke gewonnen. Weinkellereirückstände werden zu gegorenem Schweinefutter; aus durchtränkten und verarbeiteten Zigarettenstummeln entstehen Insektengifte; chemische Düngemittel, Tierfutter, Schmiermittel, Chemieprodukte und Baustoffe werden aus Fabrikabfällen und -resten gewonnen.
Hsinhua berichtete auch, daß ein Chemiewerk in Shanghai, das sich auf die Abfallverwertung spezialisierte, täglich Leute aussandte, um die Öle und Fette zu sammeln, die sich im Kanalisationssystem festsetzten. Aufgrund dieser Arbeit wurden innerhalb von drei Jahren mehr als sechshunderttausend Tonnen Materials gerettet und 3 Millionen Stück Seife aus dem gewonnenen Öl hergestellt.
Diese Politik des Sparens galt auch für uns. Während unseres Hotelaufenthalts kam ein sauberer und gebügelter Schlafanzug, den ich seiner Risse wegen in den Abfalleimer geworfen hatte, mit der Wäsche zurück.
Zu Hause wagte ich nicht, etwas wegzuwerfen, ohne zu fragen, ob wir es noch irgendwie verwenden könnten. Abgetragene Hemden und Unterwäsche wurden zu Staubtüchern, Schuhlappen und Geschirrhandtüchern. Die Knöpfe alter Hemden kamen in den Nähkasten. Herr Yu benutzte altes Telexpapier für Einkaufslisten und Speisekarten. Glasgefäße waren ideal, um Lebensmittel und Gewürze aufzubewahren, und gleichzeitig schützten sie vor Ameisen und Küchenschaben.
Herr Yu benutzte ein Marmeladenglas für den Tee. Kunststoff-

tüten und Aluminiumfolie wurden viele Male verwendet, bevor man sie fortwarf. Whiskyflaschen enthielten abgekochtes Wasser, Öl und Saucen.
Als der Holzgriff eines Tranchiermessers splitterte, suchten der Fahrer und der Dolmetscher mehrere Geschäfte auf, um sich zu erkundigen, wer einen neuen Holzgriff anfertigen könne, doch niemand war dazu bereit. An einem Wochenende bat Herr Liu um das Messer. Am folgenden Montag brachte er es mit einem wunderbar geschnitzten Griff zurück. Auf meine Frage, wer das gemacht habe, schlug er die Augen nieder und antwortete leise: »Ich habe es schlecht gemacht.«
In Hotels und Zügen war es schwierig, unnötige Dinge aufzubewahren. Auf einer für Journalisten arrangierten Reise warf eine Frau in der Gruppe ein Paar zerrissene Strümpfe fort. Nachdem wir den Zug verlassen hatten, rannte ein Begleiter hinter uns her, hielt das Paar Strümpfe hoch und fragte, wer sie vergessen habe.
Im Foyer des Dung-Feng-Hotels in Kanton, in dem meist Ausländer wohnten, stand ein Schaukasten, der verlorene Gegenstände wie Kämme, chinesisches Briefpapier, eine fast leere Bonbonschachtel, Spielkarten, Kugelschreiber usw. enthielt. Nach dem Inhalt des Kästchens zu schließen, gab es in China nichts, was man nicht in irgendeiner Form noch gebrauchen und verwerten konnte.

Das Rad hat Vorfahrt

Für mich war das Fahrrad ein Mittel, das mich der Welt außerhalb des Ausländergettos näherbrachte, während die Chinesen es zum Transport benutzten. Im Gegensatz zu Autos oder anderen Motorfahrzeugen waren die Räder Privatbesitz.
Alle Räder wurden in China hergestellt und sahen für mich, aber nicht für die Chinesen, gleich aus. Sie konnten sofort den Unterschied zwischen einem »Ford«- und einem »Rolls-Royce«-Fahrrad ausmachen, deren Preis zwischen 140 und 180 Yuan schwankte.
Fahrräder waren nicht nur ein Luxusartikel, für den man mehrere Monate sparen mußte, sondern auch ein Mangelprodukt. Um ein Rad kaufen zu können, mußte man ein Empfeh-

lungsschreiben von seiner Arbeitsorganisation und die nötige Zahl industrieller Bezugsscheine vorlegen, auf die man nach mehreren Arbeitsjahren einen Anspruch hatte. Nur wenige Damenfahrräder wurden hergestellt; deshalb benutzten Frauen meist Herrenfahrräder.

Zwei der Räder, die unserem Personal gehörten, waren mehr als zehn Jahre alt und immer noch in sehr gutem Zustand. Das Fahrrad von Herrn Yu, das drei Jahre alt war, wirkte wie neu. Jeden Tag säuberte und polierte er es.

Das Fahrrad war der kostbarste Besitz eines Menschen, und niemand ließ es zurück, ohne es abzuschließen. Auf Fahrradabstellplätzen überzeugten sich die Wärter, daß die Besitzer den Zettel oder Stock mit der Zahl, die auch am Rad befestigt war, zurückbrachten.

Ich hatte meine Fahrradschlüssel verloren, und wenn ich es abstellte, erinnerten mich die Wärter immer daran, es abzuschließen. Nachdem sie erfuhren, daß ich keinen Schlüssel hatte, bezogen sie oft bis zu meiner Rückkehr neben dem Rad Posten.

Der Diebstahl von Fahrrädern ist ein häufiges Verbrechen bei den Chinesen, aber ich machte mir nie Sorgen, weil mein Rad aus dem Ausland stammte und zu auffällig war. Sehr wenige ausländische Waren wurden in chinesischen Kaufhäusern angeboten, und niemand würde es riskieren, mit einem ausländischen Produkt ertappt zu werden, wenn er es nicht legal erworben hatte. Aber ich hörte von einigen Fällen, in denen die chinesischen Uhren, die chinesische Kleidung oder das chinesische Geld von Ausländern verschwanden und manchmal wieder auftauchten, wenn der Diebstahl angezeigt worden war.

Unser Personal war immer über meine »Politik der offenen Tür« beunruhigt. Es erfuhr zu seinem Erstaunen, daß ich mein Portemonnaie die ganze Nacht auf der Vordertreppe liegengelassen hatte und daß es am nächsten Tag – unberührt – immer noch dort lag.

Man hatte mir viele Geschichten über Diebstähle erzählt, und ich begann, sie zu glauben, als ich sah, wie viele Dinge die Menschen abschlossen. Fenster, Kommoden, Truhen, Schubladen, sogar Portemonnaies hatten oft Schlösser. Parterrewohnungen waren mit Riegeln vor den Fenstern versehen, und Balkons waren eingezäunt oder von Mauern umgeben. Ein

Chinese sagte: »Alles, was sich stehlen läßt, wird auch gestohlen. Fahrradklingeln, Türgriffe, sogar schmutzige Wäschestücke verschwinden.«

Immer wenn ich mein Fahrrad irgendwo in der Stadt zurückließ, erregte es Aufmerksamkeit. Im Unterschied zu chinesischen Rädern, die gewöhnlich schwarz waren, war meines leuchtend orange gespritzt und wirkte neben den schwarzen Riesen wie ein Zwerg. Es konnte auseinandergenommen werden, und seine Reifen waren nur halb so groß wie die chinesischen. Die Chinesen untersuchten diese Unterschiede, doch ihr Hauptinteresse galt dem Drahtkorb, der vorn angebracht war.

Chinesische Fahrräder haben vorn keine Körbe, und der Fahrer muß alles auf den Gepäckträger laden. Ich sah hohe schwankende Bäume, sperrige Möbel, Nähmaschinen, Glasscheiben und Zentnersäcke Mehl oder Reis, die hinter dem Sattel festgebunden waren.

Einmal kaufte ich einen Bambusstuhl, der etwa halb so groß wie mein Fahrrad war. Als ich den Verkäufern erklärte, daß ich ihn später abholen lassen würde, entgegneten sie, das sei nicht nötig, und machten sich daran, den Stuhl an meinem Rad festzubinden. Minuten später war ich unterwegs und spürte die Ladung kaum – bis ich mich umschaute und erschrak.

Chinesische Radfahrer sind der festen Überzeugung, immer Vorfahrt zu haben, und kommen manchmal fast ums Leben, wenn sie diese erzwingen wollen. An Kreuzungen schneiden sie Autos den Weg ab, was Herrn Liu so erboste. Er blieb mit quietschenden Bremsen stehen, kurbelte das Fenster herunter und rief hinter dem Missetäter her: »Willst du Selbstmord begehen?«, aber dies blieb gewöhnlich fruchtlos. Inzwischen war der Radfahrer außer Hörweite.

Einmal fuhren wir die Chang An hinunter, als eine Radfahrerin sich aus einer Seitenstraße näherte. Herr Liu nahm an, daß sie ausweichen würde, und verringerte das Tempo nicht. In letzter Sekunde, als ein Zusammenstoß unvermeidlich schien, sprang sie von ihrem Rad und stand vor unserem näherkommenden Auto. Zum Glück bremste Herr Liu noch gerade rechtzeitig und kam Zentimeter vor ihr zum Stehen. Als ich die Augen öffnete, sah ich die Frau kichernd vor unserem Wagen stehen. Dann fuhr sie fast lässig weiter, während ich wie betäubt dasaß

und Herr Liu nach Luft schnappte und zum erstenmal sprachlos blieb.
Verkehrspolizisten schienen kaum mehr Erfolg zu haben, wenn es darum ging, Ordnung in das Fahrradchaos zu bringen. Wenn ein Polizist einen Radfahrer anhielt, wurde immer ein zahlreiches Publikum angelockt, das sich auf die Seite des Sünders schlug. Da die Menge wußte, daß ein Verkehrspolizist nicht das Recht hatte, jemanden zu verhaften, beschimpfte sie ihn häufig und brüllte ihn an.
Die Hauptverteidigung des Polizisten bestand darin, dem Gesetzesübertreter eine Strafpredigt zu halten, was manchmal sehr lange dauerte. Unter ungewöhnlichen Umständen zog er, wie ich gehört hatte, sogar den Schlüssel aus dem Radschloß, damit der Fahrer nicht entkommen konnte, aber ich war nie Zeuge eines solchen Vorfalls.

Die Risiken des Autofahrens

Um in China ein Auto fahren zu dürfen, benötigte ich einen chinesischen Führerschein. Ich hatte keine Mühe, ihn zu erhalten, da ich schon einen Führerschein besaß und bei guter Gesundheit war.
Man verlangte eine körperliche Untersuchung, bei der mein Blutdruck gemessen, meine Augen und mein Gehör überprüft wurden. Ich bestand diese Tests, doch Freunde, die farbenblind waren oder einen hohen Blutdruck hatten, fielen durch. Beim nächstenmal bestanden sie jedoch, nachdem sie Pillen geschluckt bzw. sich die Ziffern auf der Testtafel eingeprägt hatten.
Wer keinen ausländischen Führerschein hatte, konnte an einem Fahrlehrgang teilnehmen, der 240 Yuan kostete. Eine jugoslawische Freundin hatten diesen sechsmonatigen Lehrgang absolviert und erzählte mir davon. Die Fahrprüfung am Ende sei schlimmer gewesen als ihr Universitätsexamen, und sie habe länger gedauert. Vier Teile mußten bewältigt werden, und ein Versagen in einem bedeutete, daß die anderen verschoben wurden, bis man diesen Teil bestanden hatte. In der ersten Woche legte sie die schriftliche Prüfung ab. Sie füllte das Formular zu Hause mit Hilfe ihres Mannes aus, der ihr die Fragen erklärte und die korrekten Antworten eintrug. In der

zweiten Woche bewältigte sie den technischen Teil, während ihr Mann in der Nähe stand und ihr auf serbisch Anweisungen gab. In der dritten Woche bestand sie den Manövriertest.
In der vierten Woche machte sie die praktischen Straßenverkehrsprüfungen und fiel durch. Enttäuscht wies sie ihren Lehrer daraufhin, daß sie alles getan habe, was er ihr beigebracht hatte, und nicht verstehe, was sie falsch gemacht habe. Er beantwortete ihre Bemerkung nicht direkt, sondern lobte sie dafür, daß sie die anderen drei Teile der Prüfung bestanden hatte. »Niemand hat die ganze Prüfung schon im ersten Anlauf abgelegt. Sie haben sich besser gehalten als jeder andere ausländische Schüler.« Danach hatte sie das Gefühl, daß ihr Versagen im letzten Teil nötig gewesen war, damit kein Präzedenzfall geschaffen wurde. Eine Woche später bestand sie auch den vierten Teil und erhielt ihren Führerschein.
Als ich ins Verkehrsbüro ging, um meine Fahrerlaubnis abzuholen, sagte der Angestellte, daß ich meinen ausländischen Führerschein gegen den chinesischen eintauschen müsse. Ich hatte nur einen amerikanischen Führerschein und benötigte ihn, um mich zu identifizieren und im Ausland fahren zu dürfen. Aber der Angestellte akzeptierte meinen Einwand nicht und erklärte mir die Vorschriften. Da man mir schon früher Vorschriften vorgelesen hatte, wußte ich, daß er keine Ausnahme machen konnte.
Nachdem der Angestellte mir versichert hatte, daß er mir meinen amerikanischen Führerschein jederzeit zurückgeben würde, tauschte ich ihn gegen den chinesischen ein. Ich erhielt eine kleine rote Kunststoffhülle, die ein auf chinesisch abgefaßtes Dokument mit meinem daraufgeklebten Bild enthielt.
Als ich zum erstenmal hinter dem Lenkrad unseres Wagens saß, nahm ich an, daß die chinesischen Verkehrsregeln denen der Vereinigten Staaten glichen. Das Verkehrsbüro hatte mir keine Hinweise oder Richtlinien gegeben, und deshalb konnte ich nicht wissen, daß ich mich irrte. Ich lernte die Verkehrsregeln in Peking, der einzigen Stadt Chinas, in der Ausländer fahren dürfen, indem ich mich auf den Zufall verließ.
Nachts schaltete ich auf unbeleuchteten Straßen oder auf dunklen Strecken der Hauptstraßen das Fernlicht ein, um sehen zu können. Aber sobald mir ein Auto oder ein Lastwagen entgegenkam, blinkte der Fahrer, damit ich abblendete und nur die Nebellampen benutzte. Wenn ein Polizist mein Fernlicht

sah, rief er hinter mir her oder hielt mich gelegentlich an, um mich zu ermahnen, weil ich die anderen Auto- und Radfahrer blendete.
Eines Tages winkte mich ein Polizist an den Straßenrand, weil drei statt der maximal zwei Personen auf den Vordersitzen saßen. Dann wartete er, bis die dritte Person sich auf die überfüllten Rücksitze gezwängt hatte, bevor er mir gestattete weiterzufahren.
Ein Bekannter wurde angehalten, weil er beim Fahren Kaugummi kaute, und ein anderer, weil er eine trockene Pfeife im Mund hatte. Nach den chinesischen Verkehrsregeln darf der Fahrer nicht essen, trinken oder reden. Polizisten achteten streng darauf, daß die beiden ersten Vorschriften eingehalten wurden, aber bei der dritten war das etwas schwierig, und unser Fahrer machte sich diese Tatsache zunutze. Unterwegs bat Herr Liu mich oft, ein chinesisches Wort ins Englische zu übersetzen. Dann raste er zur nächsten roten Verkehrsampel, um den Klang des Wortes mit chinesischen Buchstaben niederzuschreiben und es zu wiederholen, damit ich ihn korrigieren konnte.
Seit unserer Ankunft vor fast einem Jahr hatte sich der Verkehr verstärkt. Tagsüber trotteten keine Pferde mehr über die Chang An, und die alten osteuropäischen Autos waren von nun an die Taxis für die Chinesen. Eine Flotte von dreihundert glänzenden Toyotas war für die Ausländer da. Außerdem sah man Lastwagen, Jeeps, Busse, dreirädrige billige Transportmittel (nur für Chinesen), ausländische Wagen sowie in China hergestellte Hongchis (Rote Fahne) und Shanghais auf den Straßen.
Der *Hongchi*, eine lange schwarze Limousine, ist für Minister, Führer, zu Besuch weilende Staatsoberhäupter und die Leiter wichtiger Delegationen aus dem Ausland reserviert. Er ist wuchtiger als die alten, von Chauffeuren gefahrenen Cadillacs in New York City und wird in verschiedenen Größen und Modellen hergestellt, die den Rang des Passagiers widerspiegeln. Der Shanghai ist dem alten Mercedes 180 nachgebildet und für Chinesen und ausländische Besucher von mittlerem Rang bestimmt.
Bevor sie China verließen, verkauften Ausländer oft ihre Autos an die chinesische Regierung. Am beliebtesten war der Mercedes; manchmal bezahlte die Regierung dem Eigentümer den Originalpreis des Wagens.

Obwohl viele ausländische Autos von Chinesen gefahren wurden, ließ sich leicht erkennen, welche Ausländern gehörten. Da war einmal das Nummernschild. Nummernschilder der Diplomatenwagen trugen ein rotes chinesisches Symbol, das »Diplomatisches Korps« bedeutete, gefolgt von Zahlen in Weiß auf einem schwarzen Untergrund, während die chinesischen Schilder weiß bei blauem Untergrund waren. Außerdem verhüllten die Chinesen ihre Seiten- und Hinterfenster mit einem weißen, beigen oder grauen Vorhang, der wie Strumpfstoff aussieht.

Manchmal kamen mir die Straßen wie Rennbahnen vor, aber kein Polizist war an der Geschwindigkeit eines Autos interessiert, wenn sich kein Unfall ereignete. Beim Start hatten ausländische Fahrer chinesischen gegenüber, die hauptsächlich Benzin sparen wollten, einen Vorteil. Die Chinesen starteten im zweiten Gang und schalteten dann rasch in den dritten und vierten, bevor sie das Tempo erhöhten. Wenn sie sich einmal in Bewegung gesetzt hatten, war ihnen kein Risiko zu groß. Sie überholten links, rechts und sogar zwischen anderen Wagen, und ein entgegenkommendes Auto hielt sie nicht vom Überholen ab. In einer gefährlichen Situation erwarteten sie, daß der andere ihnen ausweichen würde.

Wenn ein Ausländer sich ans Lenkrad setzte, litt er ständig unter der Angst, mit einem Radfahrer zusammenzustoßen. Während unseres Aufenthalts hatten drei Diplomaten Unfälle, bei denen Radfahrer getötet wurden. Nach einer polizeilichen Untersuchung wurde jeder von ihnen für schuldig befunden und aufgefordert, das Land zu verlassen. Ihnen konnte keine andere Strafe auferlegt werden, da sie diplomatische Immunität genossen.

In jedem Fall setzten die Behörden den Haftpflichtbetrag fest, den die ausländische Versicherungsgesellschaft zu bezahlen hatte. Einmal handelte es sich um 10 000 Dollar.

Bei einem der drei tödlichen Unfälle glaubte der Autofahrer, daß der Radfahrer schuld gewesen sei. Er war aus einer Seitenstraße hervorgeschossen gekommen, ohne auf ein rotes Licht zu achten. Die Polizei hörte sich die Version des Fahrers an, maß die Bremsspuren aus, sprach mit den Augenzeugen und kam später zu dem Schluß, daß seine Schuld größer gewesen sei als die des Radfahrers, weil das Auto eine zu hohe Geschwindigkeit gehabt habe.

Herr Liu hatte schließlich auch einen Unfall, und wir erhielten unseren ersten Einblick in die Methoden der chinesischen Bürokratie. Er war mit einem Trecker zusammengestoßen, was zu Schäden an beiden Fahrzeugen, aber zu keinen Verletzungen geführt hatte. Eine polizeiliche Untersuchung folgte, um die Ursache des Unfalls zu ermitteln.

Vier Monate später, als wir immer noch auf die Ergebnisse warteten, kam Herr Liu zu Gerd und teilte ihm mit, daß er nicht mehr für ihn fahren und ein neuer Chauffeur am Mittag eintreffen werde. Das Servicebüro habe diese Entscheidung getroffen.

Gerd rief das Servicebüro sofort an und erklärte, daß er keinen anderen Chauffeur akzeptieren und lieber selbst fahren werde. Außerdem schrieb er einen zornigen Brief, in dem er sich beschwerte, daß ihm die Entscheidung nicht erläutert worden sei, und bat um einen Termin, um über die Sache zu sprechen.

Am nächsten Tag kam Herr Liu nicht zur Arbeit, und Gerd fuhr selbst ins Servicebüro. Der Personalchef empfing ihn in einem Konferenzzimmer. Nachdem er Gerd Tee und Zigaretten angeboten hatte, begann der Funktionär das Gespräch: »Wir sind alte Freunde. Sie sind ein Freund der Volksrepublik China. Wir wollen die Freundschaft zwischen Westdeutschland und meinem Land fördern. Wir respektieren einander ...«

Während er sprach, machte eine Sekretärin Aufzeichnungen, und unser Dolmetscher übersetzte diese bekannten Phrasen.

Dann sagte der Personalchef: »Der Fahrerwechsel hat nichts mit Ihnen zu tun, Herr Ruge. Nach dem Unfall wollte Herr Liu nicht mehr für Sie fahren. Wenn man einmal von einer Schlange gebissen worden ist, will man nicht mehr auf demselben Feld arbeiten.«

Gerd erwiderte, dies sei eine fehlerhafte, fast konfuzianische politische Haltung; der Personalchef solle mit Herrn Liu ideologische Arbeit leisten, damit dieser zurückkehre. Das Treffen endete damit, daß der Funktionär sagte: »Es kann lange dauern, bis er überzeugt ist.« Gerd versicherte ihm, daß er selbst fahren könne und bereit sei abzuwarten, ob die ideologische Arbeit Erfolg habe.

Gerd hörte lange Zeit nichts und bat dann um ein zweites Treffen im Servicebüro. Die Atmosphäre war die gleiche, und der Personalchef erklärte, daß Herr Liu immer noch nicht fahren wolle.

Inzwischen hörten wir eine unterschiedliche Version von anderen chinesischen Fahrern. Nach dem Unfall hatte die Polizei Herrn Liu den Führerschein abgenommen und ihm eine befristete Fahrerlaubnis ausgestellt. Während dieser Frist sollte er eine Fahrprüfung ablegen, um wieder einen ständigen Führerschein zu erhalten. Aber er weigerte sich, da er nicht für den Unfall verantwortlich gewesen sei.
Die befristete Genehmigung lief aus, und Herr Liu fuhr ohne einen Führerschein, bis das Servicebüro einschritt. Das war der Tag, an dem er zu uns kam, um uns mitzuteilen, daß man ihn ersetzen werde.
Seine Freunde erzählten uns, daß er jetzt Urlaub mache. Nach einem Besuch bei seiner Familie auf einer Insel vor der Küste von Shantung – einer Provinz, die für ihre starrköpfigen Menschen bekannt ist – habe er seine Frau mit nach Peking genommen, um ihr die Stadt zu zeigen. Er beziehe weiterhin sein Monatsgehalt und weigere sich immer noch, die Fahrprüfung abzulegen.
Bei einer Cocktailparty sprach Gerd mit dem Leiter des Servicebüros, dem der Fall bekannt war. Er versicherte uns, daß unser Fahrer innerhalb von ein paar Wochen zurückkehren werde. Wieder hörte Gerd mehrere Wochen lang nichts, aber ein Chinese informierte uns, daß Herr Liu seinen Führerschein ohne Fahrprüfung zurückerhalten habe und nun darauf bestehe, nur für uns zu fahren.
Der Personalchef hielt es schon für schlimm genug, daß Herr Liu den Vorschriften getrotzt und seinen Führerschein zurückbekommen hatte, und gestattete ihm nicht, nun auch noch wieder für uns zu fahren. Durch seine Hartnäckigkeit brachte sich Herr Liu in eine mißliche Lage. Ein chinesischer Freund riet uns, ihm dadurch aus dieser schwierigen Situation zu helfen, daß wir einen Brief an das Servicebüro schrieben und den erfahrenen Chauffeur akzeptierten, den man uns ursprünglich angeboten hatte.
Dann erfuhren wir endlich die Untersuchungsergebnisse. Der Traktorfahrer und Herr Liu teilten sich die Verantwortung an dem Unfall, aber die Schuld von Herrn Liu war größer, da er zu schnell gefahren war. Danach bezahlten wir 180 Yuan für die Reparatur an dem Traktor, mehrere hundert Dollar für Autoersatzteile und eine maßlose Zollgebühr, um die Teile aus Hongkong zu importieren.

Unser neuer Fahrer hieß ebenfalls Liu, aber er unterschied sich sehr von dem ersten Herrn Liu, der jung, gutaussehend, lebhaft, starrköpfig und selbstbewußt gewesen war. Der neue Herr Liu hatte tiefe Falten in seinem hageren Gesicht, die ihn viel älter als seine 42 Jahre wirken ließen. Er sprach sehr wenig, schien schüchtern und war immer ruhig. Nachdem ich mich auf seine zurückhaltende Art eingestellt hatte, mochte ich ihn sehr gern.

Mit dem neuen Fahrer traf eine neue Reinmachefrau ein, um Frau Yin abzulösen, die Probleme mit dem Magen hatte. Frau Li war Mitte dreißig, klein und stämmig. Sie hatte schon einmal für eine ausländische Familie gearbeitet, und ihre Aufgaben im Haushalt brauchten ihr nicht erklärt zu werden. Frau Li arbeitete unermüdlich, still und stetig; es war ein Vergnügen, sie um sich zu haben. Sie sprach sehr wenig, doch ihre Wärme und Güte kamen ohne Worte aus.

Und dann kam auch ein neuer Dolmetscher. Er hieß Herr Gu, sprach deutsch und löste Herrn Chen ohne jede Erklärung ab. Es war unmöglich, herauszufinden, ob diese Änderungen zufällig oder geplant waren. Doch Gerd ärgerte sich so sehr über den plötzlichen Personalwechsel, daß er dem Servicebüro mitteilte, er werde China verlassen, wenn man auch Herrn Yu, unseren Koch, ersetze. Herr Yu blieb bei uns.

Unser neuer Dolmetscher, Herr Gu, hatte ein großes mondförmiges Gesicht, das ihn sehr jungenhaft aussehen ließ, obwohl er schon 32 Jahre alt war. Eine schwarzumrandete Brille und ein Bürstenhaarschnitt paßten zu seiner breiten, rundlichen Gestalt, die seine Liebe zum Essen zeigte.

Zuerst hielt ich ihn für steif, verschlossen und zu ernst; auch die anderen reagierten merkwürdig auf seine Gegenwart. Man plauderte und scherzte weniger und saß seltener im Büro zusammen als früher. Außerdem entdeckte ich eine gewisse Spannung in den Beziehungen, die ich nicht verspürt hatte, als Herr Chen noch bei uns war. Gerd schätzte Herrn Gu jedoch als ausgezeichneten Dolmetscher ein, was ihm wichtiger war als eine verbindliche Persönlichkeit.

Es dauerte mehrere Monate, bis die Harmonie in unseren Haushalt zurückkehrte. Herr Gu wurde gelöster und selbstbewußter, und ich begann, Gefallen an ihm zu finden. Ich hatte sogar gewisse Schuldgefühle, weil ich ihn zu Anfang so streng beurteilt hatte. Was ich für Reserviertheit gehalten hatte, war übertriebene Schüchternheit, und zweifellos hatte er meine negative Einstellung gespürt, als er für uns zu arbeiten begann.

Ich bemerkte, daß sich die Beziehungen unseres Personals untereinander verbesserten, als es anfing, zusammen und füreinander zu arbeiten. Frau Li nähte die Knöpfe von Herrn Yu an und wusch seine Schürzen. Herr Liu, Frau Li und Herr Gu bastelten gern; als ein Staubsaugerteil zerbrach, machten sie sich gemeinsam an die Reparatur. Einmal war Frau Li krank, so daß ich selbst wusch und Herr Liu, der Fahrer, die Wäsche aufhängte. Bei anderer Gelegenheit, in Abwesenheit von Herrn Yu, zog Herr Liu seine weißen Chauffeurhandschuhe aus Baumwolle an und brachte mir auf einem Tablett Tee. Frau Shu, meine Lehrerin, und Herr Yu waren gute Freunde. Sie gab ihm oft Rezepte und schlug ihm vor, diese Gerichte für uns zu kochen.

Wenn wir viele Gäste zum Mittagessen hatten, halfen alle bei den Vorbereitungen. Herr Gu hackte Zutaten klein, und Herr Liu rührte um. Während das Essen serviert wurde, blieb Frau Li in der Küche, um das Geschirr abzuwaschen, während Herr Yu sich am Herd zu schaffen machte.

An manchen Tagen brachte Frau Li Herrn Liu sein Essen mit, oder Herr Yu kochte für sie. Gewöhnlich wärmte er Nudeln und Gemüse auf, sein Lieblingsgericht, das er mitgebracht hatte, oder Frau Li bot allen *Jao-tzes* an, die sie in ihrem rechteckigen Imbißkästchen aus Aluminium herangeschafft hatte.

Immer wenn ich ihnen etwas zu essen anbot, lehnten sie ab, da sie, wie sie sagten, selbst genug hätten. Später erfuhr ich, daß Chinesen, die für Ausländer arbeiten, Lebensmittel, die nicht ihnen gehören, weder verzehren noch mit nach Hause nehmen dürfen. Die offizielle Erklärung lautete: Sie hätten sonst einen Vorteil gegenüber anderen, die sich kein Fleisch und ähnliche Delikatessen leisten könnten. Andererseits fand ich heraus, daß jeder Chinese, der für einen Ausländer arbeitete, einen »Härtezuschlag« von zehn Yuan erhielt.

Als wir einander besser kennenlernten, sprachen die Angestellten häufiger von ihren Familien. Die Frau von Herrn Liu litt an einer Herzkrankheit und konnte nicht arbeiten. Er erwähnte seine Kinder nie, aber durch einen Zufall erfuhr ich, daß er eine heranwachsende Tochter hatte, die die Mittelschule besuchte. Während wir mit dem Auto unterwegs waren, winkte er eines Tages einem Schulmädchen zu. Herr Gu lachte, und ich erkundigte mich nach dem Mädchen. »Die Tochter von Herr Liu«, antwortete er. Es erschien mir merkwürdig, daß Herr Liu zu scheu war, um es mir selbst zu sagen.

Einmal, als wir eine zusätzliche Karte für ein Sportereignis hatten, erfuhr ich, daß Herr Liu einen Sohn hatte. Nachdem ich alle in unserem Haushalt gefragt hatte, ob sie die Karte haben wollten, meinte Herr Gu: »Der Sohn von Herrn Liu begeistert sich für Sport. Sie sollten ihm die Karte geben.«

Plötzlich wurde mir klar, daß sie nicht nur Arbeitskollegen, sondern Freunde geworden waren, die sich auch außerhalb der Arbeitszeit trafen. Als Frau Li etwas in unserer Wohnung vergaß, erbot Herr Liu sich, es auf dem Rückweg bei ihr abzugeben.

Alle nannten Herrn Yu den »Kleinen« (»hsiao«), weil er mit 27 Jahren der Jüngste in unserem Haushalt war. Er war verheiratet, wohnte aber in einem Junggesellenheim des Servicebüros, während seine Frau, seine Mutter und seine zwei Kinder in einer Kommune lebten, drei Fahrstunden von Peking entfernt. Wenn eine Pause in der Landarbeit eingelegt wurde, kam seine Frau zu ihm nach Peking. Er besuchte sie zweimal im Jahr für ein paar Wochen in der Kommune. Sie lebten getrennt, weil es für seine Frau in Peking keine Arbeitsstelle gab.

Der Wechsel des Wohnorts ist in China sehr kompliziert und erfordert eine Regierungserlaubnis und einen Arbeitsplatz. Menschen, die sich verändern wollten, brachten Zettel an Telefonmasten an, auf denen stand, welchen Beruf sie hatten und wo sie wohnen wollten. Dann warteten sie und hofften darauf, daß jemand aus der gewünschten Gegend bereit sein würde, mit ihnen zu tauschen.

Frau Li hatte drei Kinder, zwei Mädchen und einen Jungen, zwischen fünf und dreizehn Jahren alt. Ich bat sie, ein Foto von ihnen sehen zu dürfen, und sie brachte am nächsten Tag ein Bild mit und zeigte es mir heimlich. Ihren Mann erwähnte sie nie, aber ich fand später heraus, daß er im Ausland an einer Botschaft arbeitete. Sie hatte die Kinder in den letzten beiden Jahren allein herangezogen.

Eines Montag morgens erschien Frau Li mit roten, geschwollenen Augen. Ich fragte sie, was geschehen sei. Tränen liefen ihr über die Wangen, während sie mir erzählte, daß sie gerade ihre fünfjährige Tochter zum erstenmal in den Wochenkindergarten gebracht habe. Bei der Trennung hätten sie beide geweint. Dann wischte sie sich die Tränen ab und erklärte, daß sie ihre Tochter am Samstagmorgen für das Wochenende heimholen werde, und das sei schon in fünf Tagen.

Herr Gu kehrte jeden Tag während der Mittagspause in seine Wohnung zurück, um das Essen für seinen siebenjährigen Sohn zuzubereiten. Er erzählte mir, daß seine Frau an starkem Asthma leide und oft im Bett liege oder im Krankenhaus sei. Deshalb erledige er die Hausarbeit, kaufe ein und koche. Doch er beschwerte sich uns gegenüber nie über diese Belastung.

Die Chinesen hielten sich fest an die Regel, die Familie sozusagen aus dem Spiel zu lassen, und ich begegnete nie einem Familienangehörigen unserer Angestellten. Wenn Chinesen uns zum Abendessen einluden, dann immer in ein Restaurant, und obwohl ich dabei war, erschien der Gastgeber nie in Begleitung.

Der »Gesundheitstick«

Wenn unsere Angestellten morgens eintrafen, fragte ich sie aus Höflichkeit immer, wie sie sich fühlten. Es war eines der liebsten Hobbys der Chinesen, über ihre Gesundheit zu diskutieren; deshalb konnten die Menschen in meiner Umgebung nicht verstehen, wieso ich dieses Interesse nicht teilte.

Nach der Rückkehr in die Wohnung zog ich meist als erstes die Schuhe aus und ging barfuß. Dies beunruhigte Frau Li sehr. Am Anfang stellte sie meine Schuhe an einen auffälligen Platz. Nachdem ich diese Andeutung mehrere Male mißachtet hatte, ermahnte sie mich sanft: »Sie werden sich entweder erkälten oder eine Fußkrankheit bekommen.« Ich versuchte, sie zu beruhigen, indem ich mich besserte, aber es war nicht leicht, eine lebenslange Gewohnheit aufzugeben.

Viele Chinesen hatten fixe Ideen, was das Wasser betraf. Sie behaupteten, daß Leitungswasser verschmutzt sei, und tranken deshalb immer abgekochtes Wasser. Aber ich trank gern kaltes Leitungswasser, das dem Pekinger Gesundheitsministerium zufolge frei von Bazillen war. Alle Haushaltsmitglieder beschwerten sich, aber ich wurde nie krank.

Herr Yu, Herr Liu und Frau Li konnten Stunden damit zubringen, ihre körperlichen Probleme zu erörtern. Einmal kam Herr Yu mit Leidensmiene zur Arbeit. Als ich ihm die übliche Frage nach seiner Gesundheit stellte, schien er erleichtert, über seine Beschwerde sprechen zu können.

Er hatte große Schmerzen im Ellbogen und Oberarm, weil er in Zugluft geschlafen hatte. Dann beschrieb er seine Schlafstellung, die Richtung der Zugluft und die Stelle, die am stärksten schmerzte.

Da sein Gesicht schmerzverzerrt war und er sich nur mühevoll bewegte, schlug ich vor, daß er den Arm für diesen Tag ausruhen möge. Aber er lehnte ab, da wir Gäste zum Mittagessen erwarteten. Nachdem er ein ausgezeichnetes Essen zubereitet hatte, kehrte er nach Hause zurück und ruhte sich dort während der nächsten beiden Tage aus.

Frau Li hatte ständig wiederkehrende Schmerzen in der Schulter, und Herr Liu hatte Probleme mit dem Ellbogen. An Tagen, an denen diese Leiden ihnen wirklich zusetzten, war eine lange Diskussion nützlich; manchmal ließen die Schmerzen nach dem therapeutischen Gespräch nach.

Wenn irgend jemand in unserem Haushalt Husten oder Schnupfen hatte oder erschöpft aussah, empfahl ich sofort *hsiu hsi* (Ruhe). *Hsiu hsi* war eines der Wörter, die bei fast jeder Gelegenheit fielen.

Nach dem Mittagessen war *hsiu hsi* für die Gesundheit unvermeidlich, so daß sich nur wenige zwischen 12 und 14 Uhr rührten. Kleine Geschäfte machten zu, in den Ministerien war niemand zu erreichen, die Kaufhäuser waren fast leer, und die Verkäufer legten die Köpfe auf die Tresen. Fahrer hielten am Straßenrand, um zu schlafen, und es gab kaum Verkehr.

Nach einer Fabrikbesichtigung sagte unser Führer: »*Hsiu, hsi*«, was bedeutete, daß wir uns hinsetzen, Tee trinken und uns ausruhen sollten. Wenn ich Frau Li aufforderte, nach Hause zu gehen, tat ich es mit den Worten: »*Hsiu hsi.*« Und am Ende meiner Chinesischstunden erklärte Frau Shu immer: »*Hsiu hsi.*«

Ärzte verordneten großzügig Ruhe. Wenn Frau Li eine Erkältung hatte, bekam sie automatisch drei Tage *hsiu hsi*, und wenn sie Fieber hatte, erhielt sie sieben Tage.

Ich hatte gehört, daß manche Leute den so leicht zu erlangenden *Hsiu-hsi*-Urlaub sowie eine Regelung ausnutzten, die besagte, daß man der Arbeit bis zu sechs Monaten fernbleiben konnte, ohne Stellung oder Bezahlung zu verlieren. Manche nahmen für knapp sechs Monate Krankheitsurlaub, kehrten für einen Tag zur Arbeit zurück und setzten dann ihr *hsiu hsi* fort.

Die Ärzte waren sehr entgegenkommend, wenn jemand Beschwerden hatte. Man erzählte mir, daß viele Leute Tricks anwandten, um eine schlechte Gesundheit vorzutäuschen. Zum Beispiel wurde hoher Blutdruck als ernstes Problem angesehen. Man konnte ihn künstlich hervorrufen, indem man vor der Untersuchung einen längeren Sprint absolvierte oder die Fersen gegen den Fußboden preßte, während der Arzt den Blutdruck maß. Wenn man heißes Wasser in den Mund nahm, bevor die Temperatur gemessen wurde, konnte man mit sofortigem »Fieber« rechnen.

Ein Mann fügte seiner Urinprobe einen Tropfen Blut bei, und der Arzt verschrieb ihm mehrere Wochen *hsiu hsi,* damit er sich von der vermeintlichen Blaseninfektion erholen könne. Doch der Trick wurde bei der nächsten Untersuchung aufgedeckt. Er wurde nicht entlassen und verlor auch keinen Lohn, doch man kritisierte ihn an seiner Arbeitsstelle.

Im Falle einer echten (oder vorgetäuschten) wirklichen Krankheit mußte man das Krankenhaus aufsuchen, wo Ärzte die Patienten untersuchten und *hsiu hsi* gewährten. Ich ging einmal durch die chinesische Abteilung des Krankenhauses und war entsetzt über die Zustände. Hunderte von Menschen waren in einer Halle zusammengepfercht. Manche warteten mehrere Stunden, bevor sie untersucht wurden. Lärm, Schmutz, die Enge und die offensichtliche Verwirrung standen im Gegensatz zu unserer Krankenhausabteilung, der Klinik für ausländische Patienten.

Ausländer gingen gewöhnlich ins Capitol Hospital, das frühere Peking Union Medical College. Es war von der Rockefeller-Stiftung in den zwanziger Jahren finanziert worden und wurde später, während der Kulturrevolution, Antiimperialistisches Krankenhaus, gelegen an der Antiimperialistischen Straße, genannt. Das Capitol Hospital war ein schönes großes Gebäude im chinesischen Stil mit einem geschwungenen grünen Dach und glasierten mythischen Tieren, die an den Dachwinkeln Wache standen.

Einmal suchten wir das Krankenhaus auf, weil Gerd sich den Rücken verletzt hatte. Als wir das hohe Stahleingangstor erreichten, wurde eine sehr kranke alte Frau auf einem Dreirad (der örtlichen Ambulanz) ins Krankenhaus gebracht. Wir traten durch das Tor und stiegen eine Treppe hinauf, die zu einem Steinhof führte. Dort saßen Patienten, die Krankenhausroben und -schlafanzüge trugen, auf Bänken oder gingen spazieren.
Genau vor uns war die chinesische Abteilung, vor deren Tür vier verblassende rote Säulen standen. Wir wandten uns nach rechts und stiegen über eine weitere Treppe zur ausländischen Abteilung empor. Ihre Säulen waren gerade gestrichen worden und von glänzendem, grellem Rot.
Wir betraten die ruhige Halle und meldeten uns an einem Schreibtisch an. Dort bezahlten wir eine Aufnahmegebühr von zwei Yuan und nannten Gerds Namen, Nationalität und medizinische Karteiziffer, die jedem bei seinem ersten Besuch im Krankenhaus zugewiesen wurde. Die beiden kleinen Wartezimmer mit schmuckvoll geschnitzten Holzstühlen waren besetzt, so daß wir uns auf Bänke in der sauberen, freundlichen gelben Halle setzten. Kurz darauf rief die Krankenschwester unseren Namen und unsere Nationalität, und Gerd wurde von einem der älteren Ärzte empfangen, der Englisch mit einem amerikanischen Akzent sprach. Als ich eine Bemerkung dazu machte, erzählte er uns, daß er während der dreißiger Jahre in den Vereinigten Staaten ausgebildet worden sei.
Der Arzt empfahl *hsiu hsi* für eine Woche, aber Gerd sagte, daß seine Arbeit dies nicht gestatte. Der Mediziner begriff das Problem und schickte nach zwei anderen Spezialisten und einem Therapeuten, die in der chinesischen Abteilung des Krankenhauses arbeiteten. Sie traten wenig später ein, und dann erörterten die vier den Fall in unserer Anwesenheit. Nach 15 Minuten eines lebhaften Austausches schlugen sie wiederum *hsiu hsi* vor; da Gerd wieder ablehnte, entschieden sie sich für eine Wärmebehandlung, die auch sofort begann und Erleichterung verschaffte.
Ich hatte Anlaß, das Krankenhaus noch einmal aufzusuchen, als sich bei mir ein Tennisellbogen entwickelte und ich niemandem mehr die Hand schütteln konnte. Die Ärzte ließen mir die Wahl zwischen Cortisonspritzen, einer Operation oder Akupunktur. Ich war neugierig, was letztere betraf, und entschied mich für Akupunktur.

Die Behandlung dauerte drei Wochen und umfaßte zehn halbstündige Sitzungen. Zuerst steckte der Arzt auf schmerzlose Weise zwei Nadeln in meinen Handrücken und mein Handgelenk und eine dritte in meinen Unterarm. Dann hielt er Kerzen an die Nadeln, um sie zu erhitzen. Ein andermal brachte er elektrische Kontakte an ihnen an, so daß sie vibrierten, was ein seltsames, aber nicht schmerzhaftes Gefühl hervorrief. Nur einmal verspürte ich Schmerz, und zwar, als die Nadel nicht an der richtigen Stelle eingeführt wurde. Während der Behandlung verbesserte sich der Zustand meines Ellbogens, doch als sie vorbei war, genügte ein Handschlag, um mich wieder zusammenzucken zu lassen.

Zur Zeit der Akupunkturbehandlung mußte ich auch ein Stück Pflaster am Ohrläppchen tragen. Unter dem Pflaster steckten winzige Kügelchen, eine chinesische Arznei. Die Krankenschwester wies mich an, das Pflaster oft zu reiben, da dies gut für meinen Ellbogen sein werde. Ich fragte mich, was mein Ohr mit meinem Ellbogen zu tun habe.

Auf der Straße kam ich an vielen Chinesen vorbei, die Pflaster an den Ohren trugen, und nahm an, daß sie ebenfalls akupunktiert wurden. Aber beim Besuch in einem anderen Krankenhaus entdeckte ich, daß dies auch ein Teil der Behandlung von Herzpatienten war. Aus irgendeinem Grunde sollten Herzbeschwerden nachlassen, wenn Pflaster mit harten grünen Erbsen auf die Ohren geklebt wurden.

Als ich weiterhin Probleme mit meinem Ellbogen hatte, bestand Herr Liu darauf, mir zu helfen. Er folgte mir durch die Geschäfte und trug alles, was ich kaufte. Dann erzählte er dem Verkäufer an jedem Tresen von meinem Ellbogen. Danach fragte der Verkäufer mich immer mitfühlend, ob ich Schmerzen hätte. Mir war peinlich, daß um eine so simple Verletzung so viel Aufhebens gemacht wurde, und ich antwortete immer, daß es mir gutgehe.

Dann verstauchte ich mir heftig den Knöchel und kam nach einem Besuch im Krankenhaus auf Krücken nach Hause. Dies sorgte für große Aufregung unter unserem Personal. In den ersten Tagen, während ich mich nicht bewegen konnte, genossen sie es, mich mit Gefälligkeiten zu verwöhnen. Dazu hatte ich ihnen bisher nur selten Gelegenheit gegeben.

Frau Li rückte ständig meine Kissen zurecht und stand bereit, mich zu stützen, wenn ich mich fortbewegen mußte. Herr Yu füllte immer wieder meine Teetasse und bereitete meine chinesischen Lieblingsgerichte zu. Herr Liu und Herr Gu fragten mich oft, wie ich mich fühlte und ob sie etwas für mich tun könnten. Bald erkundigten sich die Liftfrau, die anderen Angestellten in unserem Gebäude und das Instandhaltungspersonal unseres Gebäudekomplexes nach meinem Befinden.

Als ich mich besser fühlte, wurde ich natürlich aktiver, was alle betrübte. Die Ärzte hatten mir einige Wochen *hsiu hsi* verordnet, aber nach ein paar Tagen bewegte ich mich schon auf Krücken. »Wenn das einem von uns passierte, würden wir mehrere Wochen lang ausruhen«, bemerkte Herr Gu, und alle Angestellten pflichteten ihm bei.

Im Gegensatz zu ihnen betrachtete ich *hsiu hsi* als Strafe und war also eine schlechte Patientin. Ich sehnte mich danach, wieder auf meinen Beinen stehen zu können, und folgte dem Rat einer Freundin, die eine ähnliche Verletzung gehabt hatte. Sie erzählte mir, daß Massagen die Schwäche beseitigen würden, wenn die Schwellung erst einmal zurückgegangen sei. Obwohl die Ärzte im Krankenhaus diese Behandlung nicht erwähnt hatten, glaubte ich, daß sie einen Versuch wert sei.

Der einzige Masseur, der Ausländer behandelte, arbeitete in einem Bad, das mehr als eine Meile von uns entfernt war. Ich hatte auch von blinden Masseuren gehört, doch sie gaben sich nur mit Chinesen ab.

Bei meinem ersten Termin traf ich zu früh ein und setzte mich auf eine Bank am Ende der Halle. Ich sah zu, wie Mädchen um die Zwanzig aus dem Baderaum kamen, sich vor einen bis zum Boden reichenden Spiegel stellten und ihr glänzendes schulterlanges Haar kämmten. Sie hatten dreißig Fen für ein Duschbad bezahlt, das oft drei Stunden dauerte.

Die Menschen besaßen zu Hause keine Bäder oder Duschen. Die meisten gingen nur einmal im Jahr in ein Badehaus, zur Zeit des chinesischen Neujahrs. Wer »oft« badete, ging alle drei Monate, wie ich erfuhr. Als ich erstaunt die Augenbrauen hochzog, erklärte meine Freundin mir, daß die Chinesen sehr sauber seien, was ich selbst schon bemerkt hatte. Sie wüschen sich jeden Tag und verwendeten viel Zeit darauf, ihre Füße zu säubern. Die meisten wechselten täglich ihre Unterwäsche, aber dies sei bei den anderen Kleidungsstücken nicht nötig.

Vor dem Beginn der Massage begrüßte mich ein kräftig

gebauter, elastischer Mann mit einem breiten Lächeln. Später erzählte er mir, daß er 65 Jahre alt sei und bald in den Ruhestand treten werde, was ich ihm kaum glauben wollte. Er geleitete mich in eine kleine Kabine, in der nur ein hartes Bett stand, und sagte: »Nur wenn Sie Schmerzen haben, kann die Behandlung wirksam sein.« Diese Warnung verblüffte mich, aber ich entdeckte bald, daß er die Wahrheit gesagt hatte.

Fünf Tage lang unterzog ich mich kräftigen Massagen, die meinen Knöchel so in Mitleidenschaft zogen, daß ich manchmal einer Ohnmacht nahe war. Nur sein ständiges Geplauder über seine und die Fragen nach meiner Familie ließen mich die Behandlung durchhalten. Am Ende der fünf Tage fragte er: »Haben Sie immer noch Schmerzen?« Ich antwortete: »Nein.« Er entließ mich und riet mir, nur zurückzukommen, wenn ich wieder Schmerzen hätte.

Die Chinesen wenden gegen alles ein Heilmittel an, und oft ist es wirksam. Akupunktur soll nicht nur Krankheiten beseitigen, sondern auch Kopfschmerzen und psychische Belastungen lindern.

Außerdem glaubt man, daß die Ernährung eine wichtige Rolle bei der Genesung spielt. Eine chinesische Bekannte erzählte mir von alten Nahrungsmittelkuren, die ihre Mutter an sie weitergegeben hatte: »Man esse eine Knoblauchzehe täglich gegen Tuberkulose.« »Nach einer schwierigen Geburt sollte die Mutter täglich einen Monat lang Schildkrötensuppe trinken, um wieder zu Kräften zu kommen.« »Eine Mutter sollte sich wenigstens einen Monat lang nach der Geburt im Bett ausruhen.« (Der bezahlte Mutterschaftsurlaub beträgt 65 bis 70 Tage.) »Man nehme weißen Essig gegen hohen Blutdruck.« »Bei Erkältungen lege man eine Scheibe frischen Ingwers und braunen Zucker in kochendes Wasser und trinke das Gemisch.« »Man esse rohen Paprika, um den Körper gegen die Kälte zu schützen. Aber schwangere Frauen sollten keinen Paprika verzehren, weil er bei den Babys zu hohen Blutdruck verursacht.« »Wenn ein Baby mit roten Wangen geboren wird, hat die Mutter während der Schwangerschaft zu viele stark gewürzte Speisen gegessen.« »Ein bestimmter Fruchtsaft führt zu Haarausfall.« »Mit der Schale gegessene Erdnüsse sind gut für die Nieren.« »Man trinke schwarzen Tee auf leeren Magen, wenn man aus der Kälte kommt.« »Man trinke grünen Tee bei

schlechter Verdauung und grundsätzlich im Sommer.« »Gesalzene Enteneier sind gut für alte Leute.«
»Menschen, die an Gesichtslähmung leiden, sollten sich den Kopf eines Aals in den Mund legen; dann soll sich das Maul des Aals an der Innenseite der Wange verhaken und hineinbeißen. Die Lähmung wird verschwinden.« Ich hörte von diesem Heilmittel zu einer Zeit, als der Vorsitzende Mao auf Bildern aussah, als habe er gerade eine Gesichtslähmung überwunden.
Wenn man krank war, mußte man nicht nur die richtigen Speisen verzehren, es wurden auch chinesische Arzneimittel verschrieben. Das Fenster einer Apotheke lockte viele vorbeikommende Ausländer an. Es zeigte einen Kalbsfötus in einer Flasche, ein Rehgeweih und verschiedene Wurzelarten, aus denen Medikamente gewonnen wurden.
Das Geweih interessierte diejenigen westlichen Ausländer am stärksten, die glaubten, daß ein daraus hergestelltes Pulver die Potenz erhöhe. Ich wollte wissen, wie man es hier benutzte, und fragte eine Chinesin, die sehr sachlich antwortete: »Alte Leute, die krank und schwach sind, nehmen es, um stärker zu werden. Dann können sie länger leben.«
Ich hatte verschiedene Arten der traditionellen Medizin versucht, die ohne merkliche Wirkung auf mich blieben. Einmal handelte es sich um runde Pillen, die so klein waren, daß zehn auf einen Fingernagel paßten. Ein Bekannter mußte fünfzig bis hundert Pillen pro Tag einnehmen, und ich erklärte ihm halb scherzend, ein Teil der Behandlung bestehe darin, sich an die richtige Menge und den richtigen Zeitpunkt zu erinnern.
Nach meiner Knöchelverletzung riet mir der Arzt, ein weiches Medikament von der Größe und Form eines Tischtennisballes zu kauen und hinunterzuschlucken. Doch der Kräutergeschmack war mir so unangenehm, daß ich nicht mehr als einen Bissen davon herunterbrachte.
Ein Freund, der an hohem Blutdruck und Schwindelgefühlen litt, kochte spezielle Wurzeln und Kräuter in einem Tontopf, den die Chinesen »Medizintopf« nennen; dann trank er die Flüssigkeit. Ich probierte das ätzende, trübe Gebräu und dachte bei mir, daß die Krankheit erträglicher wäre, als täglich eine Tasse von diesem üblen Gemisch trinken zu müssen. Aber er glaubte daran und sagte, daß er sich mit jedem Tag besser fühle.

Ein Tourist, dem ich zufällig begegnete, wollte unbedingt ein besonderes chinesisches Medikament kaufen, das seiner Meinung nach aus Marihuana hergestellt wurde. Wir fanden es in Form winziger brauner Kügelchen, mit Kräuteraroma versehen. Ich habe nie erfahren, ob seine Theorie stimmte, aber eine chinesische Bekannte nahm diese Pillen gegen Nervosität und schrieb ihnen entspannende und einschläfernde Wirkung zu.

Apotheken, die westliche Medikamente anboten, waren nie so voll wie jene, in denen man traditionelle Arzneimittel kaufen konnte. Ich fragte einen Arzt, weshalb chinesische Medikamente so beliebt seien, und er entgegnete: »Es entspricht der chinesischen Tradition und Gewohnheit, Pillen zu nehmen. Traditionelle Arzneien sind nicht so stark wie westliche Drogen und können keinen Schaden anrichten.« Früher hatte ich die Mehrheit der Chinesen für Hypochonder gehalten, nun erkannte ich, daß die Gesundheitsmanie auf einem kulturellen Unterschied beruhte.

Ärzte waren besonders sorgfältig, wenn sie Diagnosen bei Ausländern stellten. Nachdem sie alle Möglichkeiten erwogen hatten, äußerten sie sich extrem pessimistisch und empfahlen die stärkste Arzneidosierung. Wenn jemand einen schlimmen Schnupfen hatte, wurde er gegen Lungenentzündung behandelt und erhielt hohe Dosen Antibiotika, was manchmal zu unangenehmen Nachwirkungen führte.

Patienten mit Leberentzündung erging es am schlechtesten. Sie wurden in ein Krankenhaus für Infektionskrankheiten gebracht und mußten sechs Wochen in vollkommener Isolierung liegen. Zwei meiner Freunde litten an dieser Krankheit, und bevor ich sie besuchen durfte, mußten die Krankenhausbehörden mir eine Genehmigung ausstellen.

Als ich die weißen Hallen des antiseptisch riechenden Krankenhauses betrat, führte eine Schwester mich ins Wartezimmer und gab mir einen weißen Chirurgenkittel. Dann kam der Arzt und sprach mich an. »Ihr Freund ist sich über die Schwere seines Zustandes nicht im klaren. Reden Sie über nichts, das ihn aufregen könnte, und bleiben Sie nicht lange, da Sie ihn ermüden könnten.«

Ich betrat das geräumige Einzelzimmer mit angrenzendem Bad und Dusche. Mein Freund, der mich begrüßte, war außer sich. Er hatte zum zweitenmal innerhalb von zwanzig Jahren eine

Leberentzündung und kannte die Behandlungsmethode, die viel Ruhe und eine fettfreie, milde Diät ohne Zellulose erfordert.
Die Küche hatte ihn dagegen regelmäßig mit fettem gebratenem Essen und Kohl versorgt, und ihm war richtig übel. Er hatte sich beschwert, doch er bekam immer noch in Öl schwimmende Speisen. Nun wollte er streiken und nichts mehr essen, wenn man ihm nicht die entsprechende Diät brachte.
Während die Ärzte sehr schnell starke Medikamente verschrieben, führten sie Operationen nur durch, wenn sie absolut notwendig waren. Ein Ausländer in Tsingtao, einem Seehafen, der mehrere Fahrtstunden von Peking entfernt liegt, hatte hohes Fieber und heftige Schmerzen in der rechten Seite. Der Patient hielt den Blinddarm für die Quelle seiner Beschwerden, doch die Ärzte konnten sich nicht einigen. Während sie sein Bett umstanden und die Angelegenheit diskutierten, platzte sein Blinddarm. Jetzt war Eile geboten. Der Patient lag mehrere Wochen lang im Krankenhaus und erholte sich nur langsam.
Immer wenn die Ärzte einer Krankheit nicht auf die Schliche kamen, sagten sie: »Sie fühlen sich deshalb nicht wohl, weil Sie zuviel Fleisch und zu viele Milchprodukte essen. Sie verzehren nicht genug Gemüse.«
Auf bestimmten Gebieten waren die Chinesen äußerst fachkundig. Ein Bekannter wurde mit Verbrennungen dritten Grades an Kopf und Oberkörper ins Krankenhaus eingeliefert. Nach zweimonatigem Krankenhausaufenthalt und ständiger Pflege erholte sich der Patient, ohne daß es zu Komplikationen kam.
Jedes Jahr ziehen sich einige Ausländer eine Gehirnentzündung zu, doch die prompte Diagnose und Behandlung der Chinesen retten ihnen stets das Leben. Ein paar Tage nach dem Erdbeben vom Juli 1976 versank ein Mädchen im Koma und wurde ins Krankenhaus eingeliefert. Die Ärzte diagnostizierten sowohl Gehirnentzündung wie Hirnhautentzündung und gaben ihr geringe Überlebenschancen.
Wegen des Erdbebens und der ständigen Erschütterungen nach dem Beben war das Krankenhaus in erheblicher Gefahr, doch Krankenschwestern saßen Tag und Nacht am Bett des Mädchens, und Ärzte kümmerten sich ständig um es. Außerdem wurden weitere Spezialisten von Shanghai nach Peking eingeflogen. Nachdem es fünf Tage im Koma gelegen hatte, kam es

wieder zu Bewußtsein. Später waren keine Nachwirkungen zu erkennen. Seine Mutter meint heute: »Die Hingabe und Pflege des Krankenhauspersonals hat ihr das Leben gerettet.«
Die Chinesen sind berühmt wegen ihrer Erfolge beim Annähen von abgetrennten Gliedern. In einem Krankenhaus, das wir besuchten, zeigten die Ärzte uns ein Album mit schauerlichen Bildern von Menschen, die gerade einen Arm oder ein Bein verloren hatten. Dann folgten ein oder zwei Jahre später aufgenommene Fotos, auf denen sie wieder bei der Arbeit zu sehen waren.
Ein jugoslawischer Matrose trennte sich in einem chinesischen Hafen an Bord eines Schiffes den Fuß ab. Ein Hubschrauber brachte ihn sofort nach Peking, und innerhalb von sieben Stunden nach dem Unfall befand er sich im Operationssaal. Der Matrose wurde ein ganzes Jahr lang in einem Pekinger Krankenhaus behandelt, und während dieser Zeit wiesen die Chinesen ihm ganztags einen serbisch sprechenden Dolmetscher zu. Außerdem besuchten ihn führende Regierungsvertreter.
Nach der langwierigen Behandlung ging er auf beiden Füßen aus dem Krankenhaus. Ein Jahr später schrieb er einen Brief an das Krankenhauspersonal, das ihn gepflegt hatte. Er spiele wieder Fußball, und dies sei nur ihrer Behandlung und »moralischen Unterstützung« zu verdanken.

4. Kapitel

Winter

Kälte und Trockenheit

Da ich aus Neuengland stamme, bin ich daran gewöhnt, daß Schnee die nackte Winterlandschaft bedeckt. Dies ist in Peking nicht der Fall. Deshalb war das Winterwetter eine große Enttäuschung für mich. Schnee war selten, und wenn er fiel, schmolzen die Flocken gewöhnlich, bevor sie den Boden berührten, oder verwandelten sich innerhalb von Stunden in braunen Matsch.

Erst während unseres zweiten Winters blieb der Schnee lange genug liegen, um eine zeitweilige Gefahr für die 3 Millionen Radfahrer zu sein. Das Problem wurde jedoch in wenigen Stunden gelöst. Hunderte von Mittelschülern wurden mobilisiert, um den Straßenreinigern zu helfen. Sie fegten die Straßen mit Schneebesen, machten Schneebälle, lachten und vergnügten sich so sehr, wie es junge Menschen überall in der Welt nach dem ersten Winterschnee tun.

Gegen Mitte November ließ der Rauch aus den Kohleöfen die Luft grau werden. Die Bäume waren kahl, die Kleidung der Menschen war wieder eintönig, und die Gemüsestände auf der Straße, die der Umgebung Farbe gegeben hatten, waren verschwunden. Obwohl der Himmel wolkenlos war und die Sonne schien, wurden mir das düstere, kalte Wetter und die strenge Trockenheit nur allzu bewußt.

Als wir unseren dritten Winter überstanden hatten, protestierten sogar unsere Möbel. Holzstühle zerbrachen, und Tische wurden rissig.

Während die Temperaturen sanken, mummten sich die Chinesen immer mehr ein. Die Zentralheizung und die Kohleöfen lieferten nicht genug Wärme, so daß man auch in der Kleidung schlief. Meine Lehrerin erklärte, daß sie bei minus 25 Grad

Celsius fünf »Schichten« unter ihrer blauen Hose und ihrer blauen Jacke unterbringen könne.

Bis Ende Dezember waren die Seen um Peking dick zugefroren, und die Leute liefen Schlittschuh und fuhren Schlitten. Die hausgemachten Schlitten bestanden aus einem Brett mit stämmigen Holzbeinen, an denen Kufen angebracht waren. Entweder zogen Vater oder Mutter den Schlitten über das Eis, oder das Kind stieß sich selbst mit dünnen Metallstäben ab.

Die Schlittschuhzeit war schon nach vier Wochen zu Ende. Eine Staub- und Sandschicht hatte sich auf das Eis gelegt und machte den Sport unmöglich.

Sobald das Eis eine gewisse Stärke erreichte, wurden große Schneidemaschinen neben den Seen aufgestellt. Sie schnitten das Eis in Blöcke, die von Pferdekarren und Lastwagen in unterirdische Höhlen geschafft wurden; dort bewahrte man sie bis zum Sommer auf, um leicht verderbliche Nahrungsmittel zu kühlen.

Die Festvorbereitungen lenkten mich von der Trostlosigkeit draußen ab, und ich begann, unser Weihnachtsessen zu planen. Die örtlichen Geschäfte lieferten alles, was ich brauchte. Kartoffeln, Rüben und sogar lebende Truthähne waren zu bekommen. Ich wollte jedoch nicht, daß Herr Yu einen Truthahn in meiner Küche schlachtete. Deshalb fragte ich den Verkäufer auf dem Markt, ob er den größten Truthahn für mich vorbereiten könne; ich wolle ihn am nächsten Tag abholen.

»Morgen werde ich eine größere Auswahl an lebenden Truthähnen haben, und Sie können sich Ihren aussuchen. Dann schlachte ich ihn für Sie, während Sie warten«, sagte der Verkäufer.

»Können Sie nicht den größten Truthahn aussuchen, schlachten und ausnehmen, bevor ich komme?« erkundigte ich mich.

»Ich werde nicht wissen, welchen Sie haben wollen. Es wäre besser, wenn Sie sich Ihren Truthahn selbst aussuchen.«

Wenn ich ihm meine heiklen Gefühle erklärt hätte, hätte das albern geklungen, und vermutlich hätte er sich trotzdem nicht überzeugen lassen. Es war meine Entscheidung, und er wollte nicht dafür verantwortlich gemacht werden.

Ich kehrte nach Hause zurück und besprach das Problem mit Herrn Gu und Herrn Liu. Zu meiner Erleichterung erboten sie sich, die Wahl zu treffen.

Am Heiligen Abend wurde eine Mitternachtsmesse in der alten Südkirche abgehalten; es war die letzte noch aktive katholische Kirche, und sie war nur für Ausländer geöffnet. Aber bei dieser Gelegenheit wohnten dreißig oder vierzig Chinesen dem Gottesdienst bei. In ihren besten schwarzen Hosen und Jacken saßen sie in den hinteren Reihen und hatten die Hände zum Gebet gefaltet. Sie kannten die lateinische Liturgie und die Hymnen auswendig und warfen nicht einmal einen Blick in das Gebetbuch.
Offiziell gestattet die chinesische Verfassung Religionsfreiheit, aber nach der Befreiung wurden die Kirchen, die Chinesen und Ausländern offengestanden hatten, geschlossen. Nun sind sie von Stacheldrahtzäunen umgeben oder in Fabriken, Wohnhäuser oder Regierungsinstitutionen umgewandelt worden.
Während unseres Aufenthalts sah ich niemanden, der eine Religion ausübte, aber ich nahm an, daß es noch viele alte Leute gab, die privat einer Religion anhingen.

Die Chinesen bereiten sich auf ihr Neujahr vor

Ein paar Wochen, nachdem wir unsere Weihnachts- und Neujahrsfeier begangen hatten, hörte ich die ersten Klänge, die auf das näherrückende Frühlingsfest hindeuteten, wie die Chinesen ihr Neujahr nennen. Diese dreitägige Feier findet alljährlich zwischen Ende Januar und Mitte Februar statt und legt den Beginn des chinesischen Mondjahres fest.
Schuljungen probierten die Feuerwerkskörper aus, die sie gerade gekauft hatten. Der lauteste wurde am freudigsten begrüßt. Ich begriff den Grund: Früher hatte man geglaubt, daß Feuerwerkskörper die bösen Geister verscheuchen.
Vor dem Neujahr wurde der Markt von neuen Waren überschwemmt, und die Geschäfte waren prall gefüllt. In manchen drängten sich so viele Menschen, daß ein Aufseher am Eingang stand und niemanden mehr hineinließ.
Neujahr war die Zeit, zu der Familien Geld von ihren Bankkonten abhoben, um teure Güter zu kaufen. Herr Yu hatte mehr als ein Jahr lang gespart, um sich eine Uhr zuzulegen, die 120 Yuan kostete. Andere Luxusartikel waren Nähmaschinen zu 140 Yuan, Fahrräder, die wenigstens 140 Yuan kosteten, und Transistorradios, deren Preis sechzig Yuan betrug. Ein paar

Jahre später waren Schwarzweißfernseher das gefragteste Neujahrsgeschenk; sie kosteten zwischen 300 und 450 Yuan und waren nur in begrenzter Zahl lieferbar.
Viele Leute gingen in Gebrauchtwarengeschäfte, um ausländische Kameras, Uhren, Radios und anderes elektrisches Gerät zu kaufen. Diese Artikel hatten Chinesen oder Ausländern gehört, die sie der Regierung verkauft hatten, und zwar, wie ich hörte, nur für ein Zehntel des Betrages, der auf dem Preisschild stand.
Die Neujahrszeit ist die Zeit, in der man sich beschenkt. Ich fragte unsere Angestellten, was sie ihren Familien gekauft hätten. Herr Yu zeigte mir das Geschenk für seine Tochter, ein rotes Kunststoffportemonnaie mit dem Bild eines Pandabären an der Seite. Frau Li hatte Pullover für ihre Kinder gestrickt und eine aufblasbare Kunststoffpuppe für ihre jüngste Tochter gekauft. Herr Gu schenkte seinem Jungen ein Spielzeuggewehr.
Mir war aufgefallen, daß die Chinesen gewöhnlich keinen Alkohol tranken, aber jetzt wollten die meisten Familien das Fest mit Wein oder Schnaps feiern. Frau Shu hatte eine Flasche Wein für ihren Mann gekauft. Als ich sie fragte, was sie ihren Eltern schenken werde, antwortete sie: »Sie leben weit von hier entfernt und benötigen nichts. Aber als Zeichen meiner Achtung werde ich ihnen etwas Geld schicken.«
Dieser Brauch stützt sich auf eine alte Tradition, an die sich auch Chinesen, die im Ausland leben und von ihren Familien getrennt sind, halten. Einer meiner Freunde hatte 25 Jahre zuvor seine Familie in Shanghai verlassen und lebte jetzt in Hongkong. Seitdem hatte er jährlich Geld an seine Verwandten geschickt.
Trotz der strengen Vorschriften, nach denen es verboten war, dem Personal Geschenke zu machen, beabsichtigte ich, unseren Angestellten eine Kleinigkeit zukommen zu lassen. Ich bat ausländische Freunde um Anregungen. Einer erzählte mir, daß Angestellte ihre Geschenke beim Servicebüro abliefern müssen, ein anderer warnte mich, nichts im Ausland Gekauftes zu verschenken. Er habe es im letzten Jahr getan und später entdeckt, daß alle Geschenke hinten in einem Schrank versteckt waren.
Schließlich war ich überzeugt, daß Lebensmittel am geeignetsten waren. Deshalb backte ich Bananenbrot für jede Familie

und betonte, daß es gut für ihre Gesundheit sei. Sie nahmen es bereitwillig an und erzählten mir später, daß es köstlich geschmeckt habe.

In den folgenden Jahren kaufte ich Dinge, die ich nicht als Geschenke, sondern als »Arbeitsgeräte« bezeichnete. Herr Yu freute sich über ein Kochbuch aus Hongkong, das Rezepte für westliche Gerichte in englischer und chinesischer Sprache enthielt. Deutsche Wörterbücher bekamen Herr Gu und Frau Shu.

Außerdem gab ich Herrn Gu einen chinesischen Kugelschreiber, der, wie ich dachte, praktischer war als sein Füllfederhalter, wenn bei einem Gespräch Aufzeichnungen zu machen waren. Dieses »Arbeitsgerät« warf später unerwartete Probleme auf.

Einmal kauften wir bei der CAAC Flugkarten, und Herr Gu benutzte den Kugelschreiber, um den Betrag auf Gerds unterzeichnetem Scheck mit chinesischen Symbolen einzutragen. Zunächst wollte die Angestellte ihn nicht annehmen, aber nach einer langen Diskussion, die ich nicht verstand, akzeptierte sie ihn widerstrebend.

Nachdem wir das Gebäude verlassen hatten, erkundigte ich mich bei Herrn Gu nach dem Wortwechsel. Die Angestellte hatte ihn getadelt, weil er nach ausländischem Vorbild einen Kugelschreiber benutzt und nicht nach chinesischem Brauch mit einem Füllfederhalter geschrieben hatte. Er erklärte, daß vor Jahren die Schrift chinesischer Kugelschreiber nach ein paar Monaten verblichen sei, aber er habe der Angestellten mitgeteilt, daß sich die Qualität des chinesischen Kugelschreibers verbessert habe und sie ihn nicht schlechter einschätzen solle als ein ausländisches Produkt.

Neujahr – eine Zeit, in der gut gegessen wird

Jeder dachte ans Essen, während Neujahr näherrückte. Ich hatte das Gefühl, daß es wichtiger war als die drei arbeitsfreien Tage. Zahlreiche Lastwagen, die mit Schweinehälften beladen waren, rollten eine Woche, bevor die Feier begann, in die Stadt. Jeder Wagen hielt bei verschiedenen Geschäften an, und die dick vermummten Männer, die auf dem Schweinshaufen saßen, wuchteten die Hälften auf den Bürgersteig.

An einer Ecke hatten sich Menschen vor einem Laden angestellt und warteten auf diese Lieferung. Als sie eintraf, wurde eine große automatische Säge auf dem Bürgersteig eingesetzt, um die gefrorenen Hälften in Stücke zu schneiden. Sie wurden sofort an die Kunden verkauft.
Flechtkörbe voller Äpfel waren auf den Bürgersteigen verteilt, und lange Menschenschlangen wanden sich um sie herum. Auf manchen Märkten wurden Mandarinen aus dem Südwesten Chinas und Vietnam verkauft; Bananen hatten ein Etikett mit der Aufschrift »Panama«. Lebende Pekingenten wurden in Käfigen auf Trecker geladen und an Märkte und Restaurants geliefert. Ein Lastwagen mit frischem Fisch rollte vorbei, und ich fragte mich, ob er vom Sommerpalast kam, wo wir eine Gruppe von Männern und Frauen gesehen hatten, die Löcher ins Eis schlugen und mit Netzen Karpfen fingen.
Im Gegensatz zu den vorhergehenden vier Monaten hatte jeder Markt eine beträchtliche Auswahl und bot große Mengen von Gemüse und Fleisch für das Neue Jahr an. Am liebsten war mir die Markthalle Hsi Tan, die im westlichen Teil der Stadt liegt. Sie lag fünfzehn Autominuten von der Ausländerkolonie im östlichen und nordöstlichen Teil der Stadt entfernt, was die meisten Ausländer davon abhielt, hier einzukaufen.
Die Türen von Hsi Tan öffneten sich um 7.30 Uhr und wurden um 18.30 Uhr geschlossen. Von innen sah die Halle aus wie eine riesige Scheune. Die Decke war ungefähr drei Etagen hoch und ragte weit über das Erdgeschoß hinaus, in dem jedes Jahr mehr als neunhundert verschiedene Arten von Lebensmitteln verkauft wurden. Aneinandergrenzende Tresen nahmen die Seiten der Halle ein; oft standen Schaufenster vor und mit Waren gefüllte Regale hinter ihnen.
Beim Betreten der kühlen Halle sah ich gegenüber dem Eingang als erstes die zwanzig Meter lange Tischreihe mit frischem Gemüse, das aus der Ferne wie ein Wandteppich mit geometrischen Mustern anmutete. Nachdem ich mich an langen Reihen warm angezogener Kunden vorbeigeschlängelt hatte, gelangte ich zu dem zweieinhalb Meter hohen Ausstellungsstück. Es befand sich auf einem erhöhten Holzgerüst, das hinter einem Tresen stand und von den Kunden nicht zu erreichen war.
Aus der Nähe konnte ich erkennen, daß die Dreiecke aus Karotten, Gurken und Rüben bestanden. Kreise wurden mit

Zwiebeln, Kartoffeln und grünem Paprika beschrieben. Sterne wurden aus gelben und roten Tomaten geformt. In der Mitte des Ausstellungsstückes war ein großer Korb, gefüllt mit zugeschnittenem Gemüse, das einem Blumenstrauß ähnelte. Auf seinem Banner stand: »Diene dem Volk.«

Ein paar Monate zuvor hatte ich hier einen herrlichen Sommerkürbis gesehen, und nun war ich froh, ihn wiedergefunden zu haben. Als ich den Kürbis kaufen wollte, zögerte die Verkäuferin und beriet sich mit ihren Kolleginnen. Danach nahm sie ihn aus dem Muster heraus und gab ihn mir. Erst später erfuhr ich, daß die Schaustücke nicht zum Verkauf bestimmt waren und daß man mir als Ausländerin einen besonderen Gefallen getan hatte.

Das Neujahrsgemüse von Hsi Tan wurde in den Treibhäusern der Nan-Yuan-Kommune in einem südlichen Vorort von Peking gezüchtet. Wir hatten die Produktionsbrigade der Kommune, die Hsi Tan mit Gemüse belieferte, besucht und uns mit dem Brigadeführer unterhalten.

Er berichtete uns, daß das nationale Ziel der Kommunen darin bestehe, die Städte, die sie umgeben, zu ernähren. Die Pekinger Bevölkerung von mehr als 7 Millionen Menschen wurde von 33 Kommunen versorgt, die mehr als 120 000 Quadratkilometer mit Gemüse bepflanzten und mehr als 10 000 Treibhäuser besaßen.

Jede Kommune hatte den Auftrag, verschiedene Märkte mit frischen Waren zu beliefern. Die Produktionsbrigaden von Nan Yuan versorgten Hsi Tan im Laufe des Jahres mit rund 110 verschiedenen Gemüsesorten.

Die Nan-Yuan-Brigade informierte den Markt regelmäßig über ihre Bestände, und Hsi Tan teilte mit, ob man zuwenig von dem einen Gemüse oder zuviel von dem anderen hatte. Daneben wurden die Kunden nach ihrer Meinung gefragt. Aufgrund ihrer Anregungen änderte Nan Yuan seinen Ernteplan, so daß mehr süßer Rettich, weniger weiße Rüben und mehr Gemüse für *Jao-tze*, das beliebteste Gericht des Nordens, geliefert wurden.

Die Hauptaufgabe der Produktionsbrigade bestand, wie ihr Leiter erklärte, darin, frisches und zartes Gemüse zu produzieren, die Winterversorgung und die gleichmäßige Verteilung während des ganzen Jahres zu garantieren sowie eine reiche Auswahl für die Feiertage bereitzustellen. Für all das mußte der

Kunde nur wenig bezahlen, durchschnittlich kaum vier Fen für ein Pfund Gemüse.

Ich konnte erkennen, daß Nan Yuan sein Versprechen zu Neujahr gehalten hatte: Ungefähr dreißig verschiedene Gemüsesorten wurden verkauft. Neben dem Gemüsemarkt lag die Fleischabteilung; vor ihr hatte man einen weißen Kacheltresen aufgebaut, und hinten hing eine Reihe von Schweinehälften an Haken. Gewöhnlich stehen hier nur kurze Schlangen, weil Fleisch teuer ist und die meisten Menschen es sich nicht regelmäßig leisten können. Jede Familie war jedoch bereit, ihre Hemmungen für die Feiertage zurückzustellen und durchschnittlich eine Mark für ein Pfund Schweinefleisch auszugeben. Manche verlangten ein halbes Pfund gehacktes Schweinefleisch, das sie als Füllung für *Jao-tze,* die am Neujahrsabend zubereitete Speise, verwendeten.

In einer separaten Abteilung wurden Rind- und Hammelfleisch angeboten, doch nur die *Hui,* eine muselmanische (Schweinefleisch verachtende) Minderheit, durften es kaufen. Da es knapp war, mußte jeder Kunde eine Kennkarte vorzeigen, die ihn als Angehörigen der *Hui*-Minderheit auswies, bevor er bedient wurde. Jeder konnte jedoch *Hui*-Restaurants besuchen, in denen hauptsächlich Hammelfleischgerichte serviert werden, und niemand mußte sich an dem Sondertisch ausweisen, wo mit Erdnußöl statt mit Schmalz gebackene Kuchen und Kekse verkauft wurden.

Kunden mit leeren Flaschen standen an dem Öltisch Schlange, wo der Verkäufer jede Flasche wog, bevor er sie füllte. Das war wichtig, da jede Familie nur eine bestimmte Ration pro Monat bekam.

Ich fragte mich, wie die Chinesen mit ihrer kleinen Ration auskamen, besonders da die Küche des Nordens hauptsächlich aus gebratenen Speisen besteht, die eine Menge Öl erfordern. Eine chinesische Bekannte lieferte die Erklärung: »Manchmal kaufen wir Schmalz und lösen es auf.«

Obwohl wir unsere Flaschen im Freundschaftsladen mit beliebig viel Öl hätten füllen können, war Herr Yu sehr sparsam. Nach dem Braten goß er das Öl ab und füllte es wieder in die Flasche, um es noch einmal verwenden zu können.

Eier waren ebenfalls rationiert; wer sie kaufte, mußte ihr Gewicht in ein kleines Buch eintragen lassen. Jede Familie konnte zwei Pfund pro Monat erwerben. Im Sommer, wenn

die Hühner mehr Eier legten, wurden sie nicht mehr rationiert.
Meist konnte man nur getrocknete oder gefrorene Fische kaufen, aber jetzt waren die Stände voll von Garnelen, Tintenfischen und dem hochgeschätzten Frischfisch. An den Geflügelständen gab es Holzkäfige mit Hühnern, Enten und Truthähnen, die von den Kindern geneckt wurden. Ihre Großeltern untersuchten sorgfältig verschiedene Vögel, bevor sie eine Wahl trafen. Das Geflügel war sehr mager, und die meisten Hühner, die wir aßen, hatten nicht genug Fleisch für zwei Personen.
Hühner waren mit einem Durchschnittspreis von einem Yuan pro Pfund relativ teuer, aber es gab keine Abfälle. Alles wurde gegessen – außer den Federn, die man an die Regierung verkaufte, um Staubwedel daraus machen zu lassen. Knochen, Hals und Füße kamen in die Suppe, die mit diesen Teilen serviert wurde. Sogar das Blut wurde für eine würzig-saure Szetschuan-Suppe genutzt.
Manche Käufer steckten das lebende Huhn in ein schon mit Gemüse gefülltes Netz, und andere trugen es an den zusammengebundenen Beinen, so daß es bei jedem Schritt des Besitzers hin und her schwang.
Wer das Tier nicht zu Hause töten wollte, überließ es dem Schlachter, der den Vogel auf dem niedrigen Tisch vor dem Kunden ausblutete, säuberte und rupfte. Ich war der einzige, dem dieses Schauspiel zuwider war, und eilte davon. Beim Weggehen merkte ich, daß auch geschlachtete Hasen und gefrorene Sperlinge als Neujahrsspezialität angeboten wurden.
An anderen Stellen des Marktes verkaufte man weitere Grundnahrungsmittel. An einem Stand gab es getrocknete, geräucherte und eingelegte Sojaprodukte, die wichtigste Proteinquelle für die Chinesen. Gewürze wie Pfeffer, Paprika, Sesam und Curry wurden nach Gewicht verkauft und in ein Stück Papier eingewickelt. Daneben konnte man eingelegtes Gemüse, Räucher- und Pökelfleisch erstehen.
Die Vielfalt der Konserven war erstaunlich; die meisten hatten englische oder deutsche Etiketten, waren also importiert worden. Ich hatte die appetitlichen jungen Karotten, grünen Bohnen und Pilze schon probiert. Gerd aß regelmäßig Schweinefleisch, das an amerikanischen gewürzten Schinken erin-

nerte. Unter den Obstkonserven entdeckte ich nicht nur die üblichen Dosen mit Ananas, Birnen, Pfirsichen und Aprikosen, sondern auch solche mit kernlosen Weintrauben, Bananen in Sirup, Mandarinen, Lychees, Drachenauge, Loquats und Erdbeeren. Die Früchte waren mir zu süß, doch den Chinesen schienen sie nicht süß genug sein zu können.

Während der Feiertage hatte Hsi Tan durchschnittlich 100 000 Kunden pro Tag. Um den Einkauf zu erleichtern, wurden im Freien Stände mit gefrorenem Fisch und Geflügel aufgestellt, und mit Gemüse beladene Dreiräder wurden direkt in die Wohngebiete geschickt.

Die Chinesen hatten vier öffentliche Feiertage – 1. Mai, 1. Oktober, 1. Januar und Neujahr – und bekamen sonst keinen Urlaub. Um Neujahr herum wurden jedoch Paaren, die getrennt lebten, und Leuten, die enge Verwandte besuchen wollten, mehrere arbeitsfreie Tage gewährt.

Die Eisenbahn bot die einzige Möglichkeit zu langen Privatreisen. Das Gelände um den Bahnhof herum war schon Tage vor den Feiern übervölkert. Die Bürgersteige erinnerten an ein Flüchtlingslager, dem nur die Zelte fehlten. Hunderte von Menschen standen da und bewachten ihr Gepäck; andere schliefen oder rauchten, bevor sie den Bahnhof betreten durften. Andere Reisende balancierten ihr Gepäck auf Bambusstäben. Wieder andere taumelten unter dem Gewicht von fast berstenden Kunststoff- und Khakibeuteln, die mit einem Gürtel zusammengebunden und über die Schulter geschlungen worden waren. Ein Vater schob ein Fahrrad mit seiner Frau und zwei Kindern. Das Gepäck hing an der Längsstange.

Dazu standen viele Leute in langen Schlangen draußen vor den Fahrkartenschaltern, da sie hofften, noch in letzter Minute einen Platz zu bekommen. Herr Yu hatte kein Risiko eingehen wollen und seine Karte schon eine Woche vor der Fahrt zu seiner Familie gekauft. Frau Shu besaß bereits eine Karte für ihren zehnjährigen Sohn, der rund zwanzig Stunden fahren mußte, um seine Großeltern zu besuchen.

Es war eine sehr lange Reise für ein so kleines Kind. Doch als ich meine Sorge zum Ausdruck brachte, erwiderte sie, daß sich ein Zugbegleiter um ihn kümmern werde. Sie gab ihm genug Obst, Kekse, gekochte Eier und Schokolade für die lange Reise mit.

Ich fragte unsere Angestellten, wie sie die drei Tage verbringen wollten. Sie antworteten, daß sie *Jao-tze* essen würden, um das alte Jahr zu beschließen; dann würden sie das neue Jahr mit Garnelen-, Schweinefleisch- und Hühnergerichten feiern. Außerdem wollten sie viel spazierengehen, Freunde besuchen und sich entspannen. Ich nahm an, daß zur Entspannung vor allem das Kartenspiel gehören würde, denn Spielkarten waren als einer der ersten Artikel in den Geschäften ausverkauft gewesen.

Der letzte Einkaufstag des Mondjahres war so hektisch wie der Tag vor Weihnachten in Amerika; deshalb blieb ich zu Hause. Am Abend leerten sich die Straßen plötzlich. Die rote chinesische Flagge mit ihren fünf goldenen Sternen wurde überall gehißt, und runde rote Laternen mit gelben Quasten hingen an den Eingängen von Regierungsgebäuden und Geschäften.

Zum erstenmal sah ich Restaurants, die nur halb voll waren. Studenten und Armeeangehörige, die nicht nach Hause gefahgen waren, feierten das Jahresende in kleinen Gruppen. Um Mitternacht flammten die Farben Hunderter von Feuerwerkskörpern am Himmel auf, und der Lärm der Explosionen hielt bis zum Morgen an.

Der Neujahrstag gehörte der Familie, und viele gingen zusammen in den Parks spazieren. Kleine Kinder erregten mit ihren neuen Spielzeugen und strahlend bunten Jacken die meiste Aufmerksamkeit. Sie hatten sich mit Erdnüssen, Bonbons, Wassermelonensamen und sogar mit Eis am Stiel vollgestopft; ihre winzigen Händchen klammerten sich an heißgeliebte Ballons oder zogen quakende Holzenten.

Kleine Jungen spielten mit ihren neuen Gewehren Krieg, und einige ältere Jungen hatten sich ein paar Feuerwerkskörper aufgespart, die sie nun ansteckten. Grund- und Mittelschülerinnen, die hüftlangen Zöpfe mit Bändern geschmückt, gingen Arm in Arm in ihren neuen, buntkarierten Jacken spazieren. Die Älteren trugen makellose, frisch gebügelte schwarze Hosen und Jacken, deren Stoff besser war als der ihrer Alltagskleidung.

Auf dem Tian-An-Men-Platz drängten sich Familien, die ihre neuen Kameras ausprobierten und voneinander Aufnahmen machten. Ein junger Mann zog seinen Jackenärmel hoch, damit seine neue Uhr mit auf das Bild kam. Wer keine Kamera besaß, schloß sich den langen Schlangen vor den Standfotografen an, die ihre Stative auf dem Platz aufgebaut hatten.

Das nahe gelegene Peking-Hotel war eine weitere Attraktion. Menschen drängten sich auf dem Bürgersteig, um die kommenden und gehenden Ausländer zu beobachten. Ein Jahr später zog ein neuer klimatisierter siebzehnstöckiger Hotelanbau Hunderte von Menschen an, die sich mehr für die elektronisch gesteuerten Türen am Eingang als für die Ausländer zu interessieren schienen.

Am Abend wanderten Eltern mit ihren kleinen Kindern, die Papierlaternen mit angezündeten Kerzen trugen, durch die stillen Straßen. Ein Freund berichtete mir, dies sei ein alter Brauch, der nur von den Bewohnern Pekings geübt werde.

Die meisten Familien waren zu Hause und feierten ein Wiedersehen. Jugendliche waren nach zweijähriger Abwesenheit von der Landarbeit zurückgekehrt. Unverheiratete Soldaten genossen ihren ersten Heimaturlaub seit mehreren Jahren. Chinesen aus Übersee besuchten Verwandte, die sie seit 25 Jahren nicht gesehen hatten. Ehefrauen und Ehemänner kamen nach langer, arbeitsbedingter Trennung für kurze Zeit zusammen. Jedes Jahr freuten sich die Menschen auf diese Feiertage und hofften, daß die ganze Familie wieder beisammen sein würde.

Die Chinesen und ich entwickeln eine gemeinsame Leidenschaft: das Essen

Den öden, deprimierenden Monaten Februar und März folgte das chinesische Neujahr. Wir waren ein Jahr vorher um diese Zeit eingetroffen, und ich wußte, wie unangenehm die Trokkenheit und die Sandstürme waren. Sie zwangen mich, zu Hause ein Leben der Beschränkung zu führen. Deshalb suchte ich nach einer amüsanten Ablenkung. Essen war die Lösung.

Bei meinen Chinesischstunden konzentrierte ich mich darauf, die »Küchensprache« zu lernen. Ich wollte in der Lage sein, zusammen mit Herrn Yu zu kochen und in örtlichen Restaurants, wo man selten Englisch sprach, Bestellungen aufzugeben.

Eine in Peking geborene Bekannte schätzte, daß es in der Hauptstadt mindestens fünfhundert Restaurants gebe. Einige von denen, die ich schon besucht hatte, bedienten nur Ausländer. Andere hatten hauptsächlich chinesische Kunden, und sie wollte ich kennenlernen.

Einmal waren wir Gäste einer deutschen Industriedelegation im Restaurant »Große Pekingente«, wo unser aus zwölf Gängen bestehendes Mahl das Edelste der chinesischen Küche bot. Es gab wenigstens sieben Entengerichte mit Entenzunge und -füßen als besondere Köstlichkeiten, mit Schwalbennestsuppe, Seeschnecken, Silberohr (einem an Bäumen wachsenden Pilz) und Haifischflossen.
Bei anderer Gelegenheit wurden wir in ein vegetarisches Restaurant eingeladen, in dem wir einen Raum ganz für uns hatten. Dort wurden alle Gerichte mit Sojabohnen zubereitet und nach ihrem jeweiligen Geschmack benannt, etwa »Entenleber«, »Fisch« oder »Rindfleisch«. Als ein ausländischer Freund uns zu einem Essen einlud, das Exotisches wie Bärentatze, Stierpenis, Salamander, Schlange, Katze und Hund enthalten sollte, lehnte ich höflich ab.
Meist begann das Abendessen schon vor 18.30 Uhr, da man die Küche um 20.30 Uhr oder 21.00 Uhr schließen wollte. Die Restaurants spezialisierten sich oft auf das Essen einer bestimmten Provinz. Tschengtu (der Name der Hauptstadt von Szetschuan) war bei Ausländern besonders beliebt. Das Restaurant war genauso berühmt für seine Atmosphäre und Geschichte wie für sein vorzügliches Essen.
Es ging das Gerücht, daß Juan Shi-Kai, der erste Präsident der Republik, der versucht hatte, Kaiser zu werden, diesen kleinen Palast zur Unterhaltung benutzt habe. Als sich ein ausländischer Gast bei einem Kellner erkundigte, ob dies wahr sei, erhielt er zur Antwort: »Ja, ein anderer Ausländer hat es mir erzählt.« Angeblich nahm Teng Hsiao-ping, der Stellvertretende Ministerpräsident, hier vor der Kulturrevolution viele Mahlzeiten zu sich. Das Tschengtu lag in einer der Seitenstraßen hinter Mauern versteckt und war deshalb beim erstenmal schwer zu finden. Zum Glück stand ein Angestellter in einer weißen Jacke auf der schmalen Straße. Er führte uns durch das Vordertor und den Park in einen Hof. Dort umgab uns traditionelle chinesische Architektur und versetzte uns in eine andere Welt. Im Innern fanden wir geschwungene Dächer, die zu verschiedenen Flügeln des früheren Palastes gehörten. Enge Passagen führten von einem Hof zu anderen, und während wir an den einzelnen Abschnitten vorbeigingen, bewunderten wir die prunkvollen Holzschnitzereien an den Wänden.
Unser Essen – Gastgeber war ein Deutscher – wurde in einem

Raum gegeben, der aussah, als sei er früher ein Wohnzimmer gewesen, doch die Anordnung der Möbel ließ ihn kahl und unpersönlich erscheinen.

Wir setzten uns in die massigen beigen Sessel der Sitzecke, und der Kellner bot uns sofort Tee und Zigaretten an. Ein ungeöffnetes Päckchen Chunghua-Zigaretten – die Marke, die gewöhnlich an Ausländer und nur selten in örtlichen Geschäften verkauft wird – lag neben einem *Cloisonné*-Aschenbecher und einem darauf abgestimmten Streichholzbehälter auf dem Tisch. Ein Heizkörper sorgte für etwas Wärme, aber nicht genug, als daß ich den Mantel hätte ausziehen können.

Bevor ich am Tisch Platz nahm, ging ich in den Waschraum und fand zu meiner Überraschung eine Wanne, ein Waschbekken und eine Toilette mit Wasserspülung vor. Das war keine der üblichen Restauranttoiletten, die aus nichts als einem Loch im Boden bestanden.

Das Abendessen begann mit einer kalten Platte. Jedes Gedeck auf der weißen Tischdecke bestand aus einer Stoffserviette, die wie ein Fächer angeordnet war, einem kleinen Teller, einer Reihe von Gläsern verschiedener Größe, einer Gabel, einem Messer, einem Löffel und Elfenbeineßstäbchen. Die harten Holzstühle mit gerader Lehne gestatteten keine bequeme Haltung; diese Mahlzeit war nicht als Entspannung gedacht.

Wir konnten zwischen Bier, Wein, Schnaps, Orangensoda und sogar Eiswasser wählen, das die Chinesen selbst nie trinken würden, weil sie es für ungesund halten. Eine handgeschriebene, auf chinesisch und englisch abgefaßte Menü-Karte bereitete mich auf die Zahl der Gänge vor, die unser Gastgeber bestellt hatte. Manche der Bezeichnungen, zum Beispiel »Ameisen klettern auf den Baum« oder »Löwenkopf«, waren eher geheimnisvoll als informativ. Ich war bei den poetischen Namen etwas skeptisch, da ich mich erinnerte, daß die Speisekarte eines anderen Restaurants einmal »wohlriechendes Fleisch« aufgeführt hatte, das, wie die Gäste später entdeckten, Hundefleisch war. Zu meiner Erleichterung war das »Ameisen«-Gericht nichts anderes als Hackfleisch mit Fadennudeln. Der »Löwenkopf« bestand aus gewürzten Schweinefleischbällen.

Nachdem wir uns durch sieben Gänge gekämpft hatten, kam die Suppe und damit das Ende der Mahlzeit. Gleichzeitig fragte uns der Kellner auf englisch, ob wir eine Schüssel mit gedämpftem Reis wünschten. Wenn der Gast den Reis annimmt,

bedeutet dies nach alter chinesischer Tradition, daß er noch hungrig ist und ihm weitere Speisen serviert werden.
Während des neunzigminütigen Festmahls stand der Kellner im Hintergrund, schenkte nach, wenn unsere Gläser noch zu drei Vierteln gefüllt waren, und wechselte unsere Teller nach jedem Gang aus. Nach dem Essen reichte er uns feuchte parfümierte Handtücher, mit denen wir unsere Hände und Gesichter säubern konnten. Wie gewöhnlich hatte ich das Tischtuch bekleckert, aber hier brauchte ich mich nicht zu entschuldigen. Einem chinesischen Sprichwort zufolge soll das Tischtuch nach einem guten Mahl wie ein Schlachtfeld aussehen.
Der Kellner führte uns in die Sitzecke, wo wir zuerst Tee getrunken hatten. Man bot uns Orangen, Äpfel, Birnen und wiederum Tee an, der, wie die Chinesen glauben, gut für die Verdauung ist. Nach der Mahlzeit bezahlte unser Gastgeber die Rechnung, die sich auf zwanzig Yuan pro Person belief. Dann stellten sich einige Angestellte vor der Tür auf, denen wir die Hand schüttelten und uns bedankten, bevor wir hinausgingen.
Mir gefiel ein solcher Abend nur selten, weil die Atmosphäre so steif, formell und unbehaglich war. Ich zog es vor, in den lebhaften, lauten, einfachen »Massenrestaurants« zu essen, wie Ausländer die Restaurants für Chinesen nannten.
Aber es war nicht immer leicht, genauso behandelt zu werden wie die Chinesen. Einmal fiel es mir sehr schwer, die Kellnerin davon zu überzeugen, daß wir dort essen wollten, wo die Chinesen saßen. Sie meinte, daß wir allein in einem leeren angrenzenden Raum essen sollten, und weigerte sich, mich zu verstehen. Mein Chinesisch mag unverständlich gewesen sein, aber meine Gesten waren es bestimmt nicht. Schließlich entdeckte ich in der Enge einen freien Tisch, wir gingen hinüber und setzten uns. Das Personal war nicht erfreut, aber ihm blieb nichts anderes übrig, als uns zu bedienen.
Einige Ausländer hatten sich beschwert, daß manche Restaurants sie nicht bedienen wollten, weil sie keinen separaten Speiseraum besaßen. Diese Erfahrung machte ich nie, und ich nahm an, daß die »Sonderbehandlung«, durch die Ausländer isoliert wurden, auf die persönliche Entscheidung des Personals zurückzuführen war.
Wir versuchten immer, nur Restaurants mit einem einzigen

Speisesaal zu besuchen, damit wir zusammen mit den Chinesen essen konnten. Dort unterschieden sich Preise und Bedienung von denen im Tschengtu. Eines der Massenrestaurants, das zu unserem Lieblingslokal wurde, lag in einem zweistöckigen Ziegelsteingebäude an einer geschäftigen Hauptstraße. Es bot Szetschuan-Speisen an, war sauber, geräumig und durch Neonlampen hell erleuchtet.

In der ersten Etage wurden nur Nudelgerichte serviert, deshalb gingen wir zum zweiten Stockwerk hinauf. Dort bot eine Menü-Karte an einer Tafel Gerichte an, deren Preis zwischen dreißig Fen und 2,10 Yuan schwankte.

Eine der Kellnerinnen sah uns und verschwand in der Küche. Ein besorgt wirkender Mann, der eine Kochmütze trug, erschien und kam auf uns zu. Er war beunruhigt, weil das Restaurant keinen freien Tisch für uns hatte. Ich sagte, daß wir warten würden.

Die traditionelle chinesische Höflichkeit verlangt jedoch, daß Ausländer zuerst bedient werden. Deshalb trat der Koch an einen Tisch und forderte die Gäste auf, sich mit anderen Besuchern zusammenzusetzen. Ich protestierte, aber ohne Erfolg. Mir war peinlich, daß wir anderen den Platz weggenommen hatten.

Ich brauchte viele Monate, um zu begreifen, daß unser auffälliges Herumstehen den Koch in Verlegenheit gebracht hatte und er deshalb gezwungen gewesen war, uns einen Platz anzubieten. Später begrüßte er uns immer mit einem strahlenden Lächeln und schüttelte uns jedesmal die Hand. Schließlich vermieden wir es, Chinesen von ihren Plätzen zu vertreiben, indem wir während der Essenszeiten (6 bis 9 Uhr, 10.30 bis 13.30 Uhr und 16.30 bis 19.30 Uhr) kurz vor dem Restaurant haltmachten und uns erkundigten, wann wir uns am besten zu einer Mahlzeit einfinden sollten.

Die hölzernen Hocker schienen bequemer als die Stühle im Tschengtu mit ihren steifen Lehnen. Aber vielleicht war es die Atmosphäre, die mich so gelöst machte.

Die weiße Kunststofftischdecke trug noch die Spuren der letzten Mahlzeit. Der Koch wischte die Speisereste auf den Boden und stellte hölzerne Eßstäbe und kleine Teller in die Mitte des Tisches. Mir gefiel diese Zwanglosigkeit.

Bei der ersten Mahlzeit bestellte ich sehr scharfe Fleisch-, Kohl- und Fischgerichte, die wir später immer wieder aßen. Erst nach

vielen Monaten glaubte der Koch uns so gut zu kennen, daß er eine köstliche Sojabohnenpaste empfehlen konnte. Danach baten wir ihn regelmäßig, uns etwas zu empfehlen.
Während wir auf unser Essen warteten, blickten wir uns um und sahen, daß alle Tische genauso gedeckt waren wie unserer und daß die Gäste die gleichen Speisen wie die von uns bestellten aßen. Dann fragten zwei Männer, die dicht neben uns saßen und mich hatten chinesisch sprechen hören: »Welcher Nationalität sind Sie?«
Ich freute mich, von jemandem angesprochen zu werden, und antwortete sofort. Als der Fragesteller hörte, daß ich Amerikanerin bin, antwortete er: »Sehr schön«, und fuhr fort: »Wie lange sind Sie schon in China? Sie sprechen sehr gut Chinesisch.« Ich erwiderte: »Mein Chinesisch ist sehr schlecht. Ich wünschte, daß es besser wäre.«
Bei unserer Unterhaltung, die auch das Interesse anderer Gäste geweckt hatte, fragte ich die beiden jungen Männer, was sie äßen, und äußerte mich dann über das Wetter. Ich achtete sorgfältig darauf, keine Frage zu stellen, die später Probleme für sie mit sich bringen könnte.
Ein Erlebnis, das ich ein paar Monate zuvor auf einem Fahrradabstellplatz gehabt hatte, quälte mich immer noch. Ein junger Student war auf mich zugekommen und hatte begonnen, englisch zu sprechen. Es war offensichtlich, daß er sich in der Fremdsprache üben wollte, aber dies erregte Aufmerksamkeit. Passanten blieben stehen und beobachteten uns. Ich machte mir Sorgen, daß er später Schwierigkeiten haben würde, und versuchte, die Unterhaltung zu beenden, doch er sprach weiter. Nachdem ich schließlich weitergehen konnte, drehte ich mich um und sah, daß er von Menschen umringt war. Offenbar mußte er jemandem in der Gruppe erklären, weshalb und über welches Thema er mit einer Ausländerin gesprochen hatte.
Zwei dampfende Teller wurden gebracht und unterbrachen unser Gespräch mit den beiden Männern. Ich hatte gelernt, so wie die Chinesen zu essen, tauchte meine Eßstäbchen in das gemeinsame Gericht und führte sie zum Mund. Andere legten die würzigen Speisen auf Reis, um die Schärfe zu mildern. Dann hoben sie die Schüssel an den Mund und bewegten die Eßstäbchen, ohne je abzusetzen, ganz schnell hin und her.
Auf unseren winzigen Tellern war nicht genug Platz für die Gräten, deshalb folgten wir dem chinesischen Brauch und

spuckten sie auf das Tischtuch. Ich hatte Papiertaschentücher mitgebracht, die sich gut als Servietten eigneten, weil ich wußte, daß wir beim Genuß der Szetschuan-Spezialitäten, die Paprika enthielten, schwitzen würden.
Zusätzlich hatte das Essen uns erwärmt, so daß wir unsere Mäntel ausziehen und uns in dem ungeheizten Raum immer noch pudelwohl fühlen konnten. Aber die anderen Besucher, meistens Männer, behielten ihre Mäntel an. Sie hatten sich sogar die Mützen bis zu den Ohren gezogen.
Warmes Bier, das in einem Krug serviert wurde, löschte Gerds Durst, aber mir war Wasser lieber. Als ich darum bat, sagte der Koch: »Wir haben keins.« Dann deutete ich auf einen Wasserhahn, und er erwiderte: »Das können Sie nicht trinken.« Also gewöhnte ich mich daran, »weißen Tee« – klares gekochtes Wasser – zu trinken, wenn ich vergessen hatte, ein paar Teebeutel mitzubringen.
Einmal, als ich Teebeutel in ein »Massenrestaurant« mitgenommen hatte, in dem nur selten Ausländer verkehrten, mußte ich eine Stunde warten, bevor der Tee kam. Erst als die Kellnerin mir die leeren Beutel präsentierte, begriff ich, weshalb ich so lange hatte warten müssen. Das Küchenpersonal hatte offensichtlich nichts mit den Teebeuteln anzufangen gewußt und hatte sich zu sehr geschämt, um mich zu fragen. Endlich hatte man beschlossen, sie aufzuschneiden und ihren Inhalt in eine Teekanne zu schütten.
Während wir langsam aßen und uns unterhielten, blieben die Chinesen stumm. Später erklärte mir eine Bekannte: »Im Gegensatz zu euch konzentrieren wir uns auf das Essen und reden erst, wenn wir fertig sind.«
Die Gäste aßen meist die ganzen Portionen auf, aber wenn etwas übrigblieb, nahmen sie es in einer Imbißbüchse aus Aluminium oder einem Plastikbeutel mit nach Hause. Wir bezahlten 1,50 Yuan pro Person für unsere vier Gänge, während der Durchschnittsgast für seine Gemüsegerichte weniger als einen Yuan aufbringen mußte. Außerdem gaben die Chinesen der Kellnerin Bezugsscheine für den Reis, den sie verzehrten, da Reis- und Getreideprodukte für sie, aber nicht für den Ausländer, rationiert sind.
Für die meisten Menschen ist es etwas Besonderes, in einem Restaurant zu essen. Ein chinesischer Freund erzählte mir: »Es kostet wenigstens dreimal soviel, in einem Restaurant zu

essen, wie zu Hause, und das ist verschwenderisch. Aber das Essen zu Hause ist eben etwas anderes als die Spezialitäten, die ein Restaurant anbietet.«

Es gab zwei »Massenrestaurants«, die nur westliche Gerichte servierten. Sie waren wie die Restaurants mit chinesischen Speisen immer überfüllt. Die Chinesen nannten das eine das Moskauer Restaurant, weil es in der großen Ausstellungshalle liegt, die die Russen in den fünfziger Jahren gebaut hatten.

Dieses Restaurant hatte zwei Abteilungen, eine für Ausländer und eine für Chinesen. Eine chinesische Bekannte ging sonntags gern mit ihrer Familie dorthin und beschrieb oft die Speisen, die sie bestellt hatte. »Ich habe Schweinefleisch, Kartoffelbrei und Erbsen gegessen, außerdem einen Hamburger mit Kartoffeln und Gemüse.« Ich wandte ein, daß sie ja zwei Mahlzeiten bestellt habe, und sie entgegnete: »Es war zuviel, um es auf einmal zu essen. Deshalb habe ich die Reste in eine Aluminiumbüchse getan und sie heute morgen zum Frühstück gegessen.«

Das Friedenscafé hatte die Atmosphäre eines Universitätscafés oder -lokals. Junge Leute mit Büchern in der Hand saßen da und tranken Bier. Manche Kunden spießten Sandwiches mit Messern auf oder balancierten ein Stück Kuchen auf einer Gabel, während andere mit den unterschiedlichen Tischmanieren durchaus vertraut waren. Ein ehrwürdiges älteres Paar, vielleicht ein Professor und seine Frau, nippte am Kaffee und aß Apfelkuchen – Gewohnheiten, die sie sich sicherlich nicht in China zugelegt hatten.

Herr Yu experimentiert mit neuen Speisen

Herr Yu kehrte aus dem Neujahrsurlaub zurück und wollte unbedingt neue Gerichte ausprobieren. Er beschloß, seine Version der Pekingente zuzubereiten.

In Restaurants wird die berühmte Pekingente, die vorher gemästet worden ist, um ihren Fettgehalt zu erhöhen, zubereitet, indem man sie mit Wasser füllt und in einem Herd über brennende Obstbaumscheite hängt. Das Wasser erhitzt sich, und das Fleisch kocht von innen, während das Feuer die Haut knusprig werden läßt.

Da wir keinen solchen Herd besaßen, wollte Herr Yu einen

ähnlichen Effekt dadurch erzielen, daß er die ganze Ente in Öl eintauchte und briet. Aber wir besaßen keinen Wok, der groß genug war. Er erklärte, daß ein Wok mit den richtigen Ausmaßen zwanzig Yuan kosten würde. Das war ungefähr ein Drittel des durchschnittlichen Monatseinkommens eines chinesischen Arbeiters und nach meiner Ansicht ein sehr hoher Preis. Aber ich wollte ihn nicht enttäuschen und gestattete ihm, den Wok zu kaufen.

Als Herr Gu, Herr Liu und Frau Li davon hörten, protestierten sie sofort. Herr Gu sagte: »Wir haben ausgerechnet, daß Sie diesen Wok höchstens fünfmal benutzen werden, und dafür ist er zu teuer. Können Sie sich nicht einen bei Freunden borgen?« Fast alle meine Freunde hatten Köche, die sich auf westliche Gerichte spezialisiert hatten, und niemand, den ich kannte, bereitete zu Hause Pekingente zu. Ich überließ es dem Personal, das Problem zu lösen.

Man diskutierte den ganzen Morgen, und am späten Nachmittag kehrte Herr Liu mit einem Wok in der Hand zurück. »Er hat nur zwei Yuan gekostet, weil das Metall billig ist«, erklärte er. Er stellte ihn auf den Gasring, sah, daß er nicht paßte, und bemerkte: »Wir werden dafür sorgen, daß er paßt.« Am nächsten Tag wechselten sich alle dabei ab, den Wok so lange mit einem Hammer zu bearbeiten, bis er auf den Herd paßte.

Die Zubereitung der Ente verlangte, daß sie in einem leichten Luftzug hängen mußte. Nach einer neuen langwierigen Diskussion des Personals lösten Herr Yu und Frau Li das Problem mit einem Drahtkleiderbügel.

Am Abend hörte ich, daß der Hund knurrend vor der dunklen Küche hin und her lief. Da ich Einbrecher befürchtete, näherte ich mich der Küche vorsichtig mit einem Buch in der Hand. Ich stieß auf eine sanft im Luftzug schwingende Ente. Die Mahlzeit am nächsten Tag war ein voller Erfolg, und ich fragte Herrn Yu, ob er sie auch für Gäste zubereiten würde. Aber ich wußte, daß ihm nicht jeder Gast recht sein würde. Wenn wir Besucher hatten, interessierte Herr Yu sich immer dafür, wer sie waren.

Ein Botschafter sagte einmal scherzhaft zu uns: »Mein Koch (der für seine ausgezeichnete chinesische Küche bekannt war) fragt mich immer, wer zum Essen kommt und welchen Rang die Gäste haben, bevor er das Menü festlegt.« Später trafen wir uns mit diesem Botschafter zu einer privaten Mahlzeit, und das

Essen war enttäuschend. Ich erinnerte mich an den Scherz, den er mehrere Monate zuvor gemacht hatte, und wußte nun, wie wir von dem Koch eingeschätzt wurden.
Wir waren begeistert von Herrn Yus Kochkünsten und freuten uns sehr, als ein Gast aus dem Außenministerium sagte: »Er ist erst 27 Jahre alt, aber so begabt!«
Er war immer bestrebt, neue Gerichte zuzubereiten, und die Überraschungen nahmen kein Ende.
Obwohl er sich auf die chinesische Küche spezialisiert hatte, bat Herr Yu mich, ihm ein paar westliche Rezepte beizubringen. Ich war sofort einverstanden. Er lernte rasch, aber sobald er sich selbst überlassen war und eine »westliche« Mahlzeit zubereitete, dominierten seine chinesischen Gewohnheiten.
Statt Gulasch, Karotten und Kartoffeln zusammen zu servieren, präsentierte er sie als getrennte Gänge. Und da er drei Gänge nicht für ausreichend hielt, fügte er noch eine weitere Fleischspeise hinzu. Es war schwierig, Herrn Yu zu erklären, daß man in der westlichen Welt alle Zutaten gleichzeitig ißt.
In der chinesischen Küche werden alle Zutaten kleingehackt und schon vorher gekocht. Dadurch wird die Zubereitungszeit auf ein paar Minuten beschränkt, so daß man ein Gericht kochen, servieren und dann zum nächsten Gericht übergehen kann. Dies war bei westlichen Speisen nicht möglich; deshalb bereitete Herr Yu – wie viele andere Köche – jedes Gericht schon vorher zu und wärmte alles vor den Mahlzeiten auf. Das Ergebnis: Die Speisen waren oft verkocht oder ausgetrocknet.

Peking und die Fifth Avenue – Einkäufe und Moden

Ich verbrachte die Wintermonate nicht nur damit, zu essen und Herrn Yu in der Küche zuzusehen, sondern auch damit, mich in den örtlichen Geschäften umzusehen. Manchmal ging ich auf die Wangfutsching, die Haupteinkaufsstraße von Peking, der ich den Spitznamen »Fifth Avenue« gegeben hatte. Ihr Name war auf den Straßenschildern sowohl mit chinesischen Schriftsymbolen als auch in der Pinyin-Schrift wiedergegeben, der phonetischen Umschreibung des Chinesischen ins lateinische Alphabet. Im Laufe der Jahre sah ich immer mehr Straßen und Geschäfte mit solchen Beschriftungen; Pinyin wird inzwischen auch in den Schulen gelehrt.

Ein Polizist stand am Anfang der Straße und stoppte alle Fahrräder. Auf der Wangfutsching durften nur Busse und Autos verkehren.
Die Arrangements der Schaufenster grenzten an Pop-art. Gummiwärmflaschen von verschiedener Farbe bildeten ein Muster, das sie wie eine einzige große Wärmflasche aussehen ließ. Vierzig oder fünfzig Taschentücher waren zu einem großen Fächer angeordnet. Zahnpastatuben und Gefäße mit Hautcreme bildeten eine Blume.
Baihuadalo, das größte Warenhaus von Peking, liegt auf der Wangfutsching; wie alle anderen Geschäfte ist es Regierungseigentum.
Äußerlich erinnert es an das amerikanische Kaufhaus Macy's in den vierziger Jahren. Mit seinen sechs Etagen überragt es die Nachbargeschäfte; statt Aufzügen oder Rolltreppen hat es schmale Treppen mit Emaillespucknäpfen. Innen leuchten Neonlampen.
Fast alle Waren in dem Geschäft stammten aus China mit Ausnahme kubanischer Zigarren zu einem Yuan, die zu teuer für die meisten Chinesen, dagegen sehr beliebt bei den Ausländern waren. Außerdem gab es Schweizer Rolex-Uhren, die sich – bei einem Stückpreis von 900 Yuan – nur Chinesen in sehr hoher Position leisten konnten.
Das Warenangebot war enorm. Man hatte Abteilungen für Konserven, Bekleidung, Sportausrüstung, Küchengeräte, Schallplatten, Musikinstrumente, Schuhe, Radio usw.
Das Angebot änderte sich nur selten, aber eine lange Schlange zeigte an, wenn etwas Neues auf dem Markt war. Die Kunden eilten sofort dorthin, stellten sich an und entdeckten erst später, was überhaupt verkauft wurde.
Als ich im Baihuadalo einkaufte, waren gerade blaue und rote Glasfische eingetroffen und hatten für Furore gesorgt. Sie hatten bunte hervortretende Augen und zeigten eine lächelnde Miene; jeder Fisch stand in Nixenpose auf dem Schwanz. »Wie schön!« seufzten die Leute, die ungeduldig in der Schlange standen und sich sorgten, daß der Vorrat der 2,50 Yuan kostenden Fische nicht ausreichen würde.
Die Chinesen spezialisierten sich auf Kitsch. Mein liebstes Stück war ein dicker schwarz-weißer Pandabär aus Wachs. Er war ungefähr zehn Zentimeter hoch und in sitzender Haltung nachgebildet; seine Lippen waren rot, und seine schwarzen

Tatzen mit manikürten weißen Nägeln hielten einen gelb, rot, grün und blau gestreiften Ball.

Der Konfektstand war immer umlagert, was die Vorliebe der Chinesen für Süßigkeiten widerspiegelte. Auf dem über fünfzehn Meter langen Tresen waren mindestens dreißig verschiedene Arten von harten Bonbons und Toffees ausgestellt, doch Schokolade, die sich die Käufer nur bei besonderen Gelegenheiten leisten konnten, war am beliebtesten.

Einmal bemerkte ich einen Tumult an diesem Stand und schloß mich der aufgeregten Menge an. Sie drängte sich vor einer neuen automatischen Waage, die aufleuchtete und Gewicht und Preis der Süßigkeiten anzeigte. Sie hatte Handwaage und Abakus ersetzt, doch der Holzkasten für das Geld war immer noch da.

Die Chinesen waren von neuen automatischen arbeitssparenden Geräten fasziniert, waren aber skeptisch hinsichtlich ihrer Genauigkeit. Das hatte ich in einer Bank beobachtet, als dort Handrechenmaschinen eingeführt wurden. In den ersten Monaten wurden bei jeder Transaktion sowohl der Abakus wie der Handrechner benutzt, bis die Angestellten der Präzision des Rechners und ihrem eigenen Umgang mit ihm trauten.

In einer anderen chinesischen Bank sah ich eine Maschine, die Banknoten sortierte und zählte. Zuerst hielt ich dies für eine praktische Erfindung, da es keinen größeren Geldschein als die Zehnyuannote gibt, und wenn ein Ausländer viel Geld eintauschen wollte, dauerte es manchmal sehr lange. Das lag jedoch daran, daß zwei Männer das Geldbündel zur Sicherheit jeweils zweimal nachzählen mußten.

Unglücklicherweise behandelten die Angestellten diese Sortier- und Zählmaschine so, als habe sie zwei Menschen abgelöst. Sie ließen die Maschine jedes Bündel viermal zählen und verschwendeten dadurch die Zeit, die sie hätte einsparen können.

Während sich die Chinesen an mechanische Geräte gewöhnten, begeisterte mich ein ausgeklügeltes Zahlungssystem in einem kleinen Geschäft. Eine Kassiererin saß in einer Kabine, zu der von verschiedenen Schaltern aus an der Decke angebrachte Drähte führten. Die Angestellten benutzten eine Wäsche- oder Metallklammer, um das Geld des Kunden und einen Verkaufszettel an dem Draht zu befestigen. Dann beförderten sie es in einem Schubs zur Kassiererin hin und bedienten einen anderen Kunden, bis das Wechselgeld und die Quittungen an einem anderen Draht zurückkamen. Monate später sah ich eine modernisierte Version mit einem Draht, der sich mechanisch bewegte.

Neben dem Süßwarenstand befand sich der äußerst beliebte Zigarettenstand, dessen Hauptkunden Männer waren. Man konnte zwischen mehr als zwanzig Sorten wählen, und zuweilen war die gleiche Sorte verschieden eingewickelt. Die Zellophanverpackung kostete 25 Fen mehr als die Papierverpackung.

Die Verpackung macht ungefähr ein Drittel der Kosten mancher Artikel aus. Deshalb füllten die Käufer alles mögliche, von der Tinte bis zu Saucen und Öl, selbst ab.

Die Tuchabteilung im Baihuadalo nahm eine halbe Etage ein und bot eine reiche Auswahl an Stoffen. Wolle, Samt, Kord, Seide, Baumwolle und Polyester gab es einfarbig, bedruckt, kariert und mit Blumenmustern. In den folgenden Wintern und Sommern wurden die Farben und Drucke kühner – und populärer.

Wenn eine Kundin einen bestimmten Stoff prüfen wollte, bat sie die Verkäuferin, die Tuchrolle auf den Tresen zu legen. Dann untersuchte nicht nur die Kundin den Stoff, sondern alle Leute in ihrer Nähe befühlten und begutachteten ihn.

Man interessierte sich immer für die Käufe anderer. Einmal suchte ich nach einem einfarbigen Stoff für eine Bluse; sie sollte zu einem Rock passen, den ich mitgebracht hatte. Die Verkäuferin legte mehrere Baumwollstoffe von blauer Tönung für mich auf den Tresen, und gleichzeitig rückten die Frauen hinter mir näher, um den Stoff zu befühlen.

Ich wandte mich an eine Frau, die in meinem Alter zu sein schien, und fragte sie, welche Tönung ihrer Ansicht nach zu meinem Rock passe. Sie antwortete nicht, aber eine ältere Frau neben ihr sagte ihre Meinung. Dann überwand die erste Frau ihre Schüchternheit und stimmte der älteren zu, daß ein bestimmter Blauton am hübschesten sei. Ich dankte den beiden für ihre Hilfe und folgte ihrem Rat.

In einem Geschäft, das Tontöpfe zum Marinieren von Gemüse verkaufte, fragte ich die Verkäuferin nach dem Rezept für dieses Gericht. Sie begann, die Zutaten aufzuzählen, wurde aber von der mich umgebenden Menge unterbrochen, die Ergänzungen und Korrekturen anbringen wollte. Während man sprach, schrieb ich die Zutaten auf, doch plötzlich wurde es still. »Wie können Sie mit Ihrer linken Hand schreiben?« wollte eine Frau wissen. Da fiel mir ein, daß ich nie einen Chinesen mit der linken Hand hatte schreiben sehen. Später erzählte mir eine Freundin, daß die Lehrerin es den Kindern bei Schulbeginn nicht gestattet, mit der Linken zu schreiben – weshalb, das wußte sie auch nicht.

Während unseres ersten Winters verkaufte das Baihuadalo nur Konfektionsblusen aus einfarbiger weißer und blauer Baumwolle, doch in den folgenden Jahren bot man auch bedruckte, karierte und gestreifte Polyesterblusen an. Außerdem fand man auch Frauenjacken aus bedruckten Baumwoll- und Seidenstoffen statt wie vorher nur in Blau oder Grau.

In den Kaufhäusern gab es keine Umkleidekabinen, dafür hingen an einem Kleiderständer manchmal gebrauchte Jacken von unterschiedlicher Größe, die eine Kundin anziehen konnte, um ihre Maße zu bestimmen. Die Kleidung war eckig und unförmig geschnitten, aber die Menschen waren hauptsächlich daran interessiert, daß das Stück groß genug war. Wie wir bald erfuhren, meinten sie damit, daß darunter Platz für zusätzliche Kleidungsstücke sein sollte.

Als Gerd einen Schneider aufsuchen wollte, um sich einen Winteranzug machen zu lassen, nahm er einen Sommeranzug mit, der als Vorlage dienen sollte. Unsere Erfahrung hatte uns gelehrt, daß die Chinesen jede Einzelheit, sogar eine verzogene Naht, genau kopieren. Deshalb war Gerd bei der ersten Anprobe sehr überrascht, da das Jackett ihm zu groß war. Er machte den Schneider darauf aufmerksam, doch der Mann entgegnete: »Ich habe Platz für die Winterkleidung gelassen, die Sie unter dem Jackett tragen werden.«

Die Chinesen lieben Farben, was sich dem unerfahrenen Auge des Ausländers nicht immer erschließt. Die Frauen trugen karierte und gestreifte Handschuhe sowie grelle Socken, die sie selbst strickten. Die entsprechende Abteilung des Baihuadalo war ebenfalls voll von karierten Stoffen und Plaids. In der Abteilung für Unterwäsche beobachtete ich einmal, daß mehrere Kunden gleichzeitig nach den beiden letzten Paaren griffen, die die Verkäuferin in der Hand hatte. Sie waren rot, weiß und grün und erinnerten an eine Zuckerstange.

Ich hatte meine Augen trainiert, sich auf die Fußknöchel zu konzentrieren. Wenn es kälter wurde, trugen die Menschen immer mehr Kleidungsstücke, so daß sich die Hosen verkürzten. Dann zeigten sich verschiedene auffällige Schichten. Ein junger Mann trug blaue, burgunderfarbene und orangefarbene Unterwäsche, die an unterschiedliche Paare von Turnhosen erinnerte.

Mir fiel auf, daß ältere Frauen dunklere Farben, etwa Grau und Schwarz, trugen, während junge Mädchen Rot, Grün und andere helle Farben bevorzugten. Ich mußte auf unerfreuliche Weise erfahren, was eine Frau Mitte dreißig nicht tragen sollte. Als ich zu meinen Chinesischstunden in einer rotgestreiften Bluse erschien, sagte Frau Shu kritisch: »Das ist eine sehr helle Farbe, die Sie heute tragen.« Auf meine Frage, was ich denn tragen sollte, antwortete sie: »Ich mag Sie lieber in Blau- und Beigetönen« – das waren die Farben, die sie gewöhnlich selbst trug. »Frauen unseres Alters entscheiden sich meist für verhaltenere Farben«, fügte sie hinzu.

Die Chinesen waren nicht nur farbbewußt, sondern auch an Mode interessiert. Die Stickerei, der Sitz der Taschen, die Form des Kragens, die Knöpfe, der Schnitt der Jacke oder der Hose und der Stoff waren wichtige Einzelheiten, die keinem Chinesen entgingen.

Der Einheitsstil, der im Westen so populär war, gefiel den Chinesen überhaupt nicht, die deutlich zwischen Männer- und Frauenkleidung unterschieden.

Die Männer trugen vorn einen Reißverschluß und die Frauen an der Seite. Bei all meinen Hosen war der Reißverschluß vorn, was natürlich Aufmerksamkeit erregte.

Frauen trugen schwarze Baumwollschuhe mit einem Gurt am Rist, während Männer Mokassins bevorzugten. Da Schuhgeschäfte meine Größe nicht anboten, kaufte ich Männerschuhe, was allgemeine Aufmerksamkeit erregte.

Als ich einmal blaue Drillichhosen beim Radfahren trug, fragte eine Chinesin: »Weshalb tragen Sie diesen Stoff? So etwas ziehen Arbeiter an.«

Ein andermal kaufte ich eine traditionelle Bauernjacke aus grober Baumwolle mit Verschnürungen. Als ich sie am Tresen anprobierte, lachten die Menschen um mich herum, und später lächelte man, wo ich sie auch trug. »Nur ein alter Bauer würde eine solche Jacke tragen«, erklärte ein Chinese.

Im Baihuadalo wollte ich einen Pullover mit V-Ausschnitt für mich selbst kaufen. Aber dieser Stil war nur bei den Männerpullovern zu finden. Ich fragte den Verkäufer, ob er meine Größe vorrätig habe, doch er erwiderte: »Sie sind in der Männerabteilung.« Er kam überhaupt nicht auf den Gedanken, daß ich hier für mich etwas aussuchen wollte.

Da sich ein Auflauf um mich herum bildete, sagte ich: »Der Pullover ist nicht für mich, sondern für meinen Mann, der meine Größe hat.« Nun bediente er mich bereitwillig.

Der erste Pullover, den er mir zeigte, war zu klein. Als ich um die nächste Größe bat, sagte er: *»Mei yo«* (Haben wir nicht). Aber ich hatte diese Antwort in Geschäften schon oft gehört und mich daran gewöhnt.

Der Verkäufer schlug vor, daß ich einen Pullover, der zwei Nummern größer war, anprobieren solle. Er war riesig, doch der Angestellte bemerkte: »Das ist die richtige Größe.« Offenbar dachte er an das, was Gerd noch darunter tragen würde.

Ich erwiderte, daß ich mir den Kauf überlegen wolle, und warf einen Blick auf das Preisschild. Die größere Nummer war teurer als die kleinere. Später bemerkte ich, daß dies grundsätzlich bei Konfektionskleidung der Fall war. Der Preis hing von der Menge des verwendeten Materials ab.

Wenn Chinesen Ausländer sahen, die sich wie Einheimische kleideten, waren ihre Reaktionen gemischt. Manchmal lachten sie; einmal betrachtete ein alter Mann einen deutschen Studenten, der mit gefütterter blauer Jacke und unförmigen blauen Hosen daherkam, und meinte: »Das ist interessant. Menschen aus anderen Ländern tragen hier zu Hause die gleiche Kleidung wie wir.«

5. Kapitel

Die chinesische Reaktion auf Ausländer

Das verborgene Nachrichtensystem

Unter den Ausländern blühte der Klatsch, und niemand genoß ihn mehr als die Chinesen. Was sich in dem einen ausländischen Haushalt ereignete, war oft Gesprächsthema in einem anderen.

Ich erfuhr zuerst von diesem kaum erkennbaren chinesischen Nachrichtensystem, als einer unserer Angestellten mir zuflüsterte, daß ein blondes Frauenhaar auf dem Kissen eines uns bekannten Junggesellen gefunden worden sei. Später hörte ich, daß eine Bekannte von mir ihr chinesisches Personal schlecht behandele. Sie biete den Angestellten nie Tee an, und der Fahrer könne sich nirgends ausruhen.

Wollte ich Informationen weitergeben, verließ ich mich auf dieses System. Es war sehr nützlich, als wir Urlaub machen wollten und eine Familie aus dem Westen sich bereiterklärt hatte, Bubbles aufzunehmen, vorausgesetzt, daß ihre *Aiye* (die Reinmache- und Kinderfrau) keine Angst vor der Hündin hätte. Ich wußte, daß unsere Angestellten dafür sorgen würden, daß es keine Probleme gab. Vor unserer Abreise brachten wir Bubbles und ihren Korb bei unseren Freunden vorbei; die *Aiye* begrüßte sie und fragte, ob wir auch ihren Ball nicht vergessen hätten.

Wir benutzten dieses Nachrichtensystem auch, um unsere Beschwerden loszuwerden – in der Hoffnung, daß sie in dem »Familienbericht« auftauchen würden, den der Dolmetscher, wie andere Ausländer uns erzählten, wöchentlich erstattete.

Ohne unser Zutun spielten wir eine wichtige Rolle im Leben unserer Angestellten, weil wir ihr Ansehen bei ihren Kollegen beeinflußten. Einmal bat uns eine Nachbarin, die wir nicht sehr gut kannten, um unsere Leiter, da sie von ihrer *Aiye* erfahren habe, daß wir eine besäßen. Eine Freundin erzählte, daß ihre

Aiye ihr empfohlen habe, bei ihrer nächsten Reise nach Hongkong einen Bohnerbesen zu kaufen. Ihre *Aiye* kannte eine andere *Aiye*, deren Arbeitgeberin ein solches Gerät besaß, und sie wollte nicht ihr Gesicht verlieren, weil sie keines hatte.

Eine *Aiye*, die ein blondes, blauäugiges Kind versorgte, schien von anderen *Aiyes* beneidet zu werden, die blondes Haar und blaue Augen für schön und exotisch hielten. Überall fiel mir auf, daß Chinesen mehr Aufhebens von blonden als von brünetten Kindern machten.

Einen Koch, der für einen Botschafter arbeitete, bezeichneten andere Köche respektvoll als »Meister«. Ein Chauffeur, der hinter dem Lenkrad eines Mercedes saß, war oft arroganter als einer, der nur einen Toyota fuhr.

Die Sprachbarriere

Unser Personal sprach immer Chinesisch mit mir und verstand meist, mit gelegentlicher Hilfe von Herrn Gu, was ich auf Chinesisch sagte, aber die Verkäufer in manchen Geschäften am Rande der Stadt waren irgendwie begriffsstutzig, sobald sie mein Gesicht sahen. Jeder Versuch, auch nur die einfachsten Dinge auszudrücken, führte zu verständnislosen Blicken. Dies betrübte mich, weil ich mich so angestrengt hatte, um Chinesisch zu lernen. Aber ich war hartnäckig.

Nachdem ich mich mehrere Male wiederholt hatte, begriff immerhin einer in der Menge, was ich meinte, und übermittelte es dem Verkäufer. Ich war überzeugt, das gleiche gesagt zu haben, doch die Reaktion des Verkäufers war ganz anders, und seine Miene hellte sich auf.

Einmal bat ich auf chinesisch um einen Artikel, und die Verkäuferin holte ihn. Ich fragte, wieviel er koste. Sie verschwand für ein paar Minuten und kam mit Papier und Bleistift zurück. Da sie annahm, ich würde sie nicht verstehen, schrieb sie die Summe auf ein Stück Papier.

Obwohl die geschriebene Sprache in ganz China einheitlich ist, unterscheidet sich die Aussprache je nach der Provinz. Zum Beispiel weicht der Kanton-Dialekt erheblich von dem im Norden gesprochenen Mandarin-Dialekt ab, den ich gelernt hatte. Um in Kanton in den Geschäften verstanden zu werden, mußte man den dortigen Dialekt sprechen. In Peking triumphierte ich regelrecht, wenn ich Chinesen aus anderen Provinzen sah, die ihre Finger benutzten, um sich Symbole auf die Handflächen zu zeichnen, weil man sogar sie sonst kaum verstand.

Ein britischer Freund, der fließend Chinesisch sprach, meinte, daß es bisweilen unmöglich sei, sich verständlich zu machen, weil manche Chinesen einfach nicht glauben wollten, daß ein Ausländer ihre Sprache beherrscht. Er wollte eines Tages die Ming-Gräber besuchen, war sich aber des Weges nicht sicher. Deshalb fragte er zwei alte Männer.

»Ist dies der Weg zu den Ming-Gräbern?« fragte er. Sie starrten ihn an, als wären sie taub, und sagten nichts. Er wiederholte die Frage mehrere Male, erhielt aber immer noch keine Antwort.

Während er zu seinem Auto zurückging, hörte er, wie einer der beiden zu dem anderen sagte: »Merkwürdig, es klang, als hätte er uns gefragt: ›Ist dies der Weg zu den Ming-Gräbern?‹ «

Eine deutsche Bekannte, die Chinesisch sprach, machte eine andere Erfahrung. Sie war eingeladen worden, sich einer amerikanischen Delegation bei ihrem Besuch von Sehenswürdigkeiten und einem Mittagessen mit Chinesen anzuschließen. Da diese nicht wußten, daß sie Chinesisch sprach, unterhielten sie sich über die Eßgewohnheiten der Amerikaner. »Der Mann da sieht beim Essen wie ein Wolf aus.« »Der Dicke neben ihm hört nie auf, sich den Mund vollzustopfen.« Sie blieb klugerweise stumm.

Ich nahm an, daß Chinesen in der Regel kein Deutsch verstehen, wurde aber durch einen Schnitzer eines Besseren belehrt. Als Gerd sich zum erstenmal im International Club die Haare schneiden ließ, begleitete ich ihn, da ich fürchtete, daß er ohne mich fast kahl geschoren würde. Nachdem der Friseur mit der Arbeit begonnen hatte, sagte ich auf deutsch zu Gerd: »Wenn er noch mehr abschneidet, bringe ich ihn um.« Daraufhin wandte sich der Friseur zu mir und fragte höflich auf deutsch: »Ist das die richtige Länge?« Später fand ich heraus, daß er vor der Befreiung in einem deutschen Friseursalon gearbeitet hatte und fünf Sprachen beherrschte.

Es war tatsächlich leichter, in Läden für Ausländer Kontakt mit Chinesen aufzunehmen. Gerd hatte ein besonders gutes Verhältnis zu einem alten Verkäufer in einem Schriftrollengeschäft. Beide verbrachten Stunden damit, zusammen Schriftrollen zu betrachten und sich über die Maltechniken und die Künstler zu unterhalten. Der Verkäufer kannte Gerds Geschmack, und wenn wir den Laden betraten, holte er aus geschlossenen Schubladen Schriften hervor, die Gerd noch nicht gesehen hatte und die ihm nach Meinung des Angestellten gefallen würden. Wenn wir nicht sicher waren, ob wir eine Schriftrolle kaufen sollten, legte er sie beiseite, bis wir uns entschieden hatten.

Ein anderes Geschäft war mit dem Fahrrad von unserer Wohnung aus in drei Minuten zu erreichen. Hier machten die meisten Ausländer ihre täglichen Einkäufe. Es war ein Kaufhaus und Supermarkt und hatte eine chemische Reinigung, einen Uhrenreparaturdienst, ein Versandbüro, eine Bank, ein Blumengeschäft, eine Abteilung für tropische Fische und eine Schneiderei. Außerdem besaß es ein Büro, das Waren aus zweiter Hand kaufte, die später in chinesischen Gebrauchtwarenläden angeboten wurden.

Manche der Geschäfte am Ort verkauften ähnliche Produkte, die zuweilen etwas billiger, aber von unterschiedlicher Qualität waren. Ein Verkäufer in der Stadt riet mir sogar, in das besagte Geschäft zu gehen, wo die Qualität besser sei.

Dieses Geschäft unterschied sich wesentlich von den Kaufhäusern für Einheimische. Hier sprachen alle Verkäufer ein wenig Englisch, und ein Dolmetscher stand jederzeit bereit. Die Abteilungen waren geräumig, sauber und gut erleuchtet. Die Lebensmittel waren tiefgefroren, die Kleidergrößen entsprachen der Figur des Ausländers, und es gab einen Lift zu den drei Einkaufsetagen. Außerdem stieß man nicht auf gaffende Mengen.

Manche Nahrungsmittel, die hier verkauft wurden, wurden in den örtlichen Geschäften nicht angeboten. Es gab täglich warmes Brot, mageres Rind- und Schweinefleisch, Butter, nach deutscher Art geräucherten Aufschnitt, französisches Gebäck, Sahne, sogar billigen Stör sowie schwarzen und roten Kaviar. Herr Yu und ich kauften die meisten unserer Lebensmittel hier, aber wenn ich Zeit hatte, zog ich es vor, Gemüse und Obst in der Stadt zu besorgen, wo sie frischer waren und man oft eine größere Auswahl hatte.

In diesem Geschäft knüpfte ich die engsten Beziehungen zu Chinesen außerhalb meiner Wohnung. Während ich einkaufte, baten mich Verkäufer, die mich kannten, sehr oft um Hilfe bei der englischen Aussprache oder Grammatik. Ein älterer Mann in der Schriftrollen- und Teppichabteilung begrüßte mich immer mit einem breiten Lächeln, und dann zog er eine Liste mit englischen Fragen aus der Tasche, die er immer vorbereitet hatte.

An manchen Ständen kam ich mir vor, als unterrichtete ich eine Englischklasse. Wenn mir jemand eine Frage stellte, sammelten sich alle anderen um uns, und wir wiederholten die Worte im Chor.

Manche Abteilungen waren für ihre unfreundlichen Verkäufer bekannt, ich aber hatte kaum Schwierigkeiten mit ihnen. Ein Ausländer, der über dreißig Jahre in China gelebt hatte, hatte mich etwas Wichtiges gelehrt: »Alles hängt von Ihrer Einstellung, Ihrem Tonfall und der Art ab, wie Sie mit den Chinesen sprechen. Wenn Sie nett zu ihnen sind, werden sie sich genauso verhalten.«

In der Fischabteilung gab es nur selten frische Ware. Der Gefrierfisch war auf dem Verkaufstisch ausgestellt; deshalb taute er oft auf und begann zu riechen. Viele Kunden protestierten, der Fisch sei nicht einwandfrei, und weigerten sich entweder, die Ware zu kaufen, oder versuchten, die Verkäufer dazu zu bewegen, gefrorene Fische zu holen. Die Verkäufer waren deshalb oft beleidigt und stellten sich taub.

Ich hatte die Worte meines Bekannten noch im Ohr, als ich eines Tages an den Fischstand trat und fragte, ob man Gefrierfisch habe. Die Verkäuferin zeigte auf die aufgetaute Ware vor mir und sagte: »Die sind sehr gut.« Ich stimmte ihr zu, entgegnete aber: »Ich bin mit meinem Fahrrad hier und fürchte, daß der Fisch auf dem Rückweg schlecht werden könnte. Wenn er schlecht wird und ich ihn esse, werde ich krank.«

Als das Thema Gesundheit in die Unterhaltung einfloß, zeigte die Verkäuferin Verständnis. Sie bot an, im Lagerraum nachzusehen, ob noch gefrorener Fisch vorhanden war. Ein paar

Minuten später kehrte sie mit einer Auswahl zurück. In Zukunft erkannten mich alle Verkäufer sofort, wenn ich mich dem Fischstand näherte, und holten gefrorene Ware.

Etikette

Die Chinesen legten sehr viel Wert auf Rang und Etikette; wenn eine ausländische Delegation eintraf, waren alle sozialen und politischen Unterschiede aufgehoben. Ein Staatsoberhaupt – ob es aus einem winzigen Land kam, an dessen Namen sich niemand erinnerte, oder einer Weltmacht vorstand – wurde am Flughafen von 5000 Grund- und Mittelschülern in farbenprächtigen Kostümen empfangen. Der chinesische Ministerpräsident begrüßte den Gast und begleitete ihn dann in die Stadt, wo die entsprechende Nationalflagge in allen Hauptstraßen gehißt war. Bunte Seidenwimpel und -banner, die den ausländischen Gast in seiner Sprache willkommen hießen, waren über den Chang-An-Platz gespannt.
Am selben Abend gab der Ministerpräsident ein Bankett in der Großen Halle des Volkes zu Ehren des ausländischen Gastes. Botschafter, ihre Frauen, wichtige chinesische Persönlichkeiten und Journalisten wurden eingeladen. Die Frauen von Journalisten schloß man jedoch aus. »Die Journalisten sind hier, um zu arbeiten, nicht, um sich zu vergnügen«, erklärte ein Sprecher des Außenministeriums.
Die Sitzordnung entsprach genau dem Protokoll: Die rangältesten Botschafter und die höchsten chinesischen Gäste ließen sich an den Tischen mit den wenigsten Plätzen nieder; die Journalisten saßen in der hinteren Reihe, ganz in der Nähe der Militärkapelle, die sowohl chinesische als auch ausländische Stücke spielte.
Während eines Banketts für den früheren australischen Premierminister Gough Whitlam spielte die Kapelle »Waltzing Matilda«, die inoffizielle australische Nationalhymne, und als Bundeskanzler Schmidt in Peking war, wurden deutsche Volkslieder und Werke von Beethoven gespielt.
Die Diners endeten mit Ansprachen des chinesischen Ministerpräsidenten und des jeweiligen Staatsoberhauptes. An diese Reden erinnerte man sich gewöhnlich eher ihrer Länge als ihres Inhalts wegen. Die Gäste freuten sich sehr über die

zehnminütigen Kurzansprachen und ärgerten sich über das Staatsoberhaupt, das 55 Minuten lang redete.
Eines Abends stand der Botschafter eines befreundeten Landes um 21.45 Uhr, in der Mitte des Diners, auf und verließ den Saal. Die Chinesen glaubten, ihn irgendwie beleidigt zu haben. Als sie sich bei ihm erkundigten, sagte er: »Ich habe ein schwaches Herz und wohne in der zehnten Etage meines Gebäudes. Falls ich nicht um 22 Uhr, wenn die Fahrstuhlführerin Feierabend macht, zu Hause bin, muß ich die zehn Treppen hinaufsteigen.« Nach diesem Abend mußte das Liftpersonal Nachtdienst leisten.
Als eine Delegation von Führungskräften einiger der größten deutschen Firmen und Industrieorganisationen im Jahre 1973 nach Peking kam, um über die Möglichkeit von Wirtschaftsbeziehungen zwischen Deutschland und China zu verhandeln, erlagen die Chinesen einem protokollarischen Irrtum. Sie hatten die Bedeutung der Gruppe falsch eingeschätzt und sie wie jede andere Delegation von Geschäftsleuten behandelt, die ihre Produkte in China verkaufen wollten.
Die Regierung schickte untergeordnete Funktionäre zum Flughafen, um die Gruppe zu empfangen, und wies dem Delegationsleiter einen Shanghai statt einer Roten Fahne zu, der in China hergestellten schwarzen Limousine, die für bedeutende Persönlichkeiten reserviert ist. Auf der Fahrt in die Stadt hörten die Chinesen zu ihrer Überraschung, daß der Delegationsleiter im letzten Monat Breschnew, Nixon und Brandt getroffen hatte.
Am nächsten Morgen machten die Chinesen ihren Fehler wieder gut. Eine Rote Fahne wartete auf den Delegationsleiter, und die Chinesen begannen, über die Möglichkeit eines Empfangs der Delegation durch Tschou En-lai zu sprechen. Dann folgte eine lange Wartezeit. Die Chinesen wollten sich nicht festlegen. Sie rieten der Gruppe nur, zusammenzubleiben.
Viele der Delegationsmitglieder waren daran gewöhnt, bei Regierungschefs feste Termine zu bekommen, wenn sie darum baten, und diese Behandlung war für sie neu und unangenehm. Sie wurden wütend und protestierten, weil sie nichts Bestimmtes erfuhren. Aber dieses Vorgehen war typisch für die Chinesen, und die Besucher mußten es akzeptieren.
24 Stunden später wurden sie in einen Raum gebeten und davon unterrichtet, daß sie den Ministerpräsidenten gleich

sehen würden. Es war 22 Uhr, aber die Nachtwache war noch nicht vorbei. Sie mußten, ohne eine Erklärung zu bekommen, weitere neunzig Minuten im Hotel warten, bevor man sie zu der Unterredung in die Große Halle des Volkes fuhr.
Das Gespräch begann schließlich um Mitternacht. Es endete um 1 Uhr, aber Ministerpräsident Tschou En-lai bat den Delegationsleiter, noch zu bleiben. Der Deutsche kehrte nach 2 Uhr ins Hotel zurück – zufrieden mit seinem Besuch in China und vielleicht ein wenig bescheidener geworden nach der protokollarischen Lektion, die ihm die Chinesen erteilt hatten.

Ausländische Unterhaltung

Das Protokoll hatte keinen Einfluß auf das Leben der meisten Ausländer, deren Rang zu niedrig war, als daß man sie zu Banketten oder Empfängen eingeladen hätte. Aber sie konnten in die Pekinger Oper gehen und sich sportliche oder kulturelle Veranstaltungen anschauen. Wir erfuhren gewöhnlich im voraus, wenn eine ausländische Künstlergruppe nach Peking kam, doch die Karten für Ausländer waren immer limitiert. Die Gruppe sei, wie man uns sagte, dazu da, vor den Chinesen aufzutreten.
Wir waren sehr aufgeregt, als es uns gelang, Karten für ein Konzert zu ergattern, das die Wiener Philharmoniker in Peking gaben. Das Konzert fand in einer Sporthalle mit 18 000 Plätzen statt, und kein einziger Sitz war leer. Die mehr als hundert Musiker spielten auf einem grünen Teppich in der Mitte einer fußballfeldgroßen Fläche, wo sie sehr verloren wirkten.
Zu Beginn des Konzerts konnte das Publikum nicht ruhig sitzen bleiben. Während Mozarts *Kleine Nachtmusik* über ein ausgezeichnetes Lautsprechersystem übertragen wurde, rutschten die Menschen hin und her, plauderten, blickten sich um, aßen Äpfel und Kekse, tranken Limonade und gingen wie bei einer Sportveranstaltung hinaus. Die Zuhörer langweilten sich offensichtlich bei dieser Musik.
Erst als der zweite Teil des Programms angekündigt wurde, wachte das Publikum auf. Die Philharmoniker wollten den Walzer »An der schönen blauen Donau« spielen, mit dem die Chinesen vertraut sind; ein aufgeregtes Summen durchlief die

Menge, und dann brach spontaner Beifall aus, bevor die Musik begann.

Während dieses Teils saßen die Menschen gerade auf ihren Sitzen und lauschten. Ein Fuß klopfte, eine Hand dirigierte, ein Kopf bewegte sich im Takt der Musik. Als das Stück zu Ende war, wollten alle noch mehr hören. Sogar zwei Zugaben genügten ihnen nicht.

Die einzige andere Gelegenheit, bei der ich Chinesen emotionale Anteilnahme zeigen sah, ergab sich bei Sportveranstaltungen. Von den ersten Schultagen an lernten die Kinder das Motto: »Freundschaft ist wichtiger als Wettstreit.« Diese Parole hing in allen Stadien aus und wurde bei Sportereignissen mehrere Male über Lautsprecher wiederholt.

Bei internationalen Wettkämpfen erwartete man von den Zuschauern, daß sie beiden Seiten applaudierten und zujubelten, was sie gewöhnlich auch taten. Wenn die Chinesen gegen afrikanische Mannschaften spielten, gewannen die Afrikaner häufig, und alle schienen zufrieden.

Die Atmosphäre war jedoch ganz anders, als die deutsche Fußballnationalmannschaft der Amateure in Peking antrat. Die Chinesen glaubten fälschlich, daß diese Mannschaft der Weltmeister sei und daß ein Sieg ihrer Elf eine Weltklasseleistung darstelle.

Wir besuchten das Spiel, und es gab keinen Zweifel, auf wessen Seite die Zuschauer standen. Obwohl die Parole »Freundschaft ist wichtiger als Wettstreit« dominierte, legte sich tödliche Stille über das Stadion, als die deutsche Mannschaft ihren einzigen Treffer erzielte. Aber als die Chinesen ein Tor schossen, brüllten die Zuschauer vor Freude und hüpften auf den Rängen. Das Spiel endete unentschieden, doch die Mienen der Chinesen waren so stolz, als wenn sie gewonnen hätten.

Die amerikanische Leichtathletikmannschaft machte in Peking eine ganz neue Erfahrung. Zum erstenmal in ihrer Geschichte traf sie auf einen Gegner, dem jeder Instinkt oder Wille zum Wettbewerb fehlte.

Ein amerikanischer Kugelstoßer war so verblüfft über diesen Mangel an Konkurrenzgeist, daß er einen Dolmetscher herbeirief, um die Chinesen anzufeuern. »Dies ist kein passiver Sport«, erklärte er seinem Gegner, »du mußt mehr Leidenschaft in deine Versuche legen.« Dann demonstrierte er, was er meinte, indem er die Kugel wegstieß und dabei laut aufkeuchte.

Nach einigem guten Zureden ahmte der Chinese ihn nach und stieß so weit wie noch nie in seinem Leben.
Das Publikum schien sich weit stärker für das abwechslungsreiche Äußere der Amerikaner als für die Wettkämpfe zu interessieren. Man lachte vor allem über die vollbärtigen, langhaarigen Männer, die mehr als zweieinhalb Zentner wogen. Behaarte Leiber erscheinen den Chinesen, die selbst kaum eine Körperbehaarung aufweisen, häßlich.
Einige Schwarze hatten ihr Haar zu säuberlichen kurzen Zöpfen geflochten, was den Chinesen gefiel. »Die Zöpfe sind sehr praktisch, weil sie das Haar nicht ins Gesicht fallen lassen«, bemerkte ein chinesischer Bekannter. »Warum machen die anderen es nicht genauso?«
Nur eine Mannschaft war bei der Abreise aus Peking unzufrieden. Die deutsche Gymnastikmannschaft war vor ihrer Ankunft in Peking in allen chinesischen Städten siegreich gewesen. Das Protokoll verlangte, daß die Chinesen für jede Delegation ein Bankett veranstalteten. Die einzige Gelegenheit dazu bot sich am Mittag vor den abendlichen Wettbewerben. Die Mahlzeit fand im Restaurant »Große Pekingente« statt. Die Deutschen – vielleicht allzu selbstlos – aßen und tranken sich zu ihrer ersten Niederlage, für die sie später das Bankett verantwortlich machten.

Lernen auf Chinesisch

Die Chinesen bemühten sich, ausländischen Eltern bei der Lösung der Schulprobleme zu helfen, indem sie im März 1973 eine internationale Grundschule eröffneten. Bis dahin hatten Eltern ihre Kinder nur in Botschaftsschulen oder chinesische Kindergärten schicken können. Dort hatten sie chinesische Klassenkameraden und erhielten denselben Unterricht.
Eine italienische Freundin erzählte mir von einer Lektion, die ihr Sohn im Kindergarten gelernt hatte. Er kehrte eines Tages nach Hause zurück und bat sie, alle schmutzigen Taschentücher, die sie hatte, ihm zu geben. Als sie sich nach dem Grund erkundigte, meinte er: »Heute hat meine Lehrerin uns beigebracht, daß wir unseren Müttern helfen und die Taschentücher waschen sollen.«

Von Anfang an ließen die chinesischen Behörden der Fen Caodi, der neuen Grundschule, erkennen, daß sie sich der Probleme bewußt waren, die sich ergeben würden, wenn sie Ausländer ihre Ideologie und Gesellschaftslehre lehren wollten. Bei einem Elterntreffen, das im Servicebüro stattfand, sagte ein Funktionär der chinesischen Regierung zu den Anwesenden: »Da die Schüler aus verschiedenen Ländern kommen, werden wir ihnen keinen Unterricht in chinesischer Ideologie und Gesellschaftslehre geben – das könnte für ihre Länder ungeeignet sein. Wir werden der Lehre des Vorsitzenden Mao folgen, daß ›Wir uns anderen nicht aufdrängen werden‹, und im Unterricht ideologische Dinge vermeiden.«

Es war aber sehr schwierig, sich an diese Verpflichtung zu halten, solange Englisch nach den in chinesischen Schulen benutzten Lehrbüchern unterrichtet wurde. Ein typischer Text in dem Lehrbuch für die erste Klasse lautete: »Tom ist ein amerikanischer Junge. Sein Vater ist Arbeiter. Auch seine Mutter ist Arbeiterin. Tom hat eine kleine Schwester. Toms Vater und Mutter sind nun arbeitslos. Die Familie ist arm. Tom kann nicht in die Schule gehen. Sie führen ein schweres Leben.« Außerdem mußten die Schüler ein Vokabular lernen, zu dem solche Wörter wie »kleiner roter Soldat«, »Landmann«, »Kommune« und »Revolution« gehörten.

Die Unterrichtssprache in der Schule war Chinesisch, weil die Mehrheit der Kinder aus nicht Englisch sprechenden Ländern stammte. Obwohl auch Chinesen die Schule besuchten, waren die Klassen nicht gemischt. Chinesische und ausländische Kinder sahen einander nur während der Pausen.

Eine kanadische Mutter, deren beide Jungen in die Schule gingen, war der Meinung, daß der chinesische Unterricht ihren Söhnen nütze. Sie schrieb:

> Die Schule legte, was die Disziplin betrifft, chinesische Maßstäbe vor, die streng sind. Ausländischen Kindern schienen die chinesischen Regeln nichts auszumachen: Man muß aufstehen, wenn man eine Frage beantwortet, die Lehrer begrüßen, wenn sie das Klassenzimmer betreten, darf während der Stunde nicht sprechen und muß der Versuchung, sich zu balgen, widerstehen usw. Im Hinblick auf ausländische Kinder war die chinesische Disziplin eher

durch Verständnis, Ermutigung und Anleitung als durch autoritäres Verhalten gekennzeichnet.«*

Das Erziehungsprogramm für Grundschulkinder unterschied sich erheblich von dem für ausländische Studenten, die zusammen mit chinesischen Zimmergenossen in Instituten solcher Städte wie Shanghai, Nanking, Kanton und Shenyang wohnten. In Peking freundeten wir uns mit deutschen Studenten an; sie besuchten das Sprachinstitut, das im Jahre 1974 für Studenten aus 37 Ländern eröffnet worden war. Die Studenten besuchten uns manchmal am Wochenende und luden mich auch ein, sie auf dem Universitätsgelände zu besuchen. Chinesen und Ausländer hielten sich in getrennten Wohnheimen auf, doch manche Ausländer hatten chinesische Zimmergenossen.

Der Tag begann um 6 Uhr mit einem Trompetenstoß, es folgten Nachrichten über das Lautsprechersystem. Während sich die Ausländer umdrehten und versuchten, noch ein wenig zu schlafen, sprangen die Chinesen aus dem Bett, wuschen sich und sammelten sich dann draußen zum Frühsport. Die »Stärkung des Körpers« war äußerst wichtiger Bestandteil ihres Erziehungsprogramms.

Zwar gab es Zentralheizung in den Wohnheimen, aber die Zimmer waren zugig, und im Winter trugen die Studenten beim Unterricht gefütterte Jacken und mehrere Kleidungsstücke übereinander. Chinesen und Ausländer besuchten getrennte Klassen, aber die Mensa war ein Treffpunkt für alle Studenten.

Die Speisekarte berücksichtigte die begrenzten finanziellen Mittel der chinesischen Studenten und bot deshalb Suppe, Reis, gedämpftes Brot, Gemüse und Sojaprodukte an. Kräftigere und teurere Fleisch- und Hühnergerichte wurden zusätzlich für die ausländischen Studenten bereitgestellt.

Da in der Mensa Teller und Eßstäbe fehlten, brachte jeder Student seine eigenen mit. Man stellte sich wie in einem Selbstbedienungsrestaurant auf, wählte die Mahlzeit und setzte sich hin, wo man wollte. Die Chinesen aßen gewöhnlich innerhalb von fünf Minuten und gingen dann hinaus, wäh-

* »Eine chinesische Schule und die Ausländergemeinschaft: die Erfahrungen einer kanadischen Familie in Peking« von Tama Yagai Copithorne, *Outlook 21*, Herbst 1976.

rend die ausländischen Studenten sich beim Essen unterhielten und den Speisesaal immer als letzte verließen.
Nach dem Mittagessen kehrten die Studenten in ihre kleinen, spartanischen Zimmer zurück. Jedes hatte zwei Betten, einen Schreibtisch, einen Stuhl und sehr wenig Platz, um Kleidung aufzuhängen oder zu verstauen. Die Chinesen besaßen nur eine Kleidergarnitur zum Wechseln, deshalb kamen sie mühelos mit dem Platz aus.
Im Gemeinschaftsduschraum gab es nur zu bestimmten Tageszeiten heißes Wasser, und dann war er überfüllt. Die Chinesen duschten regelmäßig und benutzten das heiße Wasser auch, um ihre Kleidung zu waschen.
Ein Student meinte, daß die Dusche immer wie eine Waschküche aussehe. Die Chinesen wechselten und wuschen ihre Unterwäsche täglich und reinigten ihre Baumwollschuhe und -mützen wenigstens einmal pro Woche.
Unter den Chinesen war es Brauch, die Lebensmittelgeschenke, die sie von zu Hause erhielten, miteinander zu teilen. Wenn ein Chinese und ein Ausländer zusammen wohnten, nahm der Chinese nur dann ein Geschenk, etwa Tee oder Zigaretten, an, wenn er es erwidern konnte.
Jeder chinesische Student, der Geld gespart hatte, schickte es nach Hause und verbrauchte es nicht selbst. Sein einziger Luxus bestand darin, daß er einmal im Monat mit sechs Kommilitonen zum Essen ging. Jeder steuerte sechzig Fen für eine Mahlzeit von fünf oder sechs Gängen bei.
Da die Lebensgewohnheiten sehr unterschiedlich waren, brauchten Zimmergefährten einige Zeit, um sich aneinander zu gewöhnen. Ein Chinese war so scheu, daß er sich morgens und abends unter seiner Decke an- und auszog. Ein anderer spannte eine Wäscheleine quer durchs Zimmer und hängte seine Sachen daran auf.
Bei den Gesprächen zwischen Zimmergenossen ging es nie um Politik – ein Thema, das die Chinesen im allgemeinen nicht diskutieren wollten. Sie redeten vielleicht von ihrer Familie, und wenn sie ihren Zimmergefährten näherkamen, wurden auch persönliche Themen, etwa die Freundin, erörtert.
Die meisten hatten, wie mir ein ausländischer Student erzählte, wenig Interesse am Leben in anderen Ländern. Gelegentlich fragte jemand: »Wie viele Betten habt ihr in eurem Land?«, oder: »Gibt es bei euch zu Hause Menschen, die verhungern?«

Diese Fragen schienen sich auf Texte zu beziehen, die sie gerade lasen.
Die ausländischen Studenten beklagten sich kaum über die Wohnbedingungen, aber sie protestierten heftig dagegen, wie Kinder behandelt zu werden. Um 22 Uhr erklang der Trompetenstoß und kündigte die Schlafenszeit an. Wenn Studenten spät nach Hause kamen, hielt der Portier ihnen eine Strafpredigt. Wenn sie nicht zu einer Vorlesung erschienen, prüfte der Lehrer nach, ob sie krank waren.
Das Gefühl, daß man sich im täglichen Leben um die Menschen kümmern und sie erziehen müsse, entsprach einer nationalen Politik. Dies erlebten wir oft auf unseren Eisenbahnfahrten. Jedesmal, wenn sich ein Zug einem Bahnhof näherte, hörte man die gleiche Durchsage: »Nehmen Sie all Ihre Sachen mit, vergessen Sie nichts, gehen Sie nicht mehr zur Toilette, seien Sie vorsichtig, wenn Sie aussteigen.«
Spontane Gedanken oder Äußerungen gehörten nicht zum Erziehungssystem. Man wiederholte etwas immer wieder und prägte es sich ein – das waren die Lern- und Lehrmethoden. Die Diskussion eines Themas bedeutete, daß ein schon im voraus akzeptiertes Prinzip und eine bekannte Schlußfolgerung bestätigt wurden. Dies in Zweifel zu ziehen war falsch.
Ein deutscher Student bat seinen chinesischen Zimmergenossen, seinen Aufsatz über eine Fabrik, in der er ein paar Wochen gearbeitet hatte, zu korrigieren. Doch unter Korrektur stellte der Chinese sich vor, daß er seine eigenen vorgefaßten Ideen in den Aufsatz einbringen müsse.
Wenn der Deutsche zum Beispiel schrieb: »Ich arbeitete in einer Fabrik«, ergänzte sein Zimmergenosse: »Ich arbeitete in einer schönen Fabrik, in der die Arbeiter der revolutionären Linie des Vorsitzenden Mao folgten ...« Der Deutsche erkundigte sich: »Du bist nie in dieser Fabrik gewesen. Woher kannst du soviel über sie wissen?«, und der Chinese erwiderte überzeugt: »Weil es auf alle Fabriken in China zutrifft.«

»Ausländische Experten«

Während ausländische Diplomaten wenig Kontakt mit Chinesen hatten, arbeiteten »ausländische Experten« täglich mit ihnen zusammen. Dies war der Titel, den die Chinesen allen

Ausländern verliehen, die einen Vertrag mit der Regierung hatten, entweder als Lehrer an Instituten und Universitäten oder als Redakteure und Übersetzer in fremdsprachigen Verlagen.

Diese Ausländer fielen unter verschiedene Kategorien, je nach der Länge der Zeit, die sie in China verbracht hatten, und der Fähigkeit, sich den Umständen, die ihr Leben bestimmten, anzupassen. Viele waren »alte Freunde«, die vor und während der Kriegsjahre in China angekommen und sich hier niedergelassen hatten. Die Chinesen waren ihnen gegenüber großzügig gewesen. Sie verdienten viel mehr als ihre Mitarbeiter; ihr volles Gehalt wurde weitergezahlt, wenn sie krank, im Urlaub oder zu alt waren, um regelmäßig arbeiten zu können. Nach einer dreijährigen Abwesenheit kehrte z. B. eine Frau nach Hause zurück und entdeckte, daß die ganze Zeit über ihr Gehalt weitergezahlt worden war.

Ihre Arbeitsorganisation übernahm die Krankenkosten, und sie wurden in der Ausländerabteilung des Krankenhauses behandelt, wo die Pflege viel besser ist als in der chinesischen Abteilung. Fahrer holten sie ab, um sie zur Arbeit zu bringen, und ihnen standen Autos mit Chauffeur gegen eine geringe Gebühr für Privatfahrten zur Verfügung. Im Sommer schickte ihre Arbeitsorganisation sie manchmal zu einem kostenlosen Urlaub nach Peitaiho, dem Seebad, oder in eine andere Stadt, wo sie sich ausruhen konnten.

Viele, die ihre Heimat besuchten, hatten solche Mühe, sich anzupassen, daß sie schleunigst wieder in die Geborgenheit Chinas zurückkehrten. Eine Frau, die dreißig Jahre lang in China gelebt hatte, reiste für ein paar Monate nach Hause und kam mit der Einsicht zurück: »Dies ist das Land, in dem ich sterben will. Im Westen ist es eine Strafe, älter zu werden. Hier ist es eine Ehre.«

Obwohl die ausländischen Experten materielle Sicherheit genossen, war das Leben für sie nicht immer leicht. Während der Kulturrevolution war das Schicksal jedes Ausländers ungewiß. Um ihre Loyalität gegenüber den Chinesen zu beweisen, kam es bei manchen zu übertriebenen Reaktionen.

Ein Journalist, der damals in Peking wohnte, erinnert sich heute, daß ein amerikanischer Freund der Chinesen mehr Mao-Abzeichen an der Jacke trug als die Chinesen. Während der Kulturrevolution waren Ausländer in vorderster Reihe bei der Demonstration vor der Britischen Botschaft zu sehen, kurz bevor die Roten Garden sie niederbrannten. Später bezichtigten Rotgardisten zwei der aktiven Teilnehmer an dieser Demonstration der Spionage, und sie wurden für mehrere Jahre ins Gefängnis gesteckt.

Zufällig trafen wir diese beiden im tibetanischen Lhasa, der Stadt, die für Ausländer in der Regel tabu ist. Ihre Anwesenheit dort bedeutete, daß ihr Ruf wiederhergestellt war, aber sie gaben sich alle Mühe, uns aus dem Weg zu gehen. Die Chinesen hatten den Tisch für das Abendessen für vier Personen gedeckt, doch sie beschlossen, ihre Mahlzeit getrennt zu sich zu nehmen.

Sie verhielten sich wie viele andere ausländische Experten, die vor Kontakten mit der Ausländergemeinschaft zurückschreckten. Eine Expertin erzählte mir vertraulich, die Chinesen hätten sie gewarnt, daß sie ihre Beziehung zu ihnen aufs Spiel setzen werde, wenn sie Kontakte mit den vorübergehend ansässigen Ausländern unterhalte. Deshalb brach sie alle Verbindungen zu Ausländern ab.

Diejenigen, die sich privat mit Ausländern unterhielten, achteten sorgfältig auf ihre Worte und weigerten sich, über chinesische Politik zu diskutieren. Wenn sie mit Touristendelegationen sprachen, dann nur mit offizieller Genehmigung. Nachdem er einem Experten eine Stunde lang zugehört hatte, kommentierte ein Ausländer: »Was er sagte, hätte direkt aus der *Peking Review* oder *China Reconstructs* stammen können« – zwei Zeitschriften, die von der chinesischen Regierung herausgegeben werden.

Trotz ihres täglichen Kontaktes mit den Chinesen führten diese Menschen ein einsames Leben. Nach Feierabend trennten sich ihre Wege. Die Experten lebten in Wohnungen auf dem Gelände des »Freundschaftshotels«, wo sie nicht wagten, sich unter die Gäste zu mischen. Gelegentlich sahen wir sie bei offiziellen Anlässen oder in jenem bereits erwähnten Geschäft, wo sie mit ihrer chinesischen Kleidung auffielen und nur mit dem chinesischen Personal sprachen.

Die jüngeren ausländischen Experten, die Zwei- oder Dreijahresverträge mit den Chinesen abgeschlossen hatten, waren oft nicht so vorsichtig, dankbar oder unkritisch wie die älteren Exilanten, die China zu ihrer Heimat gemacht hatten. Viele von ihnen waren junge Maoisten, die Maos Lehren im Aus-

land studiert hatten und sie in der Praxis nachvollziehen wollten.
Ein junger Mann arbeitete für einen Verlag in Peking, als Anfang 1976 die Kampagne gegen Teng Hsiao-ping tobte. Er hielt die Kampagne für einseitig und protestierte, indem er ein Bild von Teng auf seinen Schreibtisch stellte. Der Direktor rief ihn in sein Büro und forderte ihn auf, das Bild verschwinden zu lassen. Er weigerte sich, da er zuerst eine Erklärung von Tengs Seite hören wollte. Erst nachdem seine Kollegen ihm heimlich eine lange Reihe schriftlicher Zitate Tengs zugesteckt und angedeutet hatten, daß sie ihn im Grunde durchaus unterstützten, nahm er das Bild von seinem Schreibtisch. Mehr als ein Jahr später, als Teng wieder in Amt und Würden war, hörte ich, daß dieser Mann ein Farbfoto mit einem Autogramm von ihm erhalten habe.
Eine dreiundzwanzigjährige australische Lehrerin hatte in China etwas durchgesetzt, das ich für unmöglich gehalten hatte. Während sie am Fremdspracheninstitut in Sian unterrichtete, verliebte sie sich in einen jungen Chinesen, und die beiden wollten heiraten. Da ich wußte, daß Kontakte zwischen Chinesen und Ausländern sorgfältig beobachtet wurden, war ich erstaunt darüber, daß sie überhaupt mit ihm zusammen sein konnte.
Inoffiziell war es für eine Ausländerin verboten, einen Chinesen zu heiraten. Sobald die Schulbehörden von ihrer Beziehung erfuhren, verbannten sie den jungen Mann in den Norden der Provinz und untersagten ihm, ihr zu schreiben, sie zu treffen oder sie anzurufen. Inzwischen hatte die eigensinnige junge Frau einen Brief an den Außenminister geschickt und um die Heiratsgenehmigung gebeten.
Als sie keine Antwort bekam, bat sie Premierminister Fraser, der gerade China besuchte, einen Brief an Hua Kuo-feng weiterzuleiten. Fraser unterstützte ihr Gesuch, erhielt aber eine entschiedene Absage von den Chinesen. Doch sie gab die Hoffnung immer noch nicht auf.
Ein paar Monate, bevor ihr Visum ablief, wurden sie und zwei chinesische Mädchen von einem Wahnsinnigen mit einem Beil überfallen. Sie erlitt einen Schädelbruch, die beiden anderen Mädchen wurden noch schwerer verletzt. Die Chinesen bezahlten einen Besuch ihrer Eltern, und gleichzeitig beantragte sie eine Verlängerung ihres Visums, da sie sich in China

erholen wolle und nicht nach Australien zurückkehren könne, bevor ihr Haar nicht wieder gewachsen sei.

Die Chinesen waren einverstanden und schickten sie nach ihrer Genesung zum Unterricht an das Fremdspracheninstitut von Shanghai. Dort beantragte sie beim Revolutionskomitee die Heiratserlaubnis. Mittlerweile hatten die Chinesen dem jungen Mann erzählt, daß sie nicht länger an einer Ehe mit ihm interessiert sei, und sie bekam zu hören, daß er sie nicht mehr heiraten wolle.

Sie schrieb weitere Briefe an die oberste Führung und bezog sich auf Tschou En-lais Erklärung: »Wenn China ausländische Experten sucht, sollte man ihnen gestatten, zu heiraten und wie die Chinesen zu leben.« Während ihr Antrag bearbeitet wurde, gab eine französische Studentin in Shanghai, die sich ebenfalls in einen chinesischen Kommilitonen verliebt hatte, einem französischen Journalisten ein Interview und sprach über die chinesische Weigerung, sie heiraten zu lassen. Dieses Interview machte Schlagzeilen in der ganzen Welt, und nun gewährten die Chinesen der Französin die Heiratserlaubnis. Kurz darauf bekam auch das australische Mädchen die Genehmigung.

Wenn beide Frauen sich mit Ausländern unterhalten hätten, die nach der Heirat in China geblieben waren, hätten sie es sich vielleicht anders überlegt. Einer meiner Bekannten kommentierte: »Gleichgültig, wie lange ich hier lebe, die Chinesen werden mich immer als Ausländer behandeln. Nach dreißig Jahren bin ich immer noch ein Außenseiter.«

Er war mit einer Chinesin verheiratet und arbeitete als Sprachlehrer an einer Universität. Sie wohnten in einem herrlichen, im chinesischen Stil gebauten Haus, das sie achtzehn Jahre vorher gekauft hatten. Das Haus war auf den Namen des Sohnes eingetragen, da ein Ausländer in China keinen Grundbesitz erwerben darf. Ihre Nachbarn waren Chinesen, doch sie kamen kaum mit ihnen in Berührung. Die Verwandten der Frau hatten ihres Mannes wegen alle Verbindungen zu ihr abgebrochen, und er hatte seiner Frau wegen kaum Kontakte zu Ausländern.

Wenn er einkaufte, begleitete seine Frau ihn, und der chinesische Portier, der berechtigt war, sie zurückzuweisen, ließ sie durch. Aber sie konnte das Geschäft nie allein betreten. Wenn sie krank war, ging sie in die chinesische Abteilung des

Krankenhauses, wo sie lange warten mußte, bis sie untersucht wurde. Wenn er krank war, ging er in die Ausländerabteilung desselben Krankenhauses und wurde sofort behandelt. Wollte sie allein Gemüse kaufen, mußte sie sich anstellen. War ihr Mann bei ihr, wurden sie sofort zum Anfang der Schlange geschickt und erhielten die besten Waren. Fuhren sie zusammen mit dem Bus, standen die Passagiere auf, um ihnen Plätze anzubieten. Wenn sie allein war, mußte sie stehen. In Restaurants wurden sie zum Essen in getrennte Räume geführt. Wenn sie allein war, wartete sie stehend, bis ein Tisch frei wurde. Sein Institut bot ihnen keinen kostenlosen Urlaub in Peitaiho an, da das Hotel nur Ausländer aufnahm.

Ihre Kinder litten am meisten darunter. Sie gingen auf eine chinesische Schule, aber ihre Klassenkameraden besuchten sie nie zu Hause. Wenn sie mit dem Vater zusammen waren, wurden sie als Ausländer behandelt; wenn sie mit ihrer Mutter zusammen oder allein waren, betrachtete man sie als Chinesen.

Das Leben zwischen zwei Welten brachte große psychologische und persönliche Probleme mit sich. Als sie älter waren, bestand die einzige Lösung darin, sich von ihren Eltern zu trennen. Nur so konnten sie ein eigenes Leben führen und brauchten nicht unter dem Stigma zu leiden, daß sie einen ausländischen Vater hatten.

6. Kapitel

Das Leben in der Stadt

Keine Fremde mehr

Im ersten Jahr fühlte ich mich in Peking wie eine Fremde. Die Umgebung und die Lebensweise unterschieden sich von allem, was ich kannte. Die Bilder und Klänge waren neu. Die Art zu sprechen, zu denken und zu reagieren, verwirrte mich oft.

Statt eine Bitte abzuschlagen, schenken die Chinesen ihr lieber keine Beachtung. Dies brachte mich oft zur Verzweiflung, da ich an direkte Antworten gewöhnt war. Sie gaben oft ausweichende Antworten. Als ich einen Schneider fragte, ob er eine Schürze für mich nähen könne, erwiderte er: »Wir schneidern jetzt nur Hosen.« Der nächste erklärte: »Wir bessern nur Kleidungsstücke aus.« Ein anderer meinte: »Das ist zu kompliziert.« Verärgert fragte ich schließlich den vierten Schneider: »Wollen Sie überhaupt für mich arbeiten?« Er schlug die Augen nieder und sagte ruhig: »Weshalb gehen Sie nicht in die Schneiderei des ›Freundschaftsgeschäftes‹? Dort wird alles angefertigt.« Niemand war bereit, mir mitzuteilen, daß die Schneider am Ort nicht für Ausländer arbeiten durften. Sie wiesen mich ab, ohne »nein« zu sagen, aber eben diese Tatsache war mit entgangen.

Gelächter brachte mich häufig aus der Fassung, weil es so viele Bedeutungen hatte. War etwas lustig, peinlich oder traurig? War der Lachende verängstigt, ärgerlich oder nervös? Stimmten die Chinesen mir zu oder nicht, wenn sie lachten, nachdem ich die Lösung eines Problems vorgeschlagen hatte?

Ich brauchte lange, um den chinesischen Humor zu verstehen. Sie hatten einen Sinn für Situationskomik, wie ich auf der Bühne und zu Hause beobachtet hatte. Einmal wies ich Herrn Yu an, weniger Essen zu kochen, weil Gerd zunehme, und zeigte ihm pantomimisch, wie Gerd vorher ausgesehen habe

und wie er nun aussehe. Da lachte er und rief die anderen in die Küche, damit sie sich auch amüsieren konnten.
Eine ausländische Lehrerin erzählte mir von einem Vorfall in ihrem Klassenzimmer, der alle Schüler erheitert hatte. Ein Schüler schrieb einen Satz an die Tafel, und plötzlich brach die ganze Klasse in Gelächter aus. Die Lehrerin fragte, was denn da so lustig sei. Ein Mädchen antwortete kichernd: »Dieser Schüler ist so groß, und seine Schrift ist so klein.« Die Naivität und Subtilität ihres Humors rief bei mir genau die gleiche Verständnislosigkeit hervor wie bei den Chinesen, wenn ich ihnen einen unserer einfachen Witze erzählte.
Was die Chinesen sagten, war nicht unbedingt das, was sie meinten. Am Ende eines Besuches in einer Fabrik oder einer Kommune sagte unser Gastgeber immer: »Wir würden uns über Ihre Kritik freuen.« Einmal machte ich in einer Fabrik ein paar Vorschläge, die mit Kichern und kalten Blicken entgegengenommen wurden. Beim nächstenmal lobte ich ihre Bemühungen, was offenbar die richtige Reaktion war.
Ein Chinese fühlt sich durch direkte Kritik beleidigt. Als eine amerikanische Bekannte eine Cocktailparty für vierzig Personen gab und der Koch zuviel Essen zubereitet hatte, riet sie ihm, beim nächstenmal sparsamer zu sein. Er erwiderte abwehrend: »Sie haben diesmal zuwenig Leute eingeladen.«
Die chinesische Form der Direktheit überraschte mich zuweilen. Zum Beispiel wurde ich oft gefragt: »Wie alt sind Sie?« Als eine grauhaarige Bekannte auf dieselbe Frage antwortete, daß sie 49 Jahre alt sei, wollte die Chinesin wissen: »Wie alt ist Ihr Mann?« Da er sehr jugendlich wirkte, meinte die Chinesin, als sie erfuhr, daß er fünfzig Jahre alt sei: »Aber Sie sehen so viel älter aus als er.«
Kehrte ich vom Einkaufen nach Hause zurück, fragte oft irgend jemand: »Wieviel hat das gekostet?« Einmal hörte ich zufällig die Bemerkung: »Das war viel zu teuer.«
Einmal kam ich mit einer, wie ich fand, herrlichen Vase nach Hause, aber alle kicherten, statt sie zu loben. Ich begriff diese Reaktion nicht und fragte eine chinesische Freundin, ob ihr meine Vase gefalle. Lachend antwortete sie: »Das ist ein Nachttopf für einen Mann.« Alle anderen waren zu verlegen gewesen, um mich aufzuklären.
Die Chinesen sind sehr bescheiden, und oft verstecken sie diese Bescheidenheit hinter verwirrenden Wendungen. Wenn ich

Herrn Gu für seine Hilfe dankte und er erwiderte: »Das ist meine Pflicht«, nahm ich fälschlich an, daß er sich beschwere. Wenn ich Herrn Yu ein Kompliment für seine Kochkünste machte und er erwiderte: »Ich habe es nicht gut gemacht«, wußte ich zuerst nicht, ob er sich wirklich zu einer besseren Leistung fähig fühlte oder ob er einfach bescheiden war.

Ich brauchte lange, um zu lernen, wie man eine Frage stellt und wonach man überhaupt fragen darf. Einmal erkundigte ich mich bei Herrn Gu, wo er wohne. Er antwortete: »Zehn Minuten von hier.« »Wo?« beharrte ich unschuldig. Kichern und ein verlegenes Schweigen folgten. Ich überlegte, was ich falsch gemacht hatte, und dann fiel mir ein, daß ihm vielleicht irgendeine Vorschrift verbot, es mir zu sagen.

Meine Arbeit in Washington hatte mich gelehrt, Schwierigkeiten zu überwinden, doch in China wurde ich ein Gefühl der Ohnmacht nie los. Die Situationen beherrschten mich, und ich hatte keinen Einfluß auf sie. Die Hilflosigkeit, unter der ich im ersten Jahr litt, ließ mich oft daran denken, aufzugeben und in eine Gesellschaft zurückzukehren, die mir vertraut war. Irgend etwas in mir weigerte sich jedoch, die Niederlage hinzunehmen.

Während jener schmerzlichen Eingewöhnungszeit kam ich nie auf den Gedanken, daß ich diese Anpassungsprobleme selbst produzierte, nur weil ich versuchte, auf meine Art vorzugehen, statt den chinesischen Weg zu gehen.

In unserem zweiten Jahr begann ich, allmählich eine subtile, kaum merkliche Entwicklung zu durchlaufen. Ohne daß es mir selbst bewußt wurde, verwandelte ich mich von einem ungeduldigen und starrsinnigen in einen toleranteren Menschen.

Ein Vorfall in der Bank von China führte mir diese Veränderung zum erstenmal vor Augen. Während ich in der Bank saß und darauf wartete, daß mein Scheck eingelöst wurde, trat ein elegant gekleideter westlicher Diplomat mit raschen Schritten an den Schalter und erklärte, daß er etwas Geld abheben wolle. Mehrere Kunden waren vor ihm an der Reihe, und ich wußte, daß solche Transaktionen oft länger als eine halbe Stunde dauerten.

Ein paar Minuten später wurde meine Nummer aufgerufen, und ich ging zum Schalter. Der Diplomat, der ständig auf und ab marschiert war, folgte mir. Als ich mein Geld entgegennahm, rief er, ohne sich an eine bestimmte Person zu wenden: »Ich warte schon lange hier, und ich habe nicht den ganzen Tag

Zeit.« Sein Ausbruch wurde mit Schweigen beantwortet, als hätte ihn niemand gehört.

Als ich seine frustrierte Miene sah, entsann ich mich, wie oft ich mich genauso gefühlt hatte. Aber ich wußte inzwischen, daß man nichts tun konnte, um die Chinesen, die langsam und stetig arbeiteten, zur Eile anzutreiben. Wenn ich mich in einem Geschäft gereizt zeigte, weil die Verkäuferin sich zeitlupenhaft zu bewegen schien, blieb sie ruhig und reagierte weiterhin ohne Hast. So lernte ich aus Erfahrung, daß Geduld die einzige Lösung war.

Nach meiner Ankunft nahm ich die bevorzugte Behandlung der Ausländer durch die Chinesen zunächst übel. Ich hielt es für unfair, daß ich in den Geschäften eher bedient wurde als Kunden, die vor mir dagewesen waren. Einmal weigerte ich mich, zum Beginn der Schlange zu gehen. Da trat die Schlange zu meiner Überraschung plötzlich hinter mich.

Ein andermal protestierte eine Frau, die gerade bedient wurde, als die Verkäuferin sie zur Seite schob und mich nach meinen Wünschen fragte. Ich sagte, daß ich warten könne, aber die anderen Leute brüllten die Frau an und zwangen sie, ihren Platz aufzugeben. Ich fühlte mich schuldig und war äußerst verlegen.

Aber das Erlebnis eines englischen Freundes half mir zu verstehen, weshalb wir bevorzugt behandelt wurden. Während er an einem Stand Tomaten kaufte, hörte er, wie ein Mann hinter ihm sagte: »Warum wird der fremde Teufel vorgelassen?« Ein anderer erwiderte: »Wenn er ein fremder Teufel ist, sollte die Verkäuferin ihn bedienen und rasch loswerden. Wenn er ein ausländischer Freund ist, verdient er die bevorzugte Behandlung.«

Durch meine Weigerung, die traditionelle Sonderbehandlung von Ausländern hinzunehmen, beleidigte ich die Chinesen, wie mir eine einheimische Bekannte erklärte. Dies war eine echte Offenbarung für mich.

Während sich mein Verständnis vertiefte, wuchs meine Zuneigung zu Peking und den Chinesen. Ich wollte herausfinden, wie sie lebten, und Familien besuchen, doch solche Kontakte waren außerhalb unserer Wohnung verboten. Ich hoffte immer darauf, daß man diese Vorschriften lockerte, da ich mir eine persönlichere Beziehung zu den Menschen um mich herum wünschte.

Die Einladung nach Tschao Yang

In unserem ersten Jahr schrieb Gerd einen Brief an die Informationsabteilung und bat, einige Zeit mit einer chinesischen Familie in der Stadt und auf dem Lande verbringen zu dürfen. Die Bitte blieb ohne Antwort, aber Gerd war hartnäckig und wiederholte seinen Wunsch viele Male.
Schließlich gestattete man uns, eine Pekinger Familie drei Stunden lang zu besuchen, aber das genügte kaum, um zu erfahren, wie die Menschen in einer Gemeinschaft lebten.
Erst im dritten Jahr unseres Aufenthalts reagierte die Informationsabteilung auf unser Ersuchen. Sie arrangierte für uns einen einwöchigen Aufenthalt in Tschao Yang, dem ersten Arbeiterwohnviertel von Shanghai, wo bisher kein anderer Ausländer mehr als ein paar Stunden verbracht hatte.
Bei unserer Ankunft erwartete uns die erste Enttäuschung. Unsere chinesischen Gastgeber entschuldigten sich dafür, daß Tschao Yang keine geeignete Unterkunft für uns habe. Sie fragten, ob es uns etwas ausmachen würde, im Friedenshotel zu wohnen. Wir waren einverstanden und merkten bald, wie umfassend das für uns geplante Programm war, so daß es keine Rolle spielte, ob wir in einem Ausländerhotel schliefen oder nicht.

Die Umgebung

Tschao Yang wirkte auf den ersten Blick wie ein typischer Vorort, der zu vielen Städten der Welt hätte gehören können. Der einzige Unterschied bestand darin, daß auf den Straßen nicht Autos, sondern Fahrräder verkehrten.
Bei unserem ersten Spaziergang durch die Stadt fiel mir sofort der deutliche Gegensatz zu Peking auf. Der Geschäftsbereich war zentral gelegen und mit der Absicht gebaut, den 70 000 Bewohnern das Einkaufen leichter zu machen. Eine Bank, ein Postamt, ein Warenhaus, ein Kino und andere Einrichtungen waren nicht mehr als einen Häuserblock voneinander entfernt. In Peking waren diese Geschäfte und Dienstleistungen über eine größere Fläche verteilt und sahen eintöniger aus. Zweifellos ließen auch der Rasen und die Bäume – statt des trockenen, ausgedörrten Pekinger Bodens – Tschao Yang munterer und hübscher erscheinen.

Wir ließen den Einkaufskomplex hinter uns und kamen zu einem Laden, der Abfallprodukte sammelte. In Peking hatte ich nur an Straßenecken abgestellte Dreiräder gesehen, deren Fahrer Abfälle aufkauften. Nun interessierte mich, auf was für Waren der Laden in Tschao Yang sich spezialisierte.
Wir traten ein und sahen ein paar Kunden, die darauf warteten, daß Zeitungsbündel abgewogen wurden. Die Verkäuferin unterbrach ihre Tätigkeit und erklärte uns: »Wir kaufen alles.« An der Wand hing eine Preisliste für Federn, Stoff, Schuhe, Jutesäcke, Glas, Aluminium, Haar und Wollsachen.
Hier in Tschao Yang wurden wie in Peking überall Straßen- und Bauarbeiten ausgeführt. Daran nahmen sowohl Männer wie Frauen teil. Eine Gruppe riß eine Straße auf, um Röhren unterirdisch zu verlegen. Das örtliche Krankenhaus wurde um eine Etage aufgestockt. Etwas weiter entfernt errichtete man ein fünfgeschossiges Wohnhaus.
Rote Fahnen wehten vor der neuen örtlichen Arbeiterbildungsanstalt, die an diesem Tag offiziell eröffnet wurde. Das Dröhnen von Trommeln und das Rasseln von Becken begleiteten die Werktätigen, die sich auf das Institut zubewegten.
In jeder Gruppe konnte man die zukünftigen Studenten – »Barfußärzte« (Mediziner ohne Ausbildung), Arbeiter, Lehrer und Hausfrauen – von ihren Freunden, Kollegen und Familienangehörigen unterscheiden, die sie begleiteten. Die Studenten trugen rote Papierblumen und zusammengerollte Urkunden.
Alle lachten und amüsierten sich an diesem sonnigen Herbsttag. Die Menschen schienen offener zu sein und besser gekleidet als in Peking. Die Frauen trugen enganliegende Hosen, und ihre Blusen waren nach Maß gearbeitet. Überall sah man helle Muster und bunte Streifen. Die Jackentaschen waren mit einer besonderen Stickerei versehen – eine Mode, die Peking zwei Jahre später erreichen sollte.
Viele Teilnehmer der Veranstaltung trugen Lederschuhe statt der schwarzen Fußbekleidung aus Baumwolle, die in Peking immer noch sehr verbreitet war. Das Haar war länger, und die Frauen wirkten attraktiver. Die Vielfalt des Äußeren und die gelöste freundliche Atmosphäre bildeten einen starken Kontrast zu Peking.
Etwas später stieß ich auf ein für Peking typisches Schauspiel. Zwei Frauen, die weiße Gesichtsmasken und Hauben trugen,

fegten die Straßen mit extrem langsamen Bewegungen. Ein paar Häuserblocks weiter saß eine Frau auf einer kleinen Kehrmaschine, die die Straßen mit einem rotierenden Besen säuberte. Ich hatte diese Maschinen auch in Peking gesehen und mich gefragt, wie lange es dauern werde, bevor sie die Straßenkehrerinnen ablösten.
Das Wohnviertel war von Bäumen umgeben. Wieder drängte sich mir der Gedanke auf, wie hübsch diese Gemeinde doch war. Es war ganz anders als in Peking, wo hohe graue Mauern alles verdunkelten. Neue fünfstöckige Wohnhäuser im Hintergrund überragten alte zwei- und dreigeschossige Gebäude.
Innerhalb des Wohngebietes lag ein Lebensmittelmarkt, der, wie das Schild an der Tür besagte, nur von 5.30 bis 7.30 Uhr und von 14.30 bis 17 Uhr geöffnet war. Mit diesen Öffnungszeiten wollte man vermutlich der arbeitenden Bevölkerung entgegenkommen.
Am Ende der Straße befand sich ein Park mit grünen Wiesen, Bäumen, einem Teich und sogar einem leeren Freiluft-Swimming-Pool, was ich noch nie in einem Park gesehen hatte. Wie in Peking ruhten sich alte Männer und Frauen aus oder trieben unter den Bäumen Sport.
Wir kehrten in das Wohnviertel zurück und spazierten durch die Höfe der Gebäude. Bambusruten, die als Wäscheleinen dienten, hingen zwischen den Ästen. Auf dem Boden lagen keine Papierabfälle, und die Umgebung sah so aus, als seien die Menschen stolz auf sie. Die Balkons waren voller Pflanzen, und jedes Haus hatte einen sorgfältig gepflegten Garten mit blühenden Chrysanthemen und Dahlien. Das waren Blumen, die ausschließlich ihrer Schönheit wegen angepflanzt wurden. In Peking dagegen gab es nur Sonnenblumen, die man pflanzte, weil ihre Samen wertvolles Öl enthielten.

Unsere Gastgeberin Frau Tschen

Am Eingang eines dreistöckigen Wohnhauses erblickten wir eine rundgesichtige, stämmige Frau, die dastand und strickte. Als sie uns sah, legte sie den halbvollendeten blauen Pullover zur Seite, zupfte an ihrer grauen Jacke und zog ihre graue Hose gerade. Es war Frau Tschen, unsere Gastgeberin für jenen Tag. Sie schüttelte uns die Hände, begrüßte uns und führte uns

durch einen dunklen Flur in ihre Einzimmerwohnung im Parterre.
Ein großer, gutaussehender Mann wartete auf uns. Es war ihr Sohn, der mit seiner Familie nebenan wohnte. Frau Tschen zeigte auf zwei Holzstühle mit harter Lehne, bat uns, uns zu setzen, und holte dann den Tee. So hatte ich einen Moment Zeit, mich umzuschauen.
Ein Doppelbett nahm etwa die Hälfte der Bodenfläche ein. Außerdem bestand die Einrichtung aus drei Hockern, zwei Bänken, drei aufeinander gestapelten abgeschlossenen Holztruhen und zwei Kommoden, eine mit einem Spiegel und die andere mit geschnitztem Rand.
Frau Tschen kehrte mit dem Tee zurück und ließ sich auf einem Korbstuhl nieder, den sie näher an den quadratischen Tisch, an dem wir saßen, heranzog. Sie hatte bemerkt, daß mich eine der Kommoden interessierte und erklärte: »Das ist das erste Möbelstück, das wir gekauft haben.« Danach begann sie, uns ihre Lebensgeschichte zu erzählen.
Im Jahre 1952 gehörten die Tschens zu den Familien, die die neuen Wohnungen in der Nähe ihrer Fabriken bezogen. Wie die anderen tausend ausgewählten Familien kamen die Tschens aus »sehr engen und schwierigen Verhältnissen«.
Zuerst hatte Frau Tschen gezögert, da sie keine Möbel besaß und glaubte, nicht in eine leere Wohnung einziehen zu können. Aber in der Fabrik überredete man sie, die Möbel ganz einfach erst später zu kaufen. Also zogen sie, ihr Mann und ihr kleiner Sohn nur mit einer Baumwollsteppdecke und einem Holzbrett in die Wohnung ein. »Nun haben wir zwei Steppdekken für diese Jahreszeit und noch zwei für den Winter«, sagte Frau Tschen stolz, und es war ersichtlich, daß in dem Zimmer kein Platz für weitere Möbelstücke war.
Frau Tschen beschrieb, wie mühsam ihr Leben vor der Befreiung gewesen war. »Wir wohnten in einer Hütte mit Strohdach. Wenn es draußen regnete, regnete es auch drinnen.« Ihre Eltern waren erwerbslos, und im Alter von acht Jahren mußte sie in einer Seidenfabrik arbeiten, wo die Maschinen so groß waren, daß sie auf einem Hocker stehen mußte.
Als sie 25 Jahre alt war, wurde die Fabrik wegen des Japanisch-Chinesischen Krieges geschlossen. Kurz darauf wurde ihre Wohnung zerstört, und die Familie zog in einen Unterstand für Obdachlose. Ihre neue Unterkunft hatte einen Sandfußboden,

und alle wohnten zusammen in einem mit Schilf bedeckten Raum.
»Arme Leute heirateten arme Leute«, erzählte sie. Ihre Eltern hatten für sie einen Mann ausgesucht und ihr versichert: »Er ist ehrlich.« Frau Tschen sah ihren zukünftigen Ehemann zum erstenmal am Tag der Heirat, als der Ehevermittler sie einander in der Flüchtlingsunterkunft vorstellte und sie für getraut erklärte.
Sie waren zu arm, um Freunde zu der Hochzeitsfeier einzuladen; nur eine Tante war anwesend. »Die einzigen Geschenke, die ich bekam, waren zwei Paar Schuhe von meiner Schwester«, sagte Frau Tschen. Zwei Jahre später, nachdem sie einen Sohn geboren hatte, wurde die Fabrik geöffnet, und sie ging wieder zur Arbeit.
Bevor Frau Tschen ihren Sohn erwähnte, hatte er stumm und aufmerksam neben ihr gesessen. Dann begann er, wie seine Mutter, lebhaft zu sprechen. »Wir zogen hier ein, als ich erst zwölf Jahre alt war. Damals hatte meine Mutter Arbeit, und mein Vater war arbeitslos. Ich hatte nie sanitäre Anlagen benutzt und fand sie interessant.«
In der Grundschule schrieb er Aufsätze darüber, wie glücklich er sei, in einem neuen Haus mit herrlicher Umgebung zu wohnen. Nach Absolvierung der Mittelschule im Jahre 1962 besuchten einige seiner Klassenkameraden die Universität, anderen wurden Arbeitsstellen zugewiesen. Er selbst hatte ein Jahr lang eine technische Schule besucht, die vom Büro für Chemische Industrie betrieben wurde, bevor er die Arbeit in einer pharmazeutischen Fabrik aufnahm, wo er immer noch beschäftigt war.
Im Jahre 1968 wurde seine zukünftige Frau, die gerade vier Jahre am Institut für Chemische Industrie studiert hatte, seiner Fabrik zugeteilt. »Zuerst arbeiteten wir zusammen und diskutierten über die Produktion. Durch die Arbeit lernten wir einander besser kennen. Wir verstanden uns gut und arbeiteten schwer. Manchmal gingen wir in einem Park spazieren. Ich bat sie, mich zu Hause zu besuchen, und sie lud mich in ihr Heim ein. Jungen ergreifen die Initiative, und so bat ich sie, mich zu heiraten. Sie war schüchtern, stimmte aber zu, mit dem Einverständnis ihrer Eltern.«
Vor der Trauung schenkte er seiner zukünftigen Frau eine Uhr, und sie sparte Geld, um Möbel kaufen zu können. »Ich steuerte

mehr Geld für die Möbel bei, die 600 Yuan kosteten, weil meine Familie mehr verdiente als ihre«, fügte der Sohn hinzu.
Sie heirateten zwei Jahre nach ihrer ersten Begegnung. Es gab keine besondere Trauungszeremonie oder -kleidung. Sie gingen ins Büro des Revolutionskomitees in Tschao Yang, um ein Formular auszufüllen und ihre Heiratsabsicht zum Ausdruck zu bringen. Danach wurden sie medizinisch untersucht, und später holten sie ihre Heiratsurkunde ab.
Die Tschens feierten, indem sie Kollegen zu Tee und Süßigkeiten und zwanzig enge Freunde und Verwandte zum Abendessen einluden. Der Vater sowie Verwandte und befreundete Rentner bereiteten das Essen zu; das Fest dauerte zwei Stunden. Die Gäste schenkten ihnen eine Thermosflasche, Kleidung, Bettzeug, und von ihren Eltern bekamen sie Steppdecken.
Das junge Paar erhielt einen dreitägigen Heiratsurlaub, den die beiden zu Hause in der neuen Wohnung verbrachten, die das Hausverwaltungsbüro ihnen zugewiesen hatte. Sie lag in einem anderen Wohnblock als die der Eltern, weshalb die ältere Frau Tschen mit dieser Regelung nicht einverstanden war. Sie wünschte sich, daß die Familie enger beisammen lebte. Später, als Frau Tschen erfuhr, daß ihr Nachbar ausziehen würde, stellte sie im Namen ihres Sohnes einen Antrag beim Wohnungsbüro.
Obwohl beide Familien separate Wohnungen hatten, lebten sie so, als wären sie nicht getrennt. Die ältere Frau Tschen verwaltete das gemeinsame Einkommen, das im Monat 193 Yuan betrug. Der Sohn verdiente 51 und seine Frau 58 Yuan. Frau Tschen hatte die Fabrik vorschriftsmäßig mit fünfzig Jahren verlassen, und ihr Mann war mit sechzig Rentner geworden; beide erhielten siebzig Prozent ihres letzten Lohnes, das heißt jeweils 42 Yuan.
Uns interessierte, wofür Frau Tschen das Geld ausgab, und sie erzählte es uns nur zu gern. Die Miete für die beiden Zimmer belief sich auf 6,30 Yuan, elektrischer Strom kostete 1,50 Yuan, fließendes Wasser fünf Fen pro Person, Gas für den Herd vier Yuan. »Unsere Gasrechnung ist hoch, weil wir sehr viel für das Baby kochen müssen«, erläuterte Frau Tschen.
Das Gebäude hatte keine Heizung, so daß dafür keine Kosten anfielen. Die Durchschnittstemperatur betrug im Winter rund 10 Grad Celsius, obwohl sie nachts auf minus 2 Grad Celsius

fallen konnte. »Aber wir haben viele Steppdecken, um uns warm zu halten«, meinte Frau Tschen.
Die vier Tschens verbrauchten etwa 15 Yuan pro Person für Lebensmittel, während die Ernährung des Babys 25 Yuan kostete, weil es Glukose, Milch und Lebertran benötigte. An Feiertagen und wenn Verwandte zu Besuch kamen, waren die Kosten höher.
Das junge Paar nahm täglich eine Mahlzeit in der Fabrik zu sich, wo das teuerste Gericht zwanzig Fen kostete. Zum Frühstück aßen alle Reis, der am Abend zuvor gekocht wurde, oder gebratenen Teig, den sie in einem Geschäft kauften. Die älteren Tschens zogen abends »aus Gesundheitsgründen« Gemüse dem Fleisch vor.
Jeden Monat gab die Schwiegertochter ihren Eltern zehn Yuan. Das junge Paar zahlte außerdem acht Yuan in einen Fabrikfonds für gegenseitige Hilfe. Dieser Fonds wurde für Arbeiter eingerichtet, die in eine Notsituation gerieten oder für den Kauf eines dringend benötigten Gegenstandes, etwa eines Fahrrades, Geld brauchten. Danach zahlten sie es sobald wie möglich zurück. »Wenn ich ein Fernsehgerät kaufen will, muß ich selbst dafür sparen«, erklärte der Sohn. Einmal im Jahr erhielten sie das Geld zurück, das sie in den Fonds eingezahlt hatten.
Sie brauchten sich über Arztkosten keine Gedanken zu machen, da sie als Fabrikarbeiter Anspruch auf freie medizinische Versorgung hatten. Die örtliche Gesundheitsstation nahm sich ihrer geringfügigen Beschwerden an, und das Bezirks- oder Kreiskrankenhaus behandelte die ernsten Probleme.
Von dem übrigen Geld, rund 80 Yuan, zahlte Frau Tschen 25 Yuan auf ein Familiensparkonto ein, von dem jeder bei Bedarf Geld abheben konnte. Zwei Jahre zuvor hatten ihr Sohn und seine Frau eine größere Summe abgehoben, um sich ein Radio zu kaufen. Dies hatte einen Familienstreit verursacht, den Frau Tschen unbedingt zur Sprache bringen wollte.
Sie richtete sich in ihrem Korbstuhl auf und begann mit der Miene einer scheltenden Lehrerin: »Meine Meinung entspricht nicht der des jungen Paares. Ich hatte ein Radio und sagte ihnen, daß sie es jederzeit benutzen könnten. Sie lehnten ab und kauften sich ihr eigenes für 135 Yuan.« Ihre Stimme wurde vor Aufregung schrill, und sie sprach schneller. »Zwei Monate später wurde der Preis herabgesetzt, und ein Radio derselben Qualität kostet nun 90 Yuan.«

Ich fragte mich, wie oft der Sohn diese Geschichte schon gehört hatte, aber er sagte nichts. Sein Lächeln verriet jedoch, daß er verlegen war.
»Letztes Jahr kauften wir eine Nähmaschine, und nun sparen wir für einen Fernsehapparat, der 300 Yuan kostet. Wir haben 400 Yuan auf dem Konto«, fuhr Frau Tschen fort. Ihrem zufriedenen Gesichtsausdruck und ihrem Tonfall war zu entnehmen, daß sie entscheiden würde, wann der Fernsehapparat gekauft werden sollte.
Wir hatten vorher eine Pekinger Familie besucht, die ungefähr die gleichen Grundkosten wie die Tschens zu tragen hatte, doch ihr gehörten vier Arbeiter an, und sie verdiente beträchtlich mehr Geld. Sie besaß schon einen Fernsehapparat, eine Nähmaschine und eine Kamera, sparte jetzt für zusätzliche Möbel und zweigte etwas Geld für die Eltern ab, die in einer ganz anderen Gegend lebten. Man mußte sich auf die lange und teure Reise vorbereiten, die bevorstand, wenn die Eltern starben.
Während Frau Tschen wieder Wasser in unsere Tassen goß, um frischen Tee zuzubereiten, erschien zum erstenmal ihr Mann. Herr Tschen war schmächtig und zurückhaltend; er trug eine blaue Schürze über einem braunen Strickpullover und war offenbar gerade aus der Küche gekommen. »Ich hatte noch nie Gelegenheit, ausländische Freunde zu treffen, und würde mich sehr freuen, wenn Sie mit uns essen könnten«, sagte er leise. Wir nahmen die Einladung sofort an, und er verschwand wieder.
Ich hatte Hackgeräusche gehört und Essen gerochen, seit wir die Wohnung der Tschens betreten hatten. Ich fragte, ob ich die Küche sehen könne. Sie lag am Ende des dunklen Flures und wurde von den beiden Familien Tschen und einer Nachbarfamilie im Parterre geteilt. Die Küche war mit drei Gasherden, die jeweils zwei Ringe hatten, einem Ausguß, einem Schrank und vielen Haushaltsgeräten ausgerüstet. Auf den anderen Etagen gab es die gleiche Gemeinschaftsvorrichtung für drei Familien, und jede Familie wußte, was die andere täglich aß.
Neben der Küche lag die gemeinsame Toilette. Wenn die älteren Tschens baden wollten, konnten sie ein öffentliches Badehaus in der Nähe aufsuchen. Die jüngeren Tschens konnten an ihrem Arbeitsplatz duschen.
Frau Tschen, die offensichtlich daran gewöhnt war, das Ge-

spräch an sich zu reißen, erzählte von ihrem Mann, als wir in den Wohnraum zurückkehrten. Er koche gern, obwohl auch sie manchmal die Mahlzeiten für die Familie zubereite; er gehe im Park spazieren, mache nach dem Mittagessen ein Schläfchen und gehe ins Kino. Außerdem verrichte er etwas Gartenarbeit auf der Parzelle, die zu dem Wohnhaus gehörte.
Als wir die Schönheit des Gartens lobten, sagte Frau Tschen: »Wir pflanzen im Garten Blumen statt Gemüse. Es müßte gedüngt werden, und das ist ungesund. Aber Gemüse ist ja billig.«
Während wir uns unterhielten, trat eine hübsche, gutgekleidete junge Frau ein. Es war die neunundzwanzigjährige Schwiegertochter; sie trug eine enggeschnittene blaue Hose und eine frisch gebügelte blaue Jacke. Unter der Jacke war der Kragen einer weißen Bluse über einen grauen Kaschmirpullover gefaltet. Sie trug wie ihr Mann schwarze Lederschuhe. Die älteren Chinesen bevorzugten Baumwollschuhe.
Die jüngere Frau Tschen war gerade aus der Fabrik zurückgekehrt. Sie entschuldigte sich für eine Minute und kam mit ihrer 18 Monate alten Tochter zurück. Das Baby war mit einem grüngelben Strickpullover und einer grünen Hose bekleidet, die seine Großmutter angefertigt hatte. Eine quietschende Kunststoffpuppe erregte sofort seine Aufmerksamkeit, so daß die Mutter sich in das Gespräch einschalten konnte.
Sie war sehr schüchtern. Auf meine Frage, ob sie noch mehr Kinder haben wolle, antwortete sie: »Darüber werde ich in drei oder vier Jahren nachdenken.« Dann fügte sie noch hinzu: »Mehr Kinder schaffen zu viele Probleme.«
Durch die Ankunft von Herrn Tschen, der dampfende Speisen brachte, verlagerte sich die Unterhaltung auf das Thema Essen. Das erste der acht Schweinefleisch-, Gemüse-, Fisch- und Eiergerichte stand auf dem Tisch, und nun galt es, zuzulangen. Das Essen war sehr schmackhaft, und jedesmal, wenn ich ein Gericht lobte, wurde ich mit einem weiteren gehäuften Löffel belohnt, so daß mein Teller nie leer war.
Während der Mahlzeit sahen wir Herrn Tschen nur selten. Kurz vor dem Ende kam er atemlos mit einem Teller voll Weißbrot herein. »Ich habe gehört, daß Ausländer es gern mögen, und deshalb habe ich es gerade gekauft«, sagte er. Ich hatte diese Art Brot nie in den Geschäften vor Ort gesehen und nahm an, daß jemand es aus unserem Hotel geholt hatte.

Nach dem Essen luden die jüngeren Tschens uns in ihre Wohnung ein. Die schmuckvoll geschnitzte Garnitur aus Doppelbett, Kleiderschrank, Kommode und Nachttisch hob sich stark von dem einfachen Mobiliar ihrer Eltern ab.
Eine Neonlampe hing an der Decke. Auf dem Nachttisch standen hauptsächlich technische Wörterbücher. Eine Gummigans hockte auf dem Kleiderschrank. Der Haupttisch war mit einem weißen Tuch gedeckt; darauf standen, in Glas eingefaßt, Fotos von der Frau und dem Kind. Das umstrittene Radio stand in einer gelben Kunststoffhülle auf einem Tisch.
Die typischen chinesischen Nippessachen, die ich oft in Pekinger Läden gesehen hatte, waren überall im Zimmer verstreut. Ich entdeckte Plastikblumen, einen rot-weißen Glaspinguin und eine Plastikkiefer mit Muscheln im Hintergrund. Das Prunkstück aber war ein kleiner, aus echten Federn hergestellter Kranich in einem Glaskästchen.
Die Wände waren mit einem Gedicht Maos, einem gestickten Bild Maos beim Pingpongspiel, dem Plakat eines jungen Bauernmädchens und Fotos der Nanking-Brücke und des Hangtschou-Sees geschmückt. Wir fragten, ob sie diese Orte besucht hätten, und die junge Frau Tschen antwortete ruhig, daß sie während der Kulturrevolution nach Sian, Peking, Sütschou, Hangtschou und Nanking gereist sei.
Die jüngeren Tschens leisteten zeitversetzt eine Achtstundenschicht in einer Fabrik ab, die medizinische Rohstoffe herstellte. Sie zählten uns die Vorzüge auf, die sie als Fabrikarbeiter hatten: einen Zuschlag für die öffentlichen Verkehrsmittel von drei Yuan pro Monat, den sie sparten, da sie die 25 Minuten zur Arbeit mit dem Rad führen; Arbeitskleidung, Gesichtsmasken; einen kostenlosen Haarschnitt pro Monat, kostenloses Duschen, Antibabypillen und andere Verhütungsmittel, freie medizinische Versorgung für sich selbst und eine fünfzigprozentige Ermäßigung für ihre Tochter; eine Kinderkrippe, die sie jedoch nicht benutzten, da ihre Großeltern sich um ihre Tochter kümmerten.
Sie hatten einen freien Tag in der Woche, den sie am liebsten mit ihrer Tochter verbrachten. Manchmal gingen sie in der Stadt spazieren, und gelegentlich kauften sie in den Warenhäusern von Shanghai ein, wo die Auswahl größer war als in Tschao Yang.
Zweimal im Monat besuchte die jüngere Frau Tschen ihre

Eltern, die mit dem Bus in zwanzig Minuten zu erreichen waren. Ihr Vater arbeitete als Kameramann, und ihre Mutter, die früher in einer Stickereiwerkstatt beschäftigt war, lebte schon im Ruhestand.
Wir hatten inzwischen den größten Teil des Tages bei den Tschens verbracht. Deshalb betrachteten wir es als Zeichen zum Aufbruch, als die ältere Frau Tschen hereinkam und sich erkundigte, ob das jüngere Paar all unsere Fragen beantwortet habe. Während wir Frau Tschen die Hand schüttelten und ihr für ihre Gastfreundschaft dankten, sagte sie: »Früher war ich dünn, jetzt bin ich dick. Ich habe keine Sorgen.«

Der Frauenbund als Vermittler

Die ältere Frau Tschen hatte erwähnt, daß sie Mitglied des Frauenbundes in Tschao Yang sei. Wir unterhielten uns mit der Direktorin, Frau Li, die ebenso wie Frau Tschen eine energische und offenherzige Person war. Sie erzählte uns stolz von den Erfolgen des Bundes bei der Familienplanung in Tschao Yang.
»Als Ergebnis unserer Bemühungen haben Frauen zwischen 25 und 35 Jahren durchschnittlich zwei Kinder, und Frauen zwischen 35 und 45 haben drei Kinder. Zu viele Kinder sind nicht gut für die Gesundheit«, sagte sie.
Aber nicht alle hörten auf die Ratschläge des Frauenbundes: »Einige Leute werden immer noch durch die Ideen von Konfuzius beeinflußt, der männliche Herrschaft und Überlegenheit predigte«, erklärte Frau Li. Sie berichtete uns von einer Frau mit zwei Töchtern, die kein weiteres Kind wollte, deren Mann und Schwiegermutter jedoch hartnäckig einen Jungen verlangten. »In der Vergangenheit wollten Frauen Söhne, die sich, wenn sie alt waren, um sie kümmerten«, sagte Frau Li. Der Bund schaltete sich in diesem Fall ein, sprach mit der Schwiegermutter, veranlaßte, daß man in der Fabrik mit dem Mann redete, und legte den Streit bei.
Frau Li ging nicht auf die übliche Form der Überredung ein, aber ich hatte in Peking gehört, daß Lehrerinnen, die ein Kind haben wollten, ihre Abteilungsleiter um Erlaubnis bitten mußten, die ihrerseits ihre Vorgesetzten konsultierten. Wenn das Gesuch bewilligt wurde, erhielt die Frau die Genehmigung,

im selben Jahr schwanger zu werden. Wer ohne Erlaubnis Kinder bekam, wurde kritisiert.
Der Frauenbund schlichtete auch Ehestreitigkeiten. Frau Li erzählte uns von einem Paar, das sich ein Jahr lang gezankt hatte, weil »der Mann die männliche Vorherrschaft propagierte«. Die Frau war die einzige Tochter und besuchte häufig ihre Eltern. Manchmal hatte sie keine Zeit, die Hausarbeit zu erledigen, und der Mann, der sich weigerte, im Haushalt Hand anzulegen, beschwerte sich: »Du kannst mir nicht die Hausarbeit überlassen.« Sie erwiderte: »Männer und Frauen sind gleichberechtigt.« Der Frauenbund kritisierte seine konfuzianisch geprägte Einstellung und löste damit das Problem. »Nun macht der Mann auch Hausarbeit«, erklärte Frau Li.
Wenn junge Leute vor dem von der Regierung empfohlenen Alter von 25 Jahren (für Frauen) und 27 Jahren (für Männer) heiraten wollten, wurde der Frauenbund ebenfalls eingeschaltet. Wenn die beiden sich weigerten nachzugeben, setzte sich der Frauenbund mit der Fabrik, der Schule und der Familie in Verbindung, und schließlich mußten sich die jungen Leute unterordnen.
Mich überraschte, daß alles von der Empfängnis bis zu Eheproblemen eine Gemeinschaftsangelegenheit war und niemand dagegen Einwände zu haben schien.

Erziehung und Ausbildung

Die Tschens hatten Glück, jemanden zu Hause zu haben, der sich um ihre Tochter kümmerte, bis sie das Schulalter erreichte. Andere Familien mußten ihre Babys in eine Kinderkrippe geben, bis sie 18 Monate alt waren, dann für die nächsten zwei Jahre in eine Kindertagesstätte und schließlich in den Kindergarten. Dann waren sie sechseinhalb Jahre alt. Es muß vielen Eltern schwergefallen sein, ihre Kinder so früh abzugeben.
Ich war kaum in China, da fiel mir schon auf, daß Kinder unter sechs die Lieblinge der chinesischen Gesellschaft sind. Das zeigte sich als erstes an ihrer maßgeschneiderten Kleidung, die teurer war als jene ihrer Eltern. Als zweites fiel mir auf, daß Kinder selten weinten. Ich brauchte lange, um die Ursache herauszufinden: Sie wurden nie allein gelassen. Die Großmutter beschäftigt sich ständig mit dem Kind. Sie redet dauernd mit

ihm, unabhängig von seinem Alter oder seiner Fähigkeit, zu sprechen oder zu verstehen. In der Familie steht das Kind im Mittelpunkt und kann tun, was es will.

Schläge waren nicht üblich. Einmal sah ich in einem Kaufhaus, wie eine Mutter ihr kleines Kind schlug. Eine andere Kundin mischte sich sofort ein, besänftigte das Kind und machte der Mutter Vorwürfe. Erziehung, nicht Züchtigung, nach diesem Motto werden in China die Kinder behandelt.

Nachdem ich beobachtet hatte, wie sehr die Kinder verwöhnt wurden, überraschte mich ihr Gehorsam in dem Kindergarten, den wir in Tschao Yang besuchten. Sie saßen aufrecht und paßten auf, statt zu zappeln, zu schwatzen oder gar zu weinen, wie ich es bei Kindern dieses Alters erwartet hatte.

Das Bild vorn an der Klassenwand zeigte, wie die Gewinner eines Tauziehens den Verlierern wieder auf die Beine halfen. Die Lehrerin fragte die Schüler, ob sie wüßten, was das Bild darstelle, und erklärte: »Wichtig ist, daß man sich gegenseitig hilft und einander liebt.« Dann wiederholten alle mehrmals diesen Satz.

In einem anderen Klassenzimmer rannten kleine Kinder, die auffallende blau-weiße Matrosenhemden, Mäntel mit aufgenähten Stickfiguren und Kordhosen trugen, auf uns zu und riefen: »Willkommen, Tante, willkommen, Onkel« – ein typischer Gruß für ausländische Gäste. Dann nahmen sie uns an der Hand und führten uns durch den Raum. Es gab viele Kunststoff- und Holzspielsachen, die einem Modellkindergarten zur Ehre gereicht hätten. Die Sicherheit und das Selbstbewußtsein der Kinder überraschten mich, zumal ich die Kinder in Peking oft erschreckt hatte mit meinem ungewohnten Äußeren.

Im dritten Klassenzimmer sangen und tanzten die Kinder, bekleidet mit tibetischen und mongolischen Kostümen. Ihr Auftritt war großartig, doch ihre roboterhaften programmierten Bewegungen störten mich. Ich vermißte das spontane, ja etwas alberne Verhalten, das mir für Kinder unter sechs Jahren typischer erscheint.

Später, als ich einen chinesischen Freund fragte, weshalb die Kinder so ernst wirkten, antwortete er: »Schon im frühesten Alter wird den Kindern beigebracht, daß sie verantwortungsbewußte Mitglieder der Gesellschaft sein müssen. Arbeiter, Bauern und Soldaten sind ihre Helden, und es ist kein Platz für einen Unterricht ohne politischen Hintergrund.«

In einem Klassenzimmer standen vier Kinder an einem Tisch mit einer Schüssel darauf und wuschen Handtücher. »Sie lernen körperliche Arbeit kennen«, erläuterte die Lehrerin.
In jeder Klasse, die wir in China besuchten, war die Lektion die gleiche. Wenn die Schüler die Mittelschule mit siebzehn oder achtzehn Jahren verließen, waren sie bereit, für einen unbestimmten Zeitraum in einer Fabrik oder auf dem Lande zu arbeiten. Schüler suchten sich ihre Arbeit nicht selbst aus, sondern die Regierung wies sie ihnen zu. Wenn ich Kinder von sechs bis sechzehn fragte, was sie nach Schulabschluß tun wollten, erhielt ich immer die gleiche Antwort: »Ich will dorthin gehen, wohin die Regierung mich schickt, und die Arbeit leisten, die die Regierung mir zuteilt.«
In Peking fiel es mir sehr schwer, eine chinesische Bekannte davon zu überzeugen, daß ich mich nach dem College um eine Stelle beworben hatte und angenommen worden war. »Wenn deine Regierung dir keine Arbeit zugewiesen hat, dann hat dein Vater wahrscheinlich dafür gesorgt, daß du einen guten Posten bekamst«, sagte sie. Sie bezog sich dabei auf die Methode, die öfters in China angewandt, über die aber nie geredet wurde.

Die hochgeschätzten Mitglieder der Gesellschaft

Erst als Ruheständler konnte man sich in Tschao Yang eine Arbeit aussuchen. Dann gab es viele Posten für Menschen wie die Tschens. Die Gemeinschaft verließ sich darauf, daß im Ruhestand lebende Arbeiter zahllose Aufgaben übernahmen.
Als wir das Kinderzentrum besuchten, stand auf der Tafel am Eingangstor: »Unser Willkommensgruß gilt Herrn Wang, dem alten Arbeiter im Ruhestand.« Das Zentrum stand Grund- und Mittelschülern nach dem Unterricht offen und wurde von Menschen im Ruhestand betrieben. Die Kinder konnten Pingpong spielen, Bücher lesen und alten Leuten wie Herrn Wang zuhören, die Geschichten aus der Vergangenheit erzählten.
Bei unserem Besuch saß er vor einem vollen Klassenzimmer, in dem die Kinder sich anstrengen mußten, um seine leise Stimme zu verstehen. »Ihr Schüler habt Glück. Mit siebzehn und achtzehn Jahren seid ihr in der Mittelschule. Ich war mit neunzehn Jahren ein Bettler. Die Mitglieder meiner Familie

waren seit drei Generationen Bettler gewesen. Sechs von acht meiner Familienangehörigen starben vor der Befreiung.«
Während Herr Wang sprach, wurde seine Stimme kräftiger und aufgeregter. »Wir hatten kein Haus, in dem wir leben konnten. Unser ›Heim‹ war ein Erdloch. Wenn es kalt war, deckte ich mich mit Stroh zu.«
Plötzlich unterbrach ihn eine Schülerin und rief: »Wir werden die Klassenunterschiede nie vergessen und uns immer an unsere Leiden erinnern.« Dann wiederholten all ihre Klassenkameraden denselben Satz. Das war die Lektion des Tages.
Ein kurz vorher in den Ruhestand getretener Mann beschrieb eine andere Rolle, die die alten Leute in Tschao Yang spielen. »Wir erziehen die Kinder von Anfang an dazu, daß es ehrenvoll ist, gefundene Dinge zurückzugeben. Es ist sündhaft, sie für sich zu behalten.«
Er erzählte uns von einer Schülerin der vierten Klasse, die eine Uhr im Theater gefunden und sie bei der Verwaltung abgegeben hatte. Später berichteten die alten Leute der Lehrerin von der Tat des Kindes und brachten Plakate in den Klassenzimmern und in der Umgebung an, auf denen das Mädchen für sein Verhalten gelobt wurde.
Nachdem wir soviel über die gute Tat des Mädchens gehört hatten, erkundigten wir uns nach begangenen Verbrechen in Tschao Yang. Sieben Menschen hatten sich leichterer Vergehen – damit waren Diebstahl oder Schlägereien gemeint – schuldig gemacht. Drei von ihnen hätten sich gebessert und seien schon wieder aktive Mitglieder der Gesellschaft von Tschao Yang.
Ein Bagatelldiebstahl – wenn es der erste ist – wird unter Nachbarn beigelegt und nicht an das Öffentliche Sicherheitsbüro weitergegeben, das sich um ernste Fälle kümmert. »Es ist die Aufgabe von Eltern, Gemeinschaftsfunktionären und Menschen im Ruhestand, zusammenzuarbeiten und den Übeltäter zu erziehen«, erklärte ein führender Offizieller in Tschao Yang.
Die alten Leute machen dem Missetäter klar, daß er in eine neue Gesellschaft hineingeboren wurde, die er nicht zu schätzen weiß. Dann fordern sie ihn vielleicht auf, ein schriftliches Gelöbnis abzulegen, daß er nicht wieder stehlen wird. Ein alter Mann meinte: »Es ist nicht gut, den Übeltäter zu diskriminieren, wenn er versucht, sich zu bessern. Manchmal ist es nötig,

auf seine Fehler hinzuweisen, aber er sollte für seine guten Taten gelobt werden und Arbeit erhalten.«
Am Donnerstag wurden die alten Leute wieder dazu aufgerufen, zusammen mit den Kindern zu arbeiten. Es war Putztag in Tschao Yang, und von 6 Uhr morgens bis zum Arbeitsbeginn säuberte man die Wohnungsfenster, fegte die Straßen und Bürgersteige und räumte überall auf.
Vor dem Kaufhaus wischten Angestellte, die Arbeitskleidung trugen, Böden und Fenster sauber, pflegten die Grünanlagen und harkten. In der Nähe stand eine Kindergartenklasse, deren Kinder hellrote Fahnen mit daraufgeschriebenen Parolen in der Hand hielten: »Achtet auf hygienische Arbeit«, »Spuckt nicht auf die Straßen«, »Haltet die Umgebung sauber«, »Achtet auf das Trinkwasser«, »Werft Unrat in Abfallkörbe«, »Jeder muß mithelfen, Schädlinge zu vernichten.«
Die Säuberungsaktion am Donnerstag umfaßte die ganze Gemeinschaft und hatte zur Folge, daß gelegentlich Wohnungen inspiziert wurden. Wenn eine Wohnung nicht den hygienischen Normen entsprach, kamen die Nachbarn und »erzogen« die Familie. Wenn alte oder kranke Leute allein waren, halfen ihnen Kinder bei der Hausarbeit.
Wir sahen Frau Tschen während ihrer Freizeit im Kulturzentrum von Tschao Yang in einem Chor singen. Ältere Leute spielten dort Schach, und junge Arbeiter und Studenten kamen ins Zentrum um Sport und Musik zu treiben.
Ein alter Arbeiter erzählte uns mit Tränen in den Augen: »Vor der Befreiung wurden wir wie Dreck behandelt. Seit der Befreiung werden wir hochgeschätzt.«

7. Kapitel

Das Leben in einer Kommune

Eine Einladung in die Hua-Hsi-Produktionsbrigade

Wir hatten während unseres Aufenthaltes in China viele Kommunen besucht, und es tat mir immer leid, wenn unsere zwei- oder dreistündigen Besichtigungen zu Ende waren. Mir gefielen die Landschaft, der Frieden, das einfache Leben, die Offenheit und die Herzlichkeit der Bauern. Gewöhnlich empfingen sie uns in ihren einstöckigen Häusern, die aus Stein und Ton waren und zwei oder drei karg möblierte Zimmer hatten. Hühner liefen frei auf den Höfen umher, und man hatte Ställe für Schweine gebaut, die Privatbesitz waren. Oft besaß die Familie nicht weit vom Haus entfernt ein kleines Stück Land. Dort baute sie Gemüse für ihren eigenen Verbrauch an. Ich sehnte mich danach, in dieser Umgebung längere Zeit zu verbringen und der Enge des Stadtlebens zu entfliehen.

Nach unserer Reise nach Tschao Yang erneuerte Gerd den schon vor langer Zeit gestellten Antrag, in einer Kommune zu wohnen. Er war daran interessiert, das Stadt- mit dem Landleben zu vergleichen. Erst in unserem letzten Pekinger Jahr erhielten wir vom Informationsministerium die Erlaubnis, bei der Hua-Hsi-Produktionsbrigade (zwischen Nanking und Shanghai) zu wohnen und mit ihr zu leben.

Die Überraschung von Hua Hsi

Sobald die Informationsabteilung unsere Reisepläne genehmigt hatte, lief alles wie am Schnürchen. Wir nahmen einen Nachtzug nach Wushi, einer schönen Stadt am Taihu-See. Dort holte uns am Bahnhof ein Mann vom China-Reisedienst ab, der uns empfahl, zur »Erholung« vor unserem Leben in der Kommune ein paar Tage lang die Sehenswürdigkeiten zu besichtigen. Ich brannte darauf, direkt zu der Brigade weiterzufahren, doch ich wußte, daß man in China einer Empfehlung zu folgen hat. Zwei Tage später traten wir endlich die eineinhalbstündige Autoreise nach Hua Hsi an. Wir fuhren durch eine hügelige grüne Landschaft mit einfachen Häusern, wie ich sie aus anderen Kommunen kannte.

Dann bogen wir von der Straße ab und hielten vor einer Gruppe von fünf weißgetünchten Reihenhäusern an, die wie neugebaut aussahen. Ich traute meinen Augen nicht: Noch nie hatte ich solche Häuser in China gesehen, ich hatte nicht damit gerechnet, daß es zweistöckige Gebäude mit Balkons auf dem Lande gab.

»Hier wohnen Sie«, sagte unser Reiseführer, während ein lächelndes Begrüßungskomitee händeklatschend aus dem Haus kam. Dies war die herkömmliche Art, mit der Chinesen ausländische Gäste willkommen heißen, und wir reagierten, wie es sich gehört, indem wir auch klatschten. Unser Dolmetscher, Herr Gu, der uns begleitet hatte, stellte uns vor.

Ich war so aufgeregt, daß ich nicht auf die Namen und Titel hörte und nicht einmal den unserer Gastgeberin mitbekam. Sie hatte schwarze funkelnde Augen, eine kurze jungenhafte Frisur, die ihr sehr gut stand, und ihr offenes herzliches Lächeln ließ vollkommene, weiße Zähne sehen.

Sie nahm meine Hand und begann, mir das neugebaute Haus zu zeigen, in das sie, ihr Mann und ihre Schwiegereltern einen Monat zuvor eingezogen waren. Es hatte sechs Zimmer und eine winzige Küche, die in einem Alkoven neben dem Wohnzimmer lag. In der Küche stand ein Steinherd mit drei Platten, der mit Holz und Stroh, die in einer Ecke aufgestapelt waren, geheizt wurde. Daneben lag eine enge Anrichte, in der zwei Männer Zutaten kleinschnitten.

Ich hielt sie für Brigademitglieder, erfuhr aber später, daß man aus dem Bezirksgästehaus drei Angestellte – einen Koch, seinen Lehrling und eine Haushälterin – abgerufen hatte, die für uns sorgen sollten. Wir brauchten die vielen Liebenswürdigkeiten, die man uns erwies, nicht zu bezahlen, abgesehen von dem Essen, das unserer Rechnung zufolge zwei Yuan pro Tag für uns, aber nur einen Yuan für Herrn Gu kostete.

Während unseres Besuches zogen die Schwiegereltern zu anderen Kindern in der Brigade, um für unsere Gruppe Platz zu schaffen. Herr Gu, der Führer vom China-Reisedienst und

unser Fahrer belegten ein Dreibettzimmer im Erdgeschoß. Wir wohnten oben in einem Raum, der unserer sechsundzwanzigjährigen Gastgeberin und ihrem Mann gehörte; die beiden waren in das Schlafzimmer der Schwiegereltern gezogen.
Auf unserer Etage gab es noch ein Eßzimmer und ein Bad, das kein fließendes Wasser hatte und anders war als alle Badezimmer, die ich je gesehen hatte. Da stand etwa ein Dutzend rote lackierte Eimer, die vielfältige Zwecke erfüllten. Wir konnten uns in einem die Füße waschen, in einem anderen die Hände und in einem dritten unsere Kleidung. Zwei runde Eimer mit Deckeln sollten uns als Toilette dienen, und in zwei tiefen, ovalen Holzwannen konnten wir baden. Eine Reihe von Thermosflaschen nahm eine ganze Wand ein, und unsere Haushälterin erklärte: »Das ist Ihr Badewasser.« Außerdem gab es zwei weiße Emailleschüsseln, neben denen Seife und Handtücher lagen.
In unserem Schlafzimmer überwältigte mich die Menge massiger Möbelstücke, die auf so engem Raum untergebracht waren. Alle Möbel hatten wie die Tür eine rote Lackpolitur und waren hübsch geschnitzt. In das Holzgestell des Doppelbettes waren Steinblumen und -vögel eingelassen. Zuerst konnte ich den oberen Teil des Bettes nicht sehen, weil er hinter roten bestickten Seidenvorhängen verborgen war. Unsere Gastgeberin zog die Vorhänge zur Seite und forderte mich auf, auf dem Bett Platz zu nehmen. Mir gefiel seine Festigkeit, und mit den zugezogenen Vorhängen und dem Baldachin über mir fühlte ich mich wie in einem gemütlichen kleinen Haus.
Ansonsten gab es noch Bambusstühle, Schränke, aufeinandergestapelte Truhen und einen Schreibtisch vor dem Fenster, das auf einen Balkon hinausging. Die Bücher, die sorgfältig auf dem Schreibtisch angeordnet waren, schienen speziell für unseren Besuch ausgewählt worden zu sein: *Die Gedanken Maos,* Werke Lenins, ein Soziologiebuch und ein Band Kurzgeschichten über chinesische Helden.
Am besten gefiel mir der Balkon. An den folgenden Tagen stand ich hier früh am Morgen und sah den Bauern zu, die auf dem Weg zu den Feldern vorbeikamen. Und oft wünschte ich mir, mit ihnen zu gehen.
Bilder von Mao schmückten die Wände, und die vertraute Sammlung von Kunststoffblumen, eine hölzerne Uhr sowie andere Nippessachen fehlten nicht.

Nach der Besichtigung des Hauses verschwand unsere Gastgeberin, und die Haushälterin forderte uns auf, zu einem Mittagessen, das aus Fisch und örtlichen Spezialitäten bestand, Platz zu nehmen. Ich war enttäuscht darüber, daß wir unsere erste Mahlzeit allein zu uns nehmen sollten, aber später aßen wir mit anderen Familien. Nach dem Mittagessen folgte die übliche Ruhezeit, und dann begann unser intensives Programm.
Unser Vierzehnstundentag war voll von Diskussionen, Besuchen und abendlicher Unterhaltung. In der Zwischenzeit arbeiteten unsere Gastgeberin und ihr Mann auf den Feldern. Sie verließen das Haus im Morgengrauen (gegen 5.30 Uhr) und kehrten nicht vor 18.30 Uhr zurück. In dieser Zeit waren eine einstündige Frühstücks- und eine zweistündige Mittagspause enthalten. Nach der abendlichen Beschäftigung kamen wir alle erschöpft nach Hause. Wir hatten nur Zeit, ein paar Worte zu wechseln, bevor unsere Haushälterin die dreizehn Thermosflaschen in unsere Wannen entleerte und ich mir den Luxus eines Bades leistete.

Besichtigung der Brigade

Der Stellvertretende Vorsitzende des Revolutionskomitees, Herr Wu, war während des Besuches meist unser Führer. Er war überraschend jung, nämlich erst 29 Jahre alt. Es schien nichts zu geben, was er nicht wußte oder nicht beantworten konnte. Wenn er sprach, hatte er gewöhnlich eine brennende Zigarette zwischen den von Nikotin befleckten Fingern.
Herr Wu erzählte uns, daß die Hua-Hsi-Produktionsbrigade eine von 26 Brigaden war, die zur Hua-Hsi-Kommune gehörten. Sie bestand aus 258 Familien. Das waren insgesamt tausend Menschen, von denen aber nur 450 als Arbeitskräfte galten. Hauptaufgabe der Brigade war es, Weizen und Reis anzubauen. Sie züchtete aber auch Schweine, Gänse, Enten, Fische, Hühner und Kaninchen; daneben pflanzte sie Gemüse und Obst an und unterhielt Werkstätten, die einfache Ackerbaugeräte und Maschinenteile für staatliche Fabriken produzierten.
Die einführende Rede von Herrn Wu klang wie viele, die wir in anderen Kommunen gehört hatten. »Vor der Befreiung lebten arme Bauern auf diesem Land, die von Grundbesitzern ausge-

beutet wurden. Für einen Teil des Jahres mußten sie Schweine- und Hundefutter essen und sich von wilden Pflanzen ernähren, um zu überleben.
In den letzten elf Jahren haben Bauern diesen kargen Boden in ein reiches, fruchtbares Land verwandelt. Diese Brigade hat mehr als 30 000 Kubikmeter Erde bewegt, 57 Hügel eingeebnet, 48 alte Bäche zugeschüttet, 104 Fußwege beseitigt und unterirdische Kanäle mit einem Volumen von 85 Kubikmetern gegraben.
Die Jahre 1964 bis 1970 waren für die Brigade die schwersten; damals hatten die Mitglieder nur sieben freie Tage im Jahr.«
Zu jener Zeit sei eine Geschichte über eine Mutter aus einer anderen Brigade erzählt worden, die nicht wollte, daß ihre Tochter einen Mann der Hua-Hsi-Brigade heiratete. »Das sind nur vertrocknete alte Frösche«, habe die Mutter gesagt.
Schließlich bot Herr Wu uns an, uns durch die Brigade zu führen. Als wir an unserer Siedlung vorbeikamen, erklärte er, daß sie das einzige Projekt dieser Art sei, bis 1985 aber alle Brigadegebäude so aussehen würden. Zur Zeit wohnten die meisten Familien in einfachen Bauernhäusern ohne Obergeschoß, die zwischen 1965 und 1972 gebaut worden waren.
Im Gegensatz zu den Stadtfamilien, die in kleinen Mietwohnungen lebten, gehörten den Landfamilien diese Häuser, die oft viermal so groß wie eine durchschnittliche Stadtwohnung waren.
Da Erntezeit war, gab es auf den Feldern viel zu tun. Der Weizen war reif, und die Bauern schnitten die Halme mit Sicheln und schnürten sie zu Bündeln zusammen. Andere warteten mit Schulterstäben aus Bambus, um die schwere Last zu einem Speicher zu tragen.
Auf den Feldern pflanzten Jugendliche von der Mittelschule der Brigade zusammen mit Bauern Reisschößlinge ein. Ihre Hosen waren bis zu den Knien aufgerollt, und trockener Schlamm verkrustete ihre Beine. Alle nahmen eine gebeugte Haltung ein, deren bloßer Anblick mir schon Schmerzen verursachte. Die Arbeit mußte äußerst zermürbend sein, aber sie schienen daran gewöhnt.
Ich fragte mich häufig, ob die Stadtbewohner zu würdigen wußten, wie schwer die Bauern auf den Feldern arbeiteten, um sie mit Nahrungsmitteln zu versorgen. Während die Städter an sechs Tagen der Woche acht Stunden arbeiteten, standen die

Bauern mit dem ersten Tageslicht auf und legten sich schlafen, wenn es dunkel wurde. Die Jahreszeiten und das Wetter, nicht die Uhr und die freien Tage bestimmten ihr Leben.
Während wir durch die Felder gingen und Häuserreihen passierten, war das Plärren des Lautsprechers allgegenwärtig. Er weckte uns morgens mit den Nachrichten und Musik und leistete den Bauern den ganzen Tag über auf den Feldern Gesellschaft. In der Stadt besaßen die Menschen ihre eigenen Radios und konnten sich verschiedene Sender anhören, aber hier war ein Privatradio immer noch ein zu großer Luxus.
Bei der Rückkehr von den Feldern und auf dem Weg zum Einkaufszentrum sahen wir mehrere Schweine, die mit gefesselten Beinen auf dem Boden lagen. Drei Männer wuchteten sie auf einen Lastwagen; er würde die Schweine später in die Stadt transportieren, wo man sie an den Staat verkaufte.
Bevor das Einkaufszentrum der Brigade gebaut wurde, mußten die Bauern mindestens eine Meile zu Fuß gehen, bevor sie den nächstgelegenen Laden in der Kreisstadt erreichten. Nun konnten sie hier fast alles zu erheblich niedrigeren Preisen als in der Stadt kaufen. Das Lebensmittelgeschäft diente gleichzeitig als Postamt. Darin befand sich ein Telefon für die Brigademitglieder; Privattelefone gab es nicht. (Auch in der Stadt mußten die Menschen zum Telefonieren ein Geschäft aufsuchen, weil private Apparate selten waren.) Davor stand ein Briefkasten.
Nebenan war der Friseurladen der Brigade mit drei Stühlen. Wie in den meisten städtischen Fabriken kostete ein Haarschnitt die Brigademitglieder nichts, Besucher aber mußten bezahlen. »Haarschnitte brauchen nicht rationiert zu werden«, sagte der Friseur, »weil jeder weiß, wann sein Haar zu lang ist.« Ich lachte in mich hinein, da ich noch nie einen Chinesen gesehen hatte, der einen Haarschnitt gebraucht hätte. Im Gegenteil, ich ermunterte unser Personal, sich das Haar länger wachsen zu lassen, aber niemand wollte sich von den anderen unterscheiden.
Die Verwaltungszentrale, in der wir unsere Diskussionen führten, lag über dem Friseurladen und dem Lebensmittelgeschäft. Sie hatte auch ein Lesezimmer mit Zeitungen, Büchern von Marx, Lenin und Mao und ein gemütliches Fernsehzimmer, das abends für Brigadeangehörige geöffnet war.
Andere Geschäfte verkauften Stoff, Konfektionskleidung,

Schuhe und sogar Uhren, die bis zu 247 Yuan kosten konnten. Die Auswahl war geringer als in der Stadt, aber kein wichtiger Artikel fehlte.

Im Unterschied zur weiblichen Stadtbevölkerung verließen sich die Frauen der Hua-Hsi-Brigade viel mehr auf ihre eigenen Fertigkeiten. Sie stellten Hanfsohlen für ihre Schuhe her, die unser Dolmetscher, Herr Gu, sorgfältig in der Schuhmacherei untersuchte. »Das sind sehr gute Sohlen. So etwas würde man in Peking nicht finden«, sagte er. Frauen brachten auch den schwarzen Stoff für das Oberteil mit, so daß der Schuhmacher die Schuhe nur noch zusammennähte. Dafür verlangte er zwanzig Fen. Die gleichen Konfektionsschuhe kosteten in einem Stadtgeschäft mindestens zwei Yuan.

Eine Schneiderei fertigte Kleidung für die Hälfte des in den Staatsgeschäften geforderten Preises an. Und es gab sogar ein Altwarengeschäft – ähnlich dem in Tschao Yang, das unter anderem Menschenhaar für 22 Yuan und Gänsefedern für 21,50 Yuan pro Pfund kaufte.

Wir wußten, daß Geflügel nicht privat gezüchtet wurde, und erkundigten uns, wieso Gänsefedern auf der Liste stünden. Die Verkäuferin erklärte, daß die Federn von Vögeln stammten, die man gegessen hatte.

Herr Wu packte überraschend die Hand der Verkäuferin, um uns zu zeigen, daß sie verkrüppelt war. Ich zuckte bei dieser Rücksichtslosigkeit zusammen, doch die Verkäuferin zeigte keine Verlegenheit, ebensowenig wie die behinderten Verkäuferinnen in der Schuhmacherei, wo Herr Wu das gleiche tat. »Sie sind besonders ausgebildet worden, damit sie eine Arbeit haben«, erklärte er.

Bei unserer Besichtigung der Brigade waren wir nicht allein. Hunderte von chinesischen Touristen aus Schulen, Fabriken und anderen Kommunen besuchten die Brigade ebenfalls. Ich fragte Herrn Wu, was sie hier wollten. »Sie sind hierhergekommen, um aus unserer Erfahrung zu lernen«, erwiderte er. »Im letzten Jahr hatten wir zwischen 10 000 bis 12 000 Besucher, aber Sie sind die ersten Ausländer, die man eingeladen hat, bei uns zu wohnen.« Nach allem, was wir gehört und schon gesehen hatten, war offensichtlich, daß das Informationsministerium die Hua-Hsi-Produktionsbrigade ausgewählt hatte, weil sie als Modell für die Brigaden der Zukunft diente.

Am zweiten Tag brauchten wir unsere Mahlzeit nicht allein zu uns zu nehmen. Herr Wu arrangierte für uns ein Mittagessen bei einer Familie, die seit Generationen in dieser Gegend lebte und uns über Vergangenheit und Gegenwart berichten konnte.

Die Tschaos bewohnten ein älteres Haus in einer Reihe einstöckiger Gebäude, die wie weißgetünchte Scheunen aussahen. Sie hatten einen Vorgarten, in dem Kräuter und Walnußbäume wuchsen. Neben dem Garten waren Baumbusstangen wie Dreifüße aufgestellt. Die Stützen waren mit Steinen beschwert, so daß der Wind die Stäbe nicht umwerfen konnte. An diesem Gestell hingen Kleidungsstücke und getrocknete Fische.

Die sieben Angehörigen der Familie Tschao begrüßten uns an der Tür und führten uns zu einem großen Holztisch in einem langen, schmalen Raum, der kein anderes Mobiliar aufwies. Dies war offenbar das Speisezimmer. In der Stadt, deren Wohnungen ich kannte, hätte man in diesem Raum mindestens sechs Menschen untergebracht.

In diesem Haus wohnten die älteren Tschaos und ihre fünfundzwanzigjährige unverheiratete Tochter sowie die jüngeren Tschaos und ihre beiden Kinder, dazu zwei Kinder eines anderen Sohnes. Während wir plauderten, schenkte die ältere Frau Tschao, die schüchtern und nervös wirkte, Tee ein. Dann häufte sie geröstete Erdnüsse und getrocknete Kürbiskerne vor uns auf. Da Erdnüsse in der Stadt rationiert waren, fragte ich sie, wo sie sie gekauft habe. »Sie werden hier angebaut«, sagte sie stolz.

Die Tschaos wollten uns unbedingt ihr ganzes Haus zeigen. Zwei lange, schmale Zimmer waren abgetrennt, so daß sie zwei Küchen und zwei Schlafzimmer bildeten. Der Großvater und sein Enkel schliefen zusammen in einem Bett, und daneben stand ein leeres Bett für einen Gast. Die Großmutter, die Enkelin und die unverheiratete Tochter schliefen in dem anderen Raum.

In einem dritten Zimmer waren zwei Angorakaninchen, zwei Ziegen und Lebensmittelvorräte untergebracht. In der neuen Siedlung, in der wir wohnten, waren Tiere verboten.

Das nächste Zimmer gehörte dem abwesenden Sohn, der seine

beiden Kinder bei seinen Eltern zurückgelassen hatte. Er arbeitete in einer anderen Kommunefabrik und benutzte diesen Raum nur, wenn er an Wochenenden zu Besuch kam.
Die Hälfte seines Zimmers wirkte wie ein Möbellager. Eine Kommode, ein kleiner Kleiderschrank, vier Holzhocker und vier Holztische, eine Holzbadewanne und ein Eimer waren zusammengerückt. Wir erkundigten uns, wem die Sachen gehörten, und die Mutter erklärte, daß ihre unverheiratete Tochter sie mit Unterstützung der Eltern gekauft habe. »Es war ein alter Brauch, daß Mädchen vor der Heirat Möbel kauften.« Die Bemerkung der Mutter machte die Tochter so verlegen, daß sie Gerd hastig eine Zigarette anbot, obwohl er schon eine rauchte.
Als wir fragten, ob sie bald heiraten wolle, wurde sie scharlachrot, atmete tief durch und erwiderte knapp: »Ich habe einen Freund, aber wir haben noch nicht über eine Ehe gesprochen. Ich muß vor der Heirat noch mehr lernen und studieren. Wenn ich 27 Jahre alt bin, heirate ich vielleicht.«
Herr Wu hatte uns erzählt, daß man durchschnittlich mit 25 Jahren heiratete, also früher als in der Stadt, wo der Mangel an Wohnraum, wie ich gehört hatte, junge Leute oft zwang, länger zu warten, bis ihre Arbeitsorganisation ihnen eine Wohnung zuwies. Aber in Familien, in denen ältere Leute Unterstützung benötigten, weil sie nicht genug arbeitende Angehörige hatten, durften die Kinder, wie Herr Wu berichtete, früher heiraten.
Der verheiratete Sohn der Tschaos wohnte mit seiner Familie in einem großen Zimmer, das wie unseres eingerichtet war, aber er besaß wertvollere Nippessachen. Neben einem Plakat Maos lagen eine Karte von China und Zeitungsausschnitte. Zwei Porzellanteekannen in Katzenform, deren Pfoten die Tülle bildeten, standen im Schrank.
Zwei Weinflaschen erregten unsere Aufmerksamkeit, die unter all dem Kitsch fehl am Platze schienen. Herr Tschao erklärte, daß dies »Gesundheitswein« sei, den die Brigademitglieder bei besonderer Beanspruchung erhielten.
Die Aufschrift auf der Weinflasche war so lang, daß wir Herrn Gu baten, sie zu übersetzen. Bald hatte ich das Gefühl, daß er die Anweisungen auf einem Medizinfläschchen vorlas. »Gesundheitswein ist gut für Blut, Magen, Potenz und Nerven. Wenn die Augen verschwimmen, wenn die Ohren sausen, wenn man

keinen Appetit hat, an Vergeßlichkeit leidet oder leicht erschrickt, nehme man täglich am Morgen oder vor dem Schlafengehen zwei oder drei Löffel voll zu sich.« Herr Tschao fügte hinzu: »Der Wein erhöht die Arbeitskraft.«
Vielleicht nahm Herr Tschao selbst gern einen Schluck. Er war ein energischer, gesprächiger Mann, der in der Brigade erhebliche Verantwortung trug. Ihm unterstand nicht nur die Pumpstation, sondern er reparierte auch Radios, Uhren und Geräte für die Brigademitglieder.
Beim Mittagessen hatte ich Gelegenheit, den Gesundheitswein zu probieren, aber er war zu süß für meinen Geschmack. Der erste Gang bestand aus einer süßen Suppe mit klebrigen Reisbällchen. Gerd schluckte sie hinunter und erhielt sofort eine zweite Portion. Ich war davon weniger angetan und aß langsam, damit der Teller nicht wieder gefüllt wurde. Da ich merkte, daß sich alle Augen auf meine zaghaften Bemühungen richteten, fragte ich, wie die Reisbällchen zubereitet würden. »Ich habe sie gestern aus Reis und Hefe gemacht und sie dann für 24 Stunden gären lassen«, sagte die jüngere Frau Tschao. »Dies ist eine beliebte Speise, die wir Freunden und Verwandten vorsetzen, wenn sie uns besuchen.«
Während ich mich anstrengte, meinen Teller zu leeren, kamen die anderen Gänge: kleingehacktes grünes Gemüse, das an Spinat erinnerte, ein kalter Salat aus Bambus und Gemüse, Fisch in einer scharfen Sauce, ganze, in einer Sauce gebratene Eier, gekochte Erdnüsse, Wassernüsse, Sojabohnenpaste und *Jao-tze* (Mehlklöße), gefüllt mit Gemüse. Mir schien, daß dies kein alltägliches Menü war.
Ich mag Gemüse sehr gern und vermißte das Fleisch nicht, aber Gerd, der ein großer Fleischesser ist, runzelte die Stirn. Wir hatten von einer Fleischknappheit in China gehört und wußten, daß die Monatsration einer Familie in den meisten Städten ungefähr ein Kilo oder weniger betrug. Aber ich war überrascht, daß die Knappheit auf dem Lande, wo Schweine gezüchtet wurden, noch größer zu sein schien als in der Stadt.
Während der Mahlzeit wies der ältere Herr Tschao darauf hin, daß alles, was wir aßen, in der Brigade produziert wurde. Die Menschen in der Stadt hatten vielleicht mehr Fleisch, aber dafür kein frisches Gemüse, keinen frischen Fisch und keine frischen Eier.

In Hua Hsi erhielten alle Brigademitglieder täglich kostenlos ein Pfund Gemüse und Sojaprodukte. Außerdem wurden zur Erntezeit gratis Melonen, Erdnüsse, Kürbis- und Sonnenblumenkerne, Wassernüsse und rote Bohnen verteilt. Die Brigade kultivierte in ihrem 20000 Quadratmeter großen Gemüsegarten auch Pfirsiche, Birnen, Kummquats, Pflaumen, Äpfel und Walnüsse.
Der ältere Herr Tschao leitete die Gruppe der Gemüsepflanzer. Sie bestand aus älteren Leuten, denen leichtere Arbeit zugewiesen war. Sie hatte die Gemüsebeete zu bestellen, die der ganzen Brigade gehörten. Im Gegensatz zu vielen anderen Kommunen hatte Hua Hsi private Familienparzellen zugunsten eines kollektiven Grundstücks abgeschafft.
»Jetzt brauchen wir uns um die Bestellung unseres eigenen Bodens keine Sorgen mehr zu machen«, erklärte ein Mitglied. Die Brigade hatte auch beschlossen, auf private Hühner- und Schweinezucht zu verzichten. Diese Tiere, so sagte man, richteten nur Schaden unter den Feldfrüchten an und seien unhygienisch. Die Brigademitglieder erhielten eine kleine Monatsration an Eiern, doch ältere Leute, Kranke oder Invaliden bekamen eine zusätzliche Ration und kostenlos Geflügel.
An Feiertagen verteilte die Brigade, wie die Tschaos uns erzählten, an jede Familie Hammelfleisch, Hühner, eine Ente, Reiskuchen, Limabohnen und Fisch. Dieses System der freien Verteilung gab es in der Stadt nicht, wo die Einkommen viel höher waren.
Den älteren Tschaos bot die Brigade ein Leben, das sie sich noch vor zwanzig Jahren kaum hätten vorstellen können. Herr Tschao erklärte: »Als ich aufwuchs, bestand meine Familie aus sechs Personen, die eineinhalb Zimmer bewohnten. Wenn sich mein Vater Geld von dem Grundeigentümer borgte und es nicht zurückzahlen konnte, schickte der Grundeigentümer Leute, um mich zu holen.« Seine Stimme wurde lauter, und er zeigte zum erstenmal Emotionen. Seine Gesichtsmuskeln spannten sich, während er fortfuhr: »Die Männer führten mich fort, zogen mich aus, banden mich an einen Baum und prügelten mich.« Ähnliche Szenen wie die, die Herr Tschao beschrieben hatte, wurden uns in der ständigen Ausstellung der Brigade gezeigt. Dort waren auf Fotografien und Illustrationen japanische Soldaten, Kuomintang-Grundeigentümer

und andere Offizielle abgebildet, die die Menschen dieser Gegend vor der Befreiung ausgebeutet, gequält und ermordet hatten.
Herr Tschao fand seine Beherrschung wieder. »Ich kann Mao und der Kommunistischen Partei für meine sechs Zimmer danken. 1968 zogen wir in dieses Haus ein, das gerade gebaut worden war. Es kostete 1200 Yuan, aber da sieben Familienangehörige arbeiteten, konnten wir es innerhalb von zwei Jahren bezahlen. Heute gibt es in der Familie fünf Armbanduhren, zwei Wanduhren, und jeder besitzt wenigstens zwei Pullover. Vor der Befreiung hatten wir dafür kein Geld. Jetzt tragen wir keine geflickten Kleidungsstücke oder Schuhe mehr. Die Kinder wollen nichts Geflicktes anziehen.«
Dann zeigte Frau Tschao auf ihre kleinen Füße. »Sie begannen, meine Füße zu verbinden, als ich fünf Jahre alt war. Manchmal weinte ich vor Schmerz.« Während sie sprach, liefen ihr Tränen über die Wangen. »Jedes Mädchen mußte kleine Füße haben. Ohne kleine Füße konnte man das Haus nicht verlassen. Die Mädchen mit großen Füßen wurden von den Männern des Grundeigentümers geschlagen, wenn sie auf die Straße gingen.« Vor der Befreiung habe sie Lumpen getragen. »Wenn es kalt war, hatte ich zuwenig anzuziehen. Nun besitzen wir genug Kleidung und Mobiliar.«
Frau Tschao erzählte uns, daß ihre Ehe von einem Heiratsvermittler arrangiert worden war, als sie noch ein kleines Kind war. In jungen Jahren wurde sie zu ihren zukünftigen Schwiegereltern geschickt, um bei ihnen im Haushalt zu dienen, später galt sie als verheiratet. Der Sohn der Tschaos hatte sich seine Frau selbst aussuchen dürfen. Sie kam aus derselben Produktionsbrigade und hatte ihn vorher oft besucht. Der jüngere Herr Tschao berichtete, daß seine Eltern ihm selbst die Entscheidung überlassen hätten, als er sie um die Heiratserlaubnis gebeten habe.
Die Verlobung dauerte drei Jahre, bis die jüngeren Tschaos genug Geld gespart hatten, um die Möbel und andere Haushaltsgegenstände kaufen zu können. Die rotlackierte Möbelgarnitur im Schlafzimmer hatte zur Zeit ihrer Heirat im Jahre 1968 dreihundert Yuan gekostet und der dreizehnteilige Satz Holzeimer 120 Yuan. Dann zeigte er uns stolz ihre roten und goldenen Heiratsurkunden, die das offizielle Siegel des Revolutionskomitees der Kommune trugen.

Eine Hochzeitszeremonie hatte nicht stattgefunden. Nachdem sie die Urkunden abgeholt hatten, waren sie nach Hause zurückgekehrt und hatten zusammen mit Freunden gegessen. »Es ist nicht mehr üblich, Geschenke entgegenzunehmen, aber Freunde brachten uns die Werke Maos mit«, sagte Herr Tschao.

Bei der Eheschließung der Schwester Herrn Tschaos würde es eine spezielle Feier geben. Die Brigade führte jetzt zum Neujahr, wo in der Landwirtschaft weniger gearbeitet werde, ihre eigenen öffentlichen Hochzeitszeremonien durch. Alle Brigademitglieder wurden eingeladen, der Zeremonie beizuwohnen, die in einem Brigadesaal stattfand. Die Paare, die neue Hosen und Jacken trugen, saßen zusammen in der ersten Reihe und hatten sich rote Blumen ins Knopfloch gesteckt – Rot ist die traditionelle Hochzeitsfarbe. Ein führendes Kommunemitglied hielt eine Rede, um neue Brigadeangehörige zu begrüßen und jenen Frauen Lebewohl zu sagen, die zu den Familien ihrer Ehemänner ziehen würden. Dann überreichte die Brigade den Paaren die Schriften von Mao, Marx, Engels, Lenin und Stalin sowie landwirtschaftliche Geräte, auf denen Parolen wie: »Halte auf dem Weg zur Revolution nie inne, gehe stets voran«, standen.

Die einzigen Kosten erwuchsen der Familie aus der besonderen Mahlzeit, welche die Kantine für die Jungverheirateten, ihre Verwandten und Freunde zubereitete. Der ältere Herr Tschao befürwortete diese Zeremonie sehr. »Jetzt wird kein Geld mehr verschwendet«, sagte er.

Herr Tschao befand sich trotz seiner achtundsechzig Jahre nicht im Ruhestand, da Bauern im Gegensatz zu Fabrikarbeitern nicht von einem bestimmten Alter an eine Rente beziehen. »Heute arbeite ich nur, wenn ich mich gesund fühle«, erklärte er.

Wenn alte Leute nicht mehr arbeiten, erwartet man, daß sich ihre Familien um sie kümmern. Diejenigen jedoch, die nicht mehr arbeitsfähig sind und keine Kinder haben, erhalten von der Brigade Kleidung, Lebensmittel, medizinische Versorgung und Taschengeld.

Die Bauern in den Kommunen beziehen kein Gehalt. Ihr Lohn wird nach einem komplizierten Punktesystem errechnet, das auf dem Prinzip »Jeder nach seinen Fähigkeiten, jeder nach seinem Können« beruht. »Wer mehr arbeitet, verdient auch mehr«, hatte Herr Wu uns erläutert. Aber Männer über sechzig wie Herr Tschao und Frauen über fünfundfünfzig leisten nur so viel Arbeit, wie sie körperlich schaffen können, und bekommen weiterhin ihre bisherigen Arbeitspunkte.

Die Arbeitspunkte bestimmen das Einkommen eines Bauern. Mit jedem Arbeitstag verdient er sich Punkte. Die Anzahl richtet sich danach, wie er selbst und seine Kollegen sein Verhalten und seine Arbeit einschätzen. Er kann pro Tag ein Maximum von zehn und ein Minimum von 5,5 Arbeitspunkten erreichen. Im Jahre 1975 waren zehn Arbeitspunkte 1,47 Yuan wert, und das Durchschnittseinkommen der Brigademitglieder betrug 18,5 Yuan.

Das war viel weniger als die 60 Yuan, die der durchschnittliche Fabrikarbeiter im Monat bekam. Aber im Gegensatz zu den Bauern mußten die Stadtbewohner Unterkunft, Lebensmittel und Sozialleistungen bezahlen.

Wie Bauern überall auf der Welt waren die Bewohner von Hua Hsi einfache, schwerarbeitende Menschen. Obwohl sie erheblich weniger verdienten als ihre städtischen Mitbürger, schienen sie viel glücklicher und gelöster zu sein. Ihre geräumigen Wohnungen machten es möglich, daß drei Generationen bequem unter einem Dach wohnen konnten, und mir schien, daß das stabile Familienleben und der Mangel an materiellen Ablenkungen eben diese Zufriedenheit herbeigeführt hatten.

In der Familie Tschao kümmerte sich Frau Tschao um ihre Enkelkinder und erledigte die Hausarbeit, während ihr Mann und ihre Tochter in der Brigade tätig waren. 1975 verdienten sie 701 Yuan, nachdem in der Brigade die Kosten für die 1900 Pfund Weizen und Reis und das Brennmaterial abgezogen worden waren, die sie während des Jahres verbraucht hatten.

Die älteren Tschaos gaben 300 Yuan ihres Einkommens für Lebensmittel, Kleidung und verschiedene andere Dinge aus und brachten 400 Yuan auf die Bank. Auf meine Frage, wie sie ihre Ersparnisse anlegen würden, antwortete die ledige Tochter: »Wir sparen für meine Hochzeit.«

Der Sohn der Tschaos und seine Frau verdienten 720 Yuan netto. Seine Familie verbrauchte im Jahre 1975 2020 Pfund Getreide, doch er meinte: »Gewöhnlich haben wir mehr, als wir essen können. Wenn wir unsere Bestände nicht verbrauchen können, bewahren wir einiges davon auf.«

Sie sparten für die Zeit, in der sie ein moderneres Haus besitzen würden – etwa wie das, in dem wir wohnten. Ich erkundigte mich, ob sie ein Fahrrad zu kaufen gedächten. Der Vater von Herr Tschao antwortete: »Es wäre weder praktisch oder notwendig. Unsere eigenen Geschäfte liegen in der Nähe, und wenn wir größere Entfernungen zurücklegen müssen, nimmt uns der Lastwagen oder Traktor der Produktionsbrigade mit.« Ihm machte die Isolation des Landlebens nichts aus, aber ich fragte mich, ob seine Enkel nicht anders empfinden würden.

Der Frauenbund von Hua Hsi

Auf dem Land waren die Familien meist viel zahlreicher als in der Stadt, vor allem weil man viel Wohnraum besitzt und mehr Arbeitskräfte benötigt. Die älteren Tschaos hatten fünf, doch ihr Sohn hatte nur zwei Kinder.

Der Frauenbund in der Brigade hatte sich wie in Tschao Yang sehr aktiv für die freiwillige Familienplanung eingesetzt und die Tschaos bewogen, nur zwei Kinder zu haben.

Wenn eine Frau der Brigade ein Kind gebar, besuchte eine Beauftragte des Bundes die Mutter und riet ihr, mit dem nächsten Kind noch zu warten. »Wenn ein Kind noch gestillt wird, ist es nicht gut, ein zweites zu haben«, belehrte man die jungen Mütter. Wenn eine Frau zwei oder drei Kinder hatte, ließ der Bund sie wissen, daß weitere Sprößlinge schlecht für ihre Gesundheit, ihre Arbeit und ihr Wohlergehen seien.

Wir erfuhren, daß siebzig Prozent der Frauen der Brigade mit zwei oder drei Kindern schon sterilisiert worden waren. »Das ist gesund, und die Paare können weiterhin gut arbeiten«, wurde uns mitgeteilt.

Die Sterilisierung wird im Kommunekrankenhaus kostenlos vorgenommen und bringt zusätzliche Sozialleistungen mit sich. Die Frau erhält 30 Yuan Sonderlohn und fünfzig freie Tage ohne Abzug der Arbeitspunkte. Ich hatte gehört, daß Frauen in anderen Kommunen, wenn sie mehr als drei Kinder hatten, bestraft wurden und keine Bezugsscheine für manche der rationierten Güter erhielten. Aber in Hua Hsi bestritt man, daß solche Maßnahmen ergriffen wurden.

Die wachsende Bevölkerung Chinas war ihr größter »innerer« Feind. Wenn der Zuwachs nicht eingedämmt werden konnte, würde es nicht genug Nahrung geben, um die Menschen zu versorgen. Deshalb wurde Nachdruck auf die Familienplanung gelegt, besonders in den Landgebieten, wo man der auf nationaler Ebene befürworteten Regelung von zwei Kindern pro Familie oft nur nachlässig folgte.

Der Frauenbund hatte auch mit der Lösung von Familienproblemen zu tun. Wir erfuhren, daß er z. B. bei einem Streit zwischen einer Schwiegertochter und einer Schwiegermutter über die Erziehung des Babys eingegriffen hatte.

Die ältere Frau sollte sich um die Enkelin kümmern, während die Mutter auf dem Feld arbeitete. Manchmal kam die Mutter von der Arbeit nach Hause und hörte das Baby weinen. Dies ärgerte sie, und sie machte ihrer Schwiegermutter Vorwürfe, weil sie das Baby in der Wiege allein lasse, es nicht beobachte und schaukele. Die ältere Frau entgegnete: »Du hast deine Arbeit auf dem Feld – das ist einfach. Aber ich muß kochen, die Hausarbeit machen und für das Baby sorgen.«

Eine Sprecherin des Frauenbundes berichtete uns: »Nachbarn hörten die häufigen Auseinandersetzungen zwischen den beiden und baten den Frauenbund, mit der Familie zu reden. Wir entschieden, daß die Schwiegertochter die Hauptverantwortung für die Probleme trug. Sie verwöhnte das Baby und hatte nicht genug Achtung vor den Älteren.«

Die Rechte der Frauen waren ein anderer wichtiger Aspekt. Der Bund sorgte dafür, daß die folgenden Maßnahmen durchgesetzt wurden: Frauen sollten im Endstadium ihrer Schwangerschaft leichtere Arbeit, nach der Geburt ihres ersten Kindes zusätzliche Baumwollbezugsscheine, einen Ernährungszuschuß von 30 Yuan für neugeborene Babys und den gleichen Lohn wie Männer für die gleiche Arbeit erhalten.

Nach der Geburt ihres ersten Kindes bekam die jüngere Frau Tschao zwei Monate unbezahlten Urlaub, während Mütter in der Stadt auf 56 bezahlte Tage Anspruch hatten. Als ihr zweites Kind geboren wurde, erhielten die Frauen auf dem Lande einige der in der Stadt üblichen Sozialleistungen: Man gewährte Frau Tschao fünfzig freie Tage und bezahlte sie nach ihren normalen Arbeitspunkten.

Inzwischen ging ihre sechsjährige Tochter in die erste Klasse und ihr vierjähriger Sohn in den Kindergarten – beides war gebührenfrei –, und sie nahmen schon an der Arbeit der Brigade teil. Die Kinder sammelten Kräuter und zur Erntezeit Weizenähren.

Die »Liebe zur körperlichen Arbeit« wurde schon in sehr frühem Alter anerzogen. Der Stellvertretende Vorsitzende des Revolutionskomitees erklärte dazu: »Die Verbindung von Praxis und Lehre verbessert die Ideologie der Schüler, so daß sie eine korrekte Einstellung zur körperlichen Arbeit haben und sich an sie gewöhnen.«

Auf dem Land verbrachten die Schüler viel mehr Zeit mit körperlicher Arbeit als städtische Kinder, deren Tätigkeit sich meist auf Schulwerkstätten beschränkte. Von der siebten Klasse an waren die Felder das Klassenzimmer der jungen Leute von Hua Hsi. Wir hatten gesehen, wie die achte Klasse knietief in den nassen Reisfeldern stand, während der jüngere Herr Tschao demonstrierte, wie ein Traktor bedient wird. Hinter den Schülern stand eine Tafel mit einer Skizze, die zeigte, wie ein Traktor funktioniert und wie die Felder gepflügt werden.

Nach der neunten Klasse mußten die Schüler vierzig Tage im Jahr Feldarbeit leisten. Viele arbeiteten auch noch freiwillig an zwanzig Ferientagen und sonntags; dafür wurden sie nach dem Arbeitspunktesystem bezahlt.

Wir wurden nun zu den sogenannten Barfußärzten gebracht. Wenn jemand sich nicht wohl fühlte, ging er zur medizinischen Station der Brigade, die von drei Barfußärzten betrieben wurde. Nach dreizehn Monaten theoretischer und praktischer Ausbildung im Brigade- und Kommunekrankenhaus waren die Barfußärzte in der Lage, so verbreitete Krankheiten wie Grippe, Erkältungen, Rückenschmerzen und Mandelentzündungen mit Kräutern und westlichen Medikamenten zu behandeln. Sie setzten die Akupunktur gegen Zahnschmerzen ein und impften Kinder gegen Keuchhusten, Tetanus, Masern und Pocken.

Sie überprüften außerdem Trinkwasser, Brunnen, Häuser und Umgebung auf Reinlichkeit hin. Die Barfußärzte wiesen die Menschen an, kein ungekochtes Wasser zu trinken und keine rohe oder kalte Nahrung zu verzehren. Infolge ihrer Arbeit waren Magen- und Darmkrankheiten, wie wir hörten, erheblich zurückgegangen.

Wenn jemand die medizinische Station zur Behandlung aufsuchte, brauchte er nur für die Medikamente zu bezahlen, die

sehr wenig kosteten. Wenn man zum Beispiel Grippe hatte, mußte man vielleicht zehn Fen für chinesische Kräuter und rund sechzehn Fen für westliche Arzneien bezahlen.
Wenn die Barfußärzte den Fall als kritisch einschätzten, schickten sie den Patienten ins Kommunekrankenhaus. Dort mußte er eine Aufnahmegebühr von fünf Fen und das Geld für die Verköstigung entrichten; im Gegensatz zu Fabrikarbeitern, die freie medizinische Versorgung genossen, hatte ein Bauer fünfzig Prozent aller anderen Unkosten zu tragen. Zum Beispiel kostete eine einfache Blinddarmoperation zehn Yuan, wovon das Brigademitglied die Hälfte übernehmen mußte.
Eine Familie, die finanzielle Schwierigkeiten hatte, konnte bei der Brigade um Hilfe nachsuchen. Man erzählte uns von einer sechsköpfigen Familie, in der nur die Mutter etwas verdiente, weil der Vater krank war. Nachdem das Geld für Reis, Weizen und Brennmaterial von ihrem Einkommen abgezogen worden war, blieben ihr kaum mehr als dreißig Yuan für alle anderen Unkosten während des Jahres. Man machte das Revolutionskomitee auf die Angelegenheit aufmerksam, und die Brigade zahlte der Familie mit dem Einverständnis der übrigen Mitglieder 150 Yuan Unterstützung.
Die Familien in der Hua-Hsi-Brigade brauchten auch keine hohen Bestattungskosten mehr zu tragen. Auf nationaler Ebene war empfohlen worden, die Toten einzuäschern, und die Brigade hatte ein Gebäude errichtet, in dem man die Urnen aufstellte. »Das letzte Begräbnis fand im Jahre 1969 statt, weil die Familie darauf bestand«, sagte Herr Wu. »Die Menschen begreifen jetzt, daß die Einäscherung besser, hygienischer und ökonomischer ist, weil das Kollektiv die Kosten übernimmt.«
Diese Meinung wurde jedoch nicht von allen Bauern Chinas geteilt. Eine Kommune, die wir besuchten, hatte viele neue Erdhügel errichtet, wo die Toten beigesetzt worden waren. Die Gräber nahmen etwa ein Drittel des urbaren Bodens ein.
Wir erkundigten uns bei der Führung nach diesem Sachverhalt und erfuhren: »Wir sind dabei, überholte Ideen zu beseitigen, aber das Bewußtsein der Menschen hat noch nicht den Punkt erreicht, an dem es sich mit der Einäscherung zufriedengeben könnte. Bevor die Eltern sterben, erzählen sie ihren Kindern, wo ihre Vorfahren beigesetzt sind, weil auch sie dort beerdigt werden möchten. Und die Produktionsführung respektiert die Wünsche der Eltern gewöhnlich.«

In den Städten wurde die Feuerbestattung ohne Ausnahmen praktiziert, aber in den Kommunen gab es eben noch Widerstand. Hua Hsi war die Ausnahme. Seine Führung war stark genug, um die Mitglieder zur Annahme neuer Ideen zu bewegen.

Ein Brigadeangehöriger erklärte: »Wir wollen die freie Zeit unserer Mitglieder mit sozialistischen Ideen füllen. Wenn der Sozialismus nicht ihren Geist beschäftigt, dann wird es der Kapitalismus tun.« Deshalb hatten die Bauern praktisch keine Freizeit. Wenn die Familie Tschao nach einem langen Arbeitstag von den Feldern zurückkehrte, standen abends gemeinschaftliche Aktivitäten auf dem Programm.

Die Tochter der Tschaos besuchte Landwirtschaftskurse. Sie wurden in der Brigade für Mittelschulabsolventen abgehalten, und die Teilnehmer kamen dreimal in zehn Tagen zusammen.

Fünfmal in zehn Tagen erteilte man abends politischen Unterricht. Als wir eine solche Stunde besuchten, beobachtete ich, daß einige Menschen vor sich hin dösten, während der Lehrer einen Zeitungsartikel verlas. In einer anderen Klasse gähnten mehrere Teilnehmer, während jemand einen politischen Aufsatz vorlas, den er selbst verfaßt hatte.

Eines Abends sah ich zu, wie die Tochter der Tschaos und unsere Gastgeberin an einem Basketballspiel teilnahmen. Ich fragte mich, woher die Spielerinnen nach einem langen Arbeitstag auf den Feldern noch die Kraft zum Laufen hatten. Als wenn sie meine unausgesprochenen Gedanken gehört hätten, riefen sie im Chor, bevor sie das Spielfeld verließen: »Wir Frauen halten den halben Himmel hoch. Wir können Basketball spielen und den Himmel zerreißen ... Wir werden die konfuzianischen Lehren hinwegfegen.«

Die Bauern hatten nur an nationalen Feiertagen und während der Wintersaison frei – im Jahr etwa vierzig Tage. Gelegentlich organisierte die Brigade Ausflüge nach Wushi, zur Nanking-Brücke oder zur Yangtse-Brücke, doch die Transportmöglichkeiten waren so beschränkt, daß die meisten zu Hause bleiben mußten.

Hua Hsi plante schon für die Zukunft, wenn die Mechanisierung den Menschen mehr freie Zeit bescheren würde. Wir kletterten auf einen Hügel, den Brigademitglieder errichtet hatten, und blickten auf einen Teich hinab. »Städte haben

Parks, weshalb nicht auch Dörfer?« fragte ein Brigadeangehöriger. »Jeder Park muß einen Berg und einen Fluß haben.« Dieser Anfang sei in Hua Hsi gemacht. »Vielleicht werden wir eines Tages sogar ein Teehaus bauen, das Aussicht auf den Teich bietet«, meinte er nachdenklich.

8. Kapitel

Gewalttätigkeiten auf dem Tian-An-Men-Platz

Der 5. April 1975 begann wie die meisten Wochentage, doch am Abend war ich verstört und besorgt. Ich wachte zunächst wie gewöhnlich zwischen 6 und 6.30 Uhr auf und lernte für meine Chinesischstunde, die um 8.30 Uhr begann. Danach erledigte ich einige Hausarbeiten und wollte nun meine morgendliche Fahrradtour machen. Als ich zur Tür hinausging, hielt mich das Klingeln des Telefons zurück.

Ein deutscher Freund fragte knapp und mit gespannter Stimme: »Wo ist Gerd?« »Er ist wahrscheinlich zum Tian-An-Men-Platz gegangen, und ich bin auch gerade auf dem Weg dorthin«, antwortete ich. »Fahr heute nicht zum Tian-An-Men-Platz«, warnte er aufgeregt. »Eine wütende Menge hat einen Botschaftsangehörigen dreißig Minuten lang festgehalten. Sie bezeichnete ihn als Spion und zwang ihn, seinen Film zu vernichten.«

Es war schwierig, diese Geschichte zu glauben, denn noch am Tag zuvor war ich auf dem Platz gewesen und hatte die freundlichsten und zuvorkommendsten Menschen getroffen, denen ich je begegnet war. Sie waren dort, um das Tsching-Ming-Fest zu feiern, das dem Gedenken an revolutionäre Kriegshelden und verstorbene Familienangehörige galt.

Ich nahm an, daß mein Freund allzu aufgeregt war und die Mitteilungen Dritter übertrieben hatte; deshalb begann ich, in Richtung Tian-An-Men-Platz zu fahren – ohne zu ahnen, was mir bevorstand. Ich wurde Zeugin der ersten gewalttätigen Unruhen seit der Kulturrevolution in den späten sechziger Jahren.

Das Tsching-Ming-Fest hatte wie in jedem Jahr begonnen. Sechs Tage zuvor marschierten adrett gekleidete Schulkinder in frischgewaschenen blauen Blusen und blauen Hosen an unserer Wohnung vorbei. Das Dröhnen von Trommeln und der Klang ihrer hohen Stimmen – es wurden politische Lieder gesungen – lockten mich an unser Wohnungsfenster. Sobald ich die Papierkränze sah, die jeder Gruppe vorangetragen wurden, wußte ich, daß das Tsching-Ming-Fest begonnen hatte. Alle steuerten auf den eine Meile entfernten Platz zu, wo sie einen Kranz niederlegen würden. Es war erst die Spitze des Marsches, und die Teilnehmer wirkten recht munter und frisch.

Am Rande des weiten Platzes inspizierten Lehrer ihre Klassen. Die Schüler mußten sich in Doppelreihen aufstellen. Dann waren sie soweit, um im Gleichschritt auf das Märtyrerdenkmal am Ende des Platzes zuzumarschieren.

Ältere Klassen standen in Habachtstellung da, hielten rote Flaggen und Papierkränze, während sie ohne Gefühlsbewegung einem Lehrer oder Mitschüler zuhörten, der zu Ehren der Toten ein Gedicht rezitierte oder einen Text verlas. Die Schüler starrten blicklos vor sich hin, und die jüngeren Klassen saßen dösend oder unbeteiligt auf dem Boden, während ihre Lehrer versuchten, ihre Konzentration wachzuhalten.

Nach dem Vortrag hoben sie die Fäuste und wiederholten im Chor das Gelöbnis, die Lehren des Vorsitzenden Mao zu befolgen. Sie sangen die Internationale, und danach trugen zwei Schüler den Kranz zum Denkmal. Andere Schüler begleiteten sie und erörterten, wohin der Kranz gelegt werden sollte. Wenn sich die Klasse auf den langen Rückweg zur Schule machte, wollten die Schüler ihren Kranz an einer besonderen Stelle plaziert sehen.

Während der ersten Tage des Tsching-Ming-Festes legten hauptsächlich Schulkinder und Familien einfache Papierkränze am Denkmal nieder. Einmal sah ich einen Jungen von vielleicht zehn Jahren, der auf einem Dreirad über den Platz fuhr. Er führte seine Großeltern zu dem Monument, wo sie eine große grüne Pflanze niederlegten.

Dann trafen Kränze mit Bildern von Tschou En-lai ein, der drei Monate vorher gestorben war. Dies war der Beginn einer überwältigenden Kundgebung, die unerwartet als politische Demonstration endete.

Arbeiter, Kader aus den Regierungsbüros und Frauen aus den Fabriken schlossen sich der Tsching-Ming-Feier an und marschierten in Gruppen zum Tian-An-Men-Platz. Sie wirkten ernst und stolz, während sie hinter kostbaren Papierkränzen hergingen, mit denen Tschou geehrt wurde. Als sie am Denkmal ankamen, verlas einer aus der Gruppe eine Lobrede auf den

toten Ministerpräsidenten. Viele weinten, ohne sich dessen zu schämen.
Lastwagen von Fabriken aus den Außenbezirken Pekings brachten Arbeiter mit ihren Kränzen zum Platz. Jeder Wagen war zum Bersten voll; die Menschen sprangen herunter, klopften sich den Staub von den Jacken, glätteten sich das Haar und gingen im Gleichschritt langsam auf das Märtyrerdenkmal zu.
Viele kamen allein oder zu zweit zum Platz, um eine weiße Papierblume auf den Sträuchern, die das Denkmal umgaben, niederzulegen. Am Ende der Woche bedeckte ein weißer Schleier die Hecke.
Während dieser Zeit drängten mich einige chinesische Freundinnen, den Platz aufzusuchen. »Sie müssen sehen, wie sehr die Menschen Tschou liebten«, sagte eine von ihnen. Sie selbst legte dort täglich eine weiße Blume nieder.
Erst nach der Demonstration, als sie mich bat: »Sagen Sie niemandem, daß ich dort war«, erfuhr ich, daß manche Arbeitsorganisationen ihren Angestellten verboten hatten, den Tian-An-Men-Platz zu betreten. Sie hatte diese Vorschriften offensichtlich mißachtet.
Manche Papierkränze waren wie Hammer und Sichel, das Symbol der Kommunistischen Partei, geformt. Andere enthielten schwarzweiße oder bunte Bilder von Tschou, die mitten in dem prächtigen vielfarbigen Blumenschmuck steckten. Gruppen von Arbeitern waren die ganze Nacht über aufgeblieben, um diese Meisterstücke herzustellen.
Es muß schwierig gewesen sein, sich für einen angemessenen Text zu entscheiden, der ihre Liebe zu Tschou widerspiegelte. Die rührendsten Worte, die ich vorfand, lauteten: »Der Ministerpräsident liebte das Volk. Der Ministerpräsident litt zusammen mit dem Volk. Deshalb liebte das Volk den Ministerpräsidenten.«
Jeden Tag wuchs die Zahl der Menschen, die den Platz besuchten, auf Zehntausende an. Ich war dabei, als riesige Menschenmengen jubelten, weil ein Kranz mit einem Bild Tschous in der Mitte einer Chinakarte zum oberen Sims des Denkmals hochgezogen wurde. Dies hatte eine besondere politische Bedeutung für die Chinesen, die wußten, daß bis dahin nur Maos Bild in der Mitte der Chinakarte angebracht worden war. Aber ich war mir dessen nicht bewußt.

Viele Menschen waren mit Tschou gewidmeten Gedichten zum Platz gekommen; sie hatten sie auf Notizzettel geschrieben, die sie an das Denkmal, seine Brüstung und hinten an die Kränze klebten. Manche Gedichte waren mehrere Seiten lang und wurden mit einer Schnur an der Balustrade befestigt, die das Monument umgab.
Alle drängten sich vor, um das Geschriebene lesen zu können. Zuweilen stand ein Mann vor der Menge und trug seinen eigenen Text vor, manchmal verlas ihn ein Nachbar.
Viele junge Leute hatten Notizbücher und Federhalter mitgebracht und schrieben die Texte ab, wobei sie Rücken und Schultern von Freunden als Unterlage benutzten. Manchmal rief die Menge den Vortragenden »Lauter« oder »Lies langsamer« zu. Wenn ein Wort nicht klar war, schrieben sie das Symbol mit dem Finger in die Luft, worauf ein Aufschrei des Erkennens folgte. Niemand wollte sich ein Wort entgehen lassen.
Später erzählten mir Ausländer, daß ihre chinesischen Nachbarn ihnen geholfen und sie gelobt hätten, als sie die Texte abschrieben. Die Chinesen hätten sich über ihre Schulter gebeugt und zugesehen, wie sie die Symbole kopierten. Wenn sie über ein Wort oder eine Bedeutung gestolpert wären, hätten die Chinesen versucht, sie ihnen zu erklären.
Drei Tage vor dem Ausbruch der Gewalttätigkeiten nahm Gerd Herrn Gu mit, der ihm einige der Texte auf den Kränzen übersetzte. Herr Gu war erstaunt darüber, daß manche der zweiten Frau Maos, Yang Kai-hui, gedachten, die von den Kuomintang hingerichtet worden war, doch er gab keinen Kommentar ab. Bei früheren Tsching-Ming-Festen war dies nie vorgekommen, und es sah nach einem kühnen Angriff auf Tschiang Tsching, Maos gegenwärtige Frau, aus.
Plötzlich wurde ich skeptisch. Ich hatte dies alles für eine rührende Geste des Gedenkens an den geliebten Ministerpräsidenten Tschou gehalten, doch es schien, als ob manche daraus eine politische Demonstration machen wollten. Nach dem Tode von Tschou hatte ich Gerüchte gehört, daß Tschiang Tsching seine politische Gegnerin gewesen sei. Diese Kränze ließen die Gerüchte glaubhafter werden.
Als wir am Sonntag, dem 4. April, einen Tag, bevor die Kränze entfernt wurden, zum Tian-An-Men-Platz gingen, wurden wir an einen Jahrmarkt erinnert. Es war ein schöner sonniger Tag,

und den Platz bevölkerten Tausende von Familien, die einen Ausflug machten.

Kränze bedeckten den gesamten Platz, und Familien bahnten sich langsam einen Weg um sie herum. Mütter schoben ihre Babys in Bambuswagen vor sich her, und Väter hoben sich ihre Kinder auf die Schultern, damit sie nicht niedergetrampelt wurden oder sich verliefen. Gruppen saßen zwischen Kränzen, aßen Brot, Früchte und Kekse, und Kinder spielten Verstecken. Jede Familie, die eine Kamera besaß, hatte sie mitgebracht, um ihre Angehörigen zu fotografieren. Während Gerd sich unter die Menge mischte, um Aufnahmen zu machen, blieb ich am Rande des Platzes stehen.

Alle schienen glücklich darüber, daß Ausländer Zeugen dieses Ereignisses waren. Die Menschen sprachen mit uns über das Wetter oder über einen besonders gelungenen Kranz. Ein Paar bat zwei englische Freunde, mit ihm für ein Foto zu posieren. Die Chinesen, die vor Ausländern gewöhnlich kamerascheu waren, legten ihre Nervosität ab und freuten sich sichtlich, so daß ich mich zum erstenmal nicht als Außenseiterin fühlte.

Als ich an jenem denkwürdigen 5. April zum Platz fuhr und an Gruppen vorbeikam, die immer noch Kränze hintrugen, konnte ich keine Veränderung der Atmosphäre ausmachen. Die Menschen lachten und sahen so gelöst wie am Tage zuvor aus. Doch einen Häuserblock vom Tian-An-Men-Platz entfernt sah ich eine alte Frau an einer Straßenecke stehen, die ihren Kranz festhielt und irgendwie verstört schien. Ich begriff nicht, weshalb sie nicht weiterging.

Ein paar hundert Meter weiter erwartete mich ein niederschmetternder Anblick: Auf dem Platz war keine Spur mehr der unzähligen Kränze vom Vortag zu sehen, und eine Kette von Polizisten versperrte den Zugang an der Nordseite, von der Chang-An-Straße her.

Ich befand mich auf der anderen Straßenseite vor der Verbotenen Stadt. Von dort sah ich an der Westseite des Platzes etwas, was wie eine riesige blaue Decke wirkte – vor der Großen Halle des Volkes, wo der Völkerkongreß und politische Treffen abgehalten werden. Plötzlich merkte ich, daß diese Decke in Wirklichkeit aus Tausenden von Menschen bestand. Ich beschloß, den anderen Radfahrern zu folgen, stieg mit ihnen ab und überquerte die Straße. Dann gingen wir in geringer Entfernung an den Polizisten vorbei. Alle Köpfe waren dem leeren Platz zugewandt. Manche Mienen waren wütend, während andere einen verwirrten Eindruck machten. Ich fragte mich, weshalb die Kränze entfernt worden waren und wer sie entfernt hatte.

Als ich an der nordöstlichen Ecke der Großen Halle des Volkes ankam, strömten Menschenmengen auf den Platz. Ich stellte mein Rad auf dem Bürgersteig ab und ging langsam mit den anderen zu den Stufen am Osteingang. Die Stufen waren voller Menschen, und ich beschloß – da ich mich an die Warnung meines Freundes erinnerte –, mich nicht unter sie zu mischen. Statt dessen folgte ich einer Großmutter mit ihrem Enkel, die sich auf ein Sims neben den Stufen setzten.

Da ich keine anderen Ausländer sah, wollte ich so unauffällig wie möglich bleiben und begann, mit dem Kind neben mir zu spielen. Die Menschen um mich herum, die wie ich Zuschauer waren, lächelten und plauderten mit mir. Sie schienen genausowenig wie ich zu wissen, was sich nicht weit von uns abspielte.

Erst später erfuhr ich von anderen, was vor meiner Ankunft geschehen war und was ich verpaßt hatte, während ich dort saß. Menschen hatten versucht, die Große Halle zu stürmen; dabei waren ein paar Soldaten schwer verletzt worden. Kurz danach wurden Studenten verprügelt und zu dem Denkmal geschleppt, wo man sie erneut schlug und zwang, sich vor der Menge zu verneigen. Gleichzeitig hatte man Ausländer eingekreist, sie angebrüllt und aufgefordert, die Filme in ihren Kameras zu vernichten.

Später fand ich heraus, daß Gerd eines dieser Opfer gewesen war. Er war von wütenden jungen Leuten verfolgt worden, als er versuchte, in die Bank of China, einen Häuserblock entfernt, zu entkommen. Sie hatten ihn umringt und verlangt, daß er seinen Film herausgebe, doch in dem Gedränge war es ihm mehrere Sekunden lang unmöglich gewesen, seinen Fotoapparat zu öffnen.

Da ich nichts von diesen Ereignissen wußte, fühlte ich mich völlig sicher. Erst als die Stimme eines Sprechers durch ein Megaphon ertönte, wandte ich den Tausenden vor mir meine Aufmerksamkeit zu. Sie sahen gespannt und verärgert aus, sicher weil man die Kränze entfernt hatte, und ich fühlte mit ihnen, aber mir war nicht danach, mich ihnen noch weiter zu nähern. Ich versuchte, den Sprecher zu verstehen – vergeblich.

Er stand mitten in der blauen Masse und brüllte Schlagworte, während die Menschen schweigend und konzentriert zuhörten. Von Zeit zu Zeit verlor ich ihn aus den Augen, wenn er von der Menge hin und her geschoben wurde. Dann ging das Megaphon von Hand zu Hand, und verschiedene Sprecher ergriffen das Wort.

Genau um 11.30 Uhr zerstreute sich die Menge. Es war Mittagszeit, und man ging nach Hause, um zu essen. Ich war ein wenig enttäuscht darüber, daß die Demonstration vorbei war und ich nichts Dramatisches beobachtet hatte.

Plötzlich hörte ich laute Rufe der Sprecher. Dann verschränkte mitten im Gedränge eine Gruppe von Menschen, die wie Arbeiter und Studenten aussahen, die Arme und begann, die Internationale zu singen. Dies ist sozusagen meine Lieblingsmelodie, und ich summte sie mit. Nachdem das Lied am Anfang mehrere Male unterbrochen worden war, bewegten sie sich langsam als kompakte Masse über den Platz auf das Historische Museum zu.

Ich fragte mich, weshalb sie in diese Richtung marschierten, und folgte ihnen mit anderen Nachzüglern, die genauso neugierig wie ich waren. Als sie sich dem Museum näherten, rannten die ersten die Stufen hinauf. Andere verschwanden im großen Hof des Museums. Ich bemerkte einen Lastwagen, der neben der Treppe geparkt war. Soldaten sprangen heraus und liefen die Stufen hinauf. Sie folgten der ersten Gruppe. Ich verstand immer noch nicht, was vorging, aber ein Gefühl der Aufregung und Unsicherheit begann, von mir Besitz zu ergreifen.

Zu dem Zeitpunkt, als ich den Bürgersteig am Museum erreichte, standen die meisten Menschen ruhig auf der Treppe. Ich hatte nicht gesehen, daß die erste Gruppe eine Stahlsperre umgeworfen und sich gewaltsam Zutritt zu dem Museum verschafft hatte.

Ich blickte mich um und entdeckte viele leere, auf dem Bürgersteig geparkte Lastwagen, die am Morgen Menschen zum Platz gebracht haben mußten. Zu meiner Überraschung drehte die Menge plötzlich in meine Richtung ab. Es war zu spät, zu entkommen. Die Masse sog mich auf, ich war in der Mitte gefangen. Mir blieb nichts anderes übrig, als mit den anderen auf ein Gebäude südwestlich vom Museumseingang, etwa hundert Meter entfernt, zuzumarschieren.

Ich hatte den Platz oft besucht, dieses Gebäude aber nie bemerkt. Später bezeichneten die Zeitungen es als »Armeekaserne«, in der das Armeekommando, das für den Platz zuständig war, sein Hauptquartier hatte.
Wir blieben vor dem Eingang dieses Gebäudes stehen. Derselbe Mann, der das Megaphon auf den Stufen des Großen Saals benutzt hatte, hielt es nun wieder in der Hand. Er war nur ungefähr fünfzehn Meter von mir entfernt, und ich konnte seine dunkel umrandete Brille, seinen Bürstenhaarschnitt und sein gespanntes, bleiches Gesicht erkennen. Ich verstand nicht, was er sagte, doch die Menge wiederholte immer wieder: »*Mei yo jen*« (»Niemand ist dort«). Das Gebäude war leer, und mir war nicht klar, weshalb die Menschen versuchten, dort einzudringen.
Obwohl die Mienen in der Menge gespannter schienen, fühlte ich mich sicher. Es waren Männer und Frauen, die intelligente, sympathische Gesichter hatten; nichts deutete darauf hin, daß sie meine Gegenwart übelnahmen.
Plötzlich ergriff ein Mann mit blutigem Gesicht das Megaphon. Andere stützten ihn, während er sprach. Er war der erste Verwundete, den ich gesehen hatte, und sein Anblick beunruhigte mich. Ich fragte mich, was ich hier zu suchen hatte. Immer noch begriff ich nicht, was sich um mich herum abspielte.
Kurz nach dem Auftauchen des Verwundeten lief eine Reihe von Soldaten an der Menge vorbei auf das Gebäude zu. Ihr Erscheinen erschreckte mich und die Leute um mich herum, die zurückwichen und gegen mich prallten.
Wenn die Armee eingriff, wollte ich nicht von den vorderen Reihen überrannt werden. Deshalb versuchte ich, die Menge langsam zu verlassen, ohne die Aufmerksamkeit auf mich zu lenken. Ich erreichte einen Jeep, der Schutz bot, aber in diesem Moment brach das Dach des Autos unter dem Gewicht der darauf sitzenden Menschen zusammen. Dies war eine willkommene Abwechslung, da sich die Spannung seit dem Erscheinen der Soldaten gesteigert hatte. Doch sobald das Gelächter verstummt war, hörte ich Rufe und bemerkte, daß man mich anstarrte.
Ich drehte mich um und war entsetzt. Eine Gruppe von Fabrikarbeitern, die auf einem Lastwagen standen, schüttelte die Fäuste und brüllte mich an. Ihr Gesichtsausdruck war so

bedrohlich, daß ich mich so schnell wie möglich zurückziehen wollte. Sie befahlen mir zu verschwinden, und ich lief auf den Platz zu. Die Menge wich vor mir auseinander, und ich sah kein einziges freundliches Gesicht mehr. Ich hatte große Angst, wollte sie aber nicht zeigen; deshalb ging ich nun bewußt langsam und blickte geradeaus.

Plötzlich sah ich vertraute Gesichter vor mir, die mir wie eine Insel in stürmischer See erschienen. Ich ging auf sie zu, verfolgt von brüllenden Menschen, aber ich hatte keine Angst mehr.

Die Menge hinter mir entdeckte die Ausländer und schrie: »Dies ist Sache des chinesischen Volkes. Verschwindet!« Inzwischen hatte ich meine Freunde erreicht und fühlte mich sicher. Die Gefahr schien vorbei zu sein, meine Nervosität legte sich, aber zu meiner Überraschung hörte ich in den nächsten Minuten nicht auf zu stottern und zu zittern.

Während wir uns zurückzogen, kamen wir an einer Polizeieinheit vorbei, die in Doppelreihen auf den wütenden Mob hinter uns zumarschierte. Innerhalb von Sekunden hatten unsere Verfolger das Interesse an uns verloren. Nun hatten sie ein anderes Ziel. Sie umringten die Polizei, stießen die Beamten hin und her und schlugen ihnen die Mützen vom Kopf. Bald wichen die barhäuptigen Polizisten ungeordnet zurück und mußten ihre Mützen als Trophäen zurücklassen, um die sich die Menschen rissen.

Die Stimmung änderte sich, und wir hatten das Gefühl, daß wir so schnell wie möglich die südöstliche Ecke des Platzes verlassen sollten. Unterwegs erklärten meine Freunde, die fließend chinesisch sprachen, was am Morgen in der Großen Halle geschehen war. Es war schwierig gewesen, die Reden zu verstehen, aber sie glaubten mitbekommen zu haben, daß man wissen wollte, wo die Kränze seien und wer sie weggeschafft habe. Die Menge hatte sich über den Platz hinweg dem Museum genähert und war dann zu der Armeekaserne gegangen, um die Kränze und jene zu suchen, die ihre Entfernung befohlen hatten.

Als wir die Menge hinter uns gelassen hatten, verzichtete ich auf den Schutz meiner Freunde und ging zur Großen Halle des Volkes, um mein Fahrrad zu holen. Die Treppe war jetzt leer, nur eine Reihe Soldaten stand dort. Mich überraschte die völlig unterschiedliche Stimmung auf dieser Seite des Platzes. Menschen saßen ruhig auf dem Bürgersteig unter den Bäumen und aßen zu Mittag. Als ich vorbeikam, lächelten sie und sagten: »*Ni hao.*«

Ich schob mein Fahrrad hinter den Polizisten über den Platz, um nach Hause zu fahren. Plötzlich fiel mir eine wütende Menge auf: Die Menschen stießen einen Mann in Polizeiuniform vor sich her. Als er näher kam, sah ich sein älteres, bleiches Gesicht und begriff, daß er ein höherer Polizeibeamter war. Die aufgeregten jungen Männer, alle Anfang zwanzig, achteten nicht auf mich, obwohl ich nur ein paar Meter entfernt stand. Sie stießen den armen Beamten hin und her.

Diese Gruppe unterschied sich von den Menschen, die ich vorher in der Menge gesehen hatte. Die jungen Männer hatten ihre blauen Arbeitermützen schräg aufgesetzt, und Zigaretten klebten zwischen ihren Lippen. Ihre Mienen waren trotzig und verächtlich. Ich war nie chinesischen Rowdys begegnet, doch diese hier sahen ganz danach aus.

Während sie den Beamten mißhandelten, blickte ich mit flehenden, verzweifelten Augen zu der Polizistenkette hinter ihm hinüber; ich hoffte, daß ihm jemand zu Hilfe kommen würde, doch niemand reagierte. Die jungen blassen Gesichter waren gespannt und die Körper starr, aber offensichtlich hatte man ihnen verboten, sich einzumischen.

Der immer zahlreicher werdende Mob schlug dem Polizisten die Mütze vom Kopf und warf sie in die Luft. Dieser riß sie wieder an sich, setzte sie sich in aller Ruhe auf den Kopf und zog sie bis zu den Ohren herunter. Ich bewunderte seine Beherrschung und wünschte mir gleichzeitig, daß er Widerstand leistete und sich verteidigte.

Die Menge ging immer brutaler mit ihrem Opfer um. Man warf ihn hoch, und es sah so aus, als müsse er jeden Augenblick zerschmettert am Boden liegenbleiben.

Dies war das erste Mal, daß ich Chinesen einen Polizisten hatte angreifen sehen. Manchmal zeigten sie ihre Mißachtung, indem sie die Beamten umringten und beschimpften, doch nun reichte ihre Wut viel tiefer. Körperliche Aggression ist für die Chinesen atypisch. Nur bei wenigen Gelegenheiten sah ich Radfahrer, die so erregt waren, daß sie sich schlagen wollten. Aber immer trennte sie die Menge sofort. Dazu war jetzt niemand bereit.

Plötzlich sah ich Rauchwolken vor dem Museum. Der Mob ließ

den Polizisten in Ruhe und rannte auf das Feuer zu. Ich atmete vor Erleichterung auf, der Beamte drückte seine Mütze zurecht, glättete seine Uniform und kehrte zu den Polizisten zurück.

Dann bemerkte ich einen Lastwagen mit vier oder fünf Männern, die sich an seiner Ladefläche festhielten; er entfernte sich schnell von der in Rauch gehüllten Stelle. Ich wußte nicht, ob der Fahrer Angst hatte, daß sein Wagen Feuer fangen könnte, oder ob diese Männer etwas mit dem Brand zu tun hatten.

Andere chinesische Zuschauer gingen auf die Feuerquelle zu, und ich schloß mich ihnen an. Unterwegs fragte ich einen Mann: »Was brennt da?« Er antwortete: »Ein Jeep«, aber sein Nachbar korrigierte ihn und murmelte: »Es ist ein Shanghai.«

Eine dichte Menschenmenge hatte sich inzwischen eingefunden und machte es unmöglich, etwas zu erkennen. Ein Feuerwehrfahrzeug traf ein und wurde sofort von der Menge umringt. Etwas später sah ich, daß der Wagen zur Seite geschoben wurde und Kinder darauf spielten. Irgend jemand hatte sich wahrscheinlich am Motor zu schaffen gemacht.

Als ich mich den Rauchwolken näherte, wurden die Mienen der Menschen bedrohlicher. Ich wußte, daß es besser gewesen wäre, nicht weiterzugehen, aber ich tat es trotzdem. Ein Mann mittleren Alters kam auf mich zu und sagte: »Es ist gefährlich für Sie, hierzubleiben. Sie müssen fort von hier.« Seine feste Stimme und sein ernstes Gesicht verrieten mir, daß er beunruhigt war. Mir wurde klar, daß ich verschwinden mußte.

Ich drehte mich um und begann, mein Rad über den Platz nach Hause zu schieben. Mein Beschützer, den ich für einen Sicherheitsbeamten hielt, und ein paar andere Leute folgten mir, um sicherzugehen, daß ich mich ungehindert auf den Weg machen konnte. Auf der Heimfahrt wurde mir plötzlich klar, wie aufregend die letzten vier Stunden gewesen waren, doch ich begriff immer noch sehr wenig von dem, was sich abgespielt hatte.

Ich kam zwei Stunden zu spät zum Mittagessen, aber ich wußte, daß Gerd Verständnis haben würde, wenn er von meinen Erlebnissen hörte. Ich öffnete unsere Wohnungstür, und ein bleiches, besorgtes Gesicht begrüßte mich. Gerd fragte: »Wo bist du gewesen?« Ich spürte die Spannung und Sorge in seiner Stimme. In den letzten Stunden hatte er in ganz

Peking herumtelefoniert, um mich zu finden, und eine Bekannte hatte ihm berichtet, daß sie beobachtet habe, wie ich gegen 10 Uhr mit meinem Rad zum Tian-An-Men-Platz gefahren sei. Seitdem hatte mich niemand mehr gesehen, und er hatte befürchtet, daß ich in ernsten Schwierigkeiten sein könne.
Am Nachmittag riet das Außenministerium Ausländern, den Tian-An-Men-Platz zu meiden, da es dort nicht für unseren Schutz garantieren könne. Unglücklicherweise erwachte ein japanischer Korrespondent an jenem Tag sehr spät, weil er in der Nacht zuvor zuviel *Sake* getrunken hatte, und ging, mit Kameras beladen, ahnungslos zum Platz. Er traf gerade ein, bevor ein dritter Wagen bei der Armeekaserne in Brand gesteckt wurde. Die Menge stürzte sich auf ihn und verprügelte ihn eine ganze Stunde lang. Er verlor seine Kameras, sein Geld und seinen Ausweis.
In der Abenddämmerung, gegen 18 Uhr, machte ich einen Spaziergang am Platz vorbei, blieb aber im Bereich der Verbotenen Stadt. Gruppen von zwanzig- bis dreißigjährigen Arbeitern gingen auf der Straße an mir vorbei und schlugen entweder die Augen nieder oder bedachten mich mit frostigen Blicken. Ich sah einen Mann mit blutigem, bandagiertem Kopf, der vom Platz her auf die Straße rannte, einen Jeep anhielt und hineinkletterte. Gleichzeitig stieg Rauch aus der Armeekaserne empor. Sie war gerade angezündet worden.
Etwas später, gegen 18.30 Uhr, wiederholten Lautsprecher einen Aufruf Wu Tehs, des Bürgermeisters von Peking. Er sagte, daß konterrevolutionäre Elemente für die Bürgerunruhen verantwortlich seien und daß die Menschen nach Hause zurückkehren sollten. Nur wenige folgten seiner Bitte.
Um 23 Uhr fuhren wir am Platz vorbei und waren überrascht, daß man alle Lichter gelöscht hatte. In der Dunkelheit konnte ich erkennen, daß sich Menschen am Denkmal zusammendrängten, aber der übrige Platz war leer. Später erfuhren wir, daß die Arbeitermiliz mit Knüppeln in der Hand die hartnäkkigsten Demonstranten umzingelt und jene verprügelt hatte, die Widerstand leisteten. Es gab Gerüchte, daß Menschen getötet worden seien, doch diese Nachrichten blieben unbestätigt.
Am Dienstag, dem Tag nach dem Aufruhr, fuhr ein Lastwagen nach dem anderen mit Arbeitermiliz und Soldaten in die Stadt,

um die Ordnung wiederherzustellen. Der Platz war für jedermann zugänglich, und Regierungsfotografen standen wie gewöhnlich am Eingang, um Aufnahmen von Touristen zu machen.
Am nächsten Tag riegelten Soldaten den Platz ab und gestatteten keinem Unbefugten den Zugang. Wasserwagen besprühten ihn, und Frauen schrubbten jeden Zentimeter, als hätten sie den Auftrag, den Makel des Montags zu entfernen.
Die Atmosphäre in der Stadt war angespannt. Menschenmengen sammelten sich an Straßenecken und bedrängten die Polizisten. Menschen standen in Gruppen zusammen und unterhielten sich leise. Die Mienen der Passanten und Radfahrer waren besorgt. In einem Geschäft, in dem ich häufig Besorgungen machte, tat die Verkäuferin, die mich sonst immer begrüßte, so, als kenne sie mich nicht.
Ich kehrte nach Hause zurück und war erleichtert, daß »meine Chinesen« so freundlich wie immer waren, aber sogar in unserem Haushalt spürte ich ein gewisses Unbehagen und eine seltsame Ruhe. Ich hatte versucht, die Ereignisse der letzten Tage mit ihnen zu diskutieren, aber keiner wollte einen Kommentar abgeben. Später hörte ich, daß viele Chinesen sogar Angst hatten, sich zu Hause zu äußern, da sie nicht wußten, wer sie belauschen oder wer ihre Bemerkungen in Zukunft gegen sie verwenden könnte.
Am Mittwoch, zwei Tage nach der Demonstration auf dem Tian-An-Men-Platz, sah ich gegen Mitternacht Lastwagen mit roten Fahnen, die langsam die Chang An hinauf und hinab fuhren. Menschen, die wie Fabrikarbeiter aussahen, standen auf den Ladeflächen, hämmerten auf große rote Trommeln und schlugen Becken zusammen. Sie feierten irgend etwas, aber ich mußte bis zu meiner Rückkehr nach Hause warten, um die Neuigkeit zu erfahren. Teng Hsiao-ping, ein Stellvertretender Ministerpräsident, der große Popularität genoß, war aus dem Amt entfernt worden, und Hua Kuo-feng war der neue Ministerpräsident.
Obwohl es nach Mitternacht war und die meisten Chinesen schon schliefen, wollte Gerd zum Platz zurückkehren, um zu sehen, ob es zu weiteren Reaktionen kommen würde. Wir holten einen Freund ab, einen italienischen Journalisten, der seinen fünfjährigen Sohn mitbrachte. Der Junge war in eine Decke eingewickelt und schlief im Wagen, bis wir uns dem

Tian-An-Men-Platz näherten, wo ihn das Geräusch der Trommeln weckte.
Er richtete sich auf und sagte aufgeregt: »Nun müssen wir alle hinausgehen und für die Revolution und für das Erbe von Ministerpräsident Tschou kämpfen.« Dies hatte er im chinesischen Kindergarten gelernt, und er wußte noch nicht, daß sich die Lage inzwischen geändert hatte.
An den folgenden Tagen fanden organisierte Demonstrationen vor dem Tian-An-Men-Platz statt. Tausende von Menschen aus Fabriken, Schulen, Werkstätten und Ministerien marschierten am Platz vorbei und verurteilten pflichtgemäß Teng Hsiao-ping.
Die älteren Hausfrauen freuten sich darüber, daß sie sich nicht um ihre Routinearbeiten kümmern mußten. Die Sonne schien, und es war angenehm, draußen zu sein. Manche humpelten auf ihren kleinen verbundenen Füßen, andere watschelten und schnappten nach Luft, während sie sich dem Platz in kleinen Gruppen näherten. Sie kamen direkt aus ihren Werkstätten und trugen verblichene Kleidung. Jede hatte eine hellrote Papierfahne in der Hand, auf der Teng angeprangert wurde. Gelegentlich unterbrach ihre Führerin das Geschnatter und ermunterte sie zu dem Ruf: »Nieder mit Teng Hsiao-ping!« Danach unterhielten sie sich weiter.
Ein junger Fabrikarbeiter amüsierte sich königlich damit, auf eine große rote Trommel zu hämmern, die er hinten auf einem Dreirad balancierte. Der Fahrer machte zum Spaß eine plötzliche Seitenbewegung, so daß die Trommel fast hinuntergefallen wäre. Alle um ihn herum lachten, und der Trommler war richtig stolz.
Während ich mit dem Rad in der Nähe des Außenministeriums unterwegs war, entdeckte ich eine lange Marschsäule auf der Straße. Sie wurde von Fußgängern und Radfahrern begleitet, die aufgeregt plauderten und nach vorn wiesen. Ich fuhr nach vorn und sah ein Banner, das die Aufschrift »Außenministerium« mit einem Porträt Maos trug. Auf einem anderen Banner stand: »Nieder mit Teng Hsiao-ping.« Direkt dahinter marschierte Tschiao Kuan-hua, der Außenminister, in einer Reihe mit den Stellvertretenden Außenministern.
Früher hatte ich ihn gesehen, während er Gäste am Flughafen empfing, an Empfängen teilnahm und als Gastgeber fungierte. Dabei war das Lächeln nie von seinem Gesicht gewichen. Aber

jetzt erkannte ich seine schmerzvoll verzerrten und besorgten Züge kaum wieder. Seine lockere Art war verschwunden, und er schien von Problemen erdrückt. Eine graue Mütze saß fest auf seinem steif erhobenen Kopf, sein Gesicht hatte einen unbeweglichen, entschlossenen Ausdruck, und seine Augen starrten geradeaus.

Im Gegensatz zu dem Außenminister wirkten die hinter ihm marschierenden Menschen gelangweilt. Gelegentlich riefen sie ohne große Begeisterung: »Nieder mit Teng Hsiao-ping.« Nur einmal, als sie mich erkannten, wurden einige Gesichter munterer. Man winkte und lächelte mir zu.

Ich wußte, daß Gerd sich für eine Aufnahme dieser Gruppe interessieren würde, deshalb betrat ich das nächste Geschäft mit einem Telefon. Nachdem ich ihn erreicht hatte, eilte ich zu der Gruppe zurück. Minuten später traf Gerd mit seiner Kamera ein. Ein Stellvertretender Außenminister nickte grüßend, aber Tschiao Kuan-hua, der ihn kannte, vermied jeden Blick in Richtung Kamera.

Einige Wochen später unterhielt sich ein Bekannter mit Tschiao Kuan-huas sehr attraktiver Frau. Sie sagte: »Es war schön, daß Herr Ruge Aufnahmen von den Beamten des Außenministerums machte, als sie am Tian-An-Men-Platz vorbeikamen. Er war der einzige ausländische Journalist, der es tat.« Offenbar freute sie sich über die Wende der Ereignisse.

Sechs Monate später, als man Teng Hsiao-pings Feinde verhaftete, wurden der Außenminister und seine Frau von ihren Posten im Ministerium entfernt. Manche behaupteten, daß sie Tschiang Tsching zu nahe gestanden und seinen Sturz verursacht haben, während andere unglücklich über die Art waren, wie Tschiao Kuan-hua, ein enger Freund Tschou En-lais, seine Stellung verloren hatte.

Ein Jahr darauf ging das Gerücht um, daß Tschiao Kuan-hua Selbstmord begangen habe, und die Chinesen rieten den Journalisten, die Geschichte nicht zu veröffentlichen, stritten das Gerücht aber nicht ab. Mir tat der frühere Außenminister leid. Er war das Opfer eines Machtkampfes und hatte sich offensichtlich zur falschen Zeit der falschen Fraktion angeschlossen.

In den Wochen nach dem Aufruhr auf dem Tian-An-Men-Platz erfuhren wir den Inhalt der Texte auf vielen der Plakate. Die meisten lobten Tschou En-lai, doch einige enthielten

politische Angriffe auf Tschiang Tsching und ihre Kollegen. Dies war offenbar der Grund, weshalb man die Kränze fortgeräumt hatte.
Kein Chinese diskutierte je die Ereignisse jenes Tages mit mir, und wenn ich nach diesem Vorfall auf den Namen Tschiang Tsching zu sprechen kam, war die Reaktion stets ein kaltes, zorniges Schweigen. Erst als ich achtzehn Monate später nach China zurückkehrte, verrieten die Chinesen uns, daß sie Schülern und Lehrern verboten hatten, während des Tsching-Ming-Festes den Tian-An-Men-Platz zu betreten. Aber viele hatten ihren Befehl mißachtet und waren später bestraft worden. Sie erzählten mir, daß der Haßausbruch gegen Tschiang Tsching daher rühre, daß sie versucht habe, Schüler und Lehrer während der Trauerzeit nach Tschous Tod am Tragen weißer Blumen und schwarzer Armbänder zu hindern. »Ihr Versuch, das Ansehen des Ministerpräsidenten zu untergraben, führte dazu, daß sich die Menschen während des Festes erhoben, um sein Andenken zu verteidigen«, sagte ein Freund.
Aber viele Fragen zum 5. April 1976 blieben immer noch unbeantwortet. Wer hatte die Entfernung der Kränze autorisiert? Waren die Gewalttaten geplant oder spontan gewesen? Drei Jahre später warteten die Chinesen immer noch auf eine offizielle Erklärung.

9. Kapitel

Erdbeben

Der vibrierende Fußboden und das zitternde Bett ließen mich aus dem Schlaf auffahren. Ich hatte geträumt, in einem Zug zu sein, der über eine unebene Strecke holperte. Statt in einem Zug fand ich mich jedoch aufrecht sitzend in einem Bett wieder, um das herum sich alles bewegte. Unsere Uhr stand auf 3.45 Uhr, und ich war immer noch benommen. »Meinst du, daß es ein Erdbeben ist?« fragte ich Gerd schläfrig. Der Klang des Wortes »Erdbeben« und eine splitternde Vase im Wohnzimmer brachten mich zur Besinnung und ließen mich aus dem Bett springen.

Ich rannte am Wohnzimmer vorbei, in dem der Kronleuchter heftig von einer Seite der Decke zur anderen schwang, und kam Gerd zu Hilfe, dem es schwerfiel, die Kinder zu wecken. Sie waren gerade eingetroffen, um hier ihre Sommerferien zu verbringen, und empörten sich darüber, daß wir sie mitten in der Nacht störten. »Hör auf, gegen mein Bett zu treten, Papi. Ich will schlafen«, protestierte Lischen.

Die fortgesetzte wellenartige Bewegung der Erde und unsere aufgeregten Stimmen weckten Bubbles, die gähnend und sich streckend in das Kinderzimmer tapste. Wir packten die Kinder und Bubbles und suchten unter dem Bogen des Wohnzimmereingangs Schutz.

Die Chinesen hatten uns nach einem Erdbebenalarm vor eineinhalb Jahren geraten, diesen sicheren Ort aufzusuchen. Damals bebte die Erde in Liaoning, einer Nachbarprovinz, und unsere Bilder und der Kronleuchter pendelten hin und her. Doch jetzt hatte ich entsetzliche Angst, daß sieben Stockwerke über uns zusammenbrechen würden.

Es schienen Stunden vergangen zu sein, bis das Beben nachließ und wir uns anziehen konnten. Aber in Wirklichkeit dauerte das Erdbeben, dessen Epizentrum sich hundert Meilen entfernt in Tangshan befand, nur zweieinhalb Minuten. Inzwischen hatten viele andere Ausländer das Gebäude verlassen. Wir gehörten zu den letzten Nachzüglern, die sich ihnen draußen anschlossen. Alle tauschten Geschichten aus, und mir wurde klar, wieviel Glück wir hatten, im Erdgeschoß zu wohnen. Deutsche Freunde, deren Wohnung auf der dreizehnten Etage eines Neubaus hinter uns lag, waren immer noch ein wenig grün angelaufen. Ihre Waschmaschine und ihr Kühlschrank waren von einer Seite der Küche zur anderen geschlittert, und ihre Getränketruhe hatte ihren Inhalt auf den Fußboden geleert. Ihr Gebäude war von einer Seite zur anderen geschwankt wie ein Schiff auf stürmischer See, und sie waren sicher gewesen, daß es in jeder Sekunde in sich zusammenfallen würde.

Gäste, die auf der fünfzehnten Etage des Peking-Hotels wohnten, erzählten uns später, daß sie nicht wagten, ihre Betten zu verlassen, weil sie fürchteten, von Möbelstücken verletzt zu werden, die von einer Seite des Zimmers zur anderen rutschten. Andere berichteten, daß sich Küchenschränke öffneten und das Geschirr auf dem Boden zerschellte, daß Spiegel zerbrachen, Bilder hinunterfielen und die Wände Risse bekamen. Es gab keine Verletzten oder Toten unter den Ausländern, aber viele erlitten einen Schock.

Die Frauen unserer afrikanischen Nachbarn schmiegten sich aneinander, als hätten sie den Teufel gesehen. Eine hatte die Geistesgegenwart besessen, vor der Flucht ihren kostbarsten Besitz, einen Pelzmantel, an sich zu reißen, während einem englischen Paar in letzter Sekunde eingefallen war, sich in Handtücher zu hüllen. Die Japaner, die mit Erdbeben vertraut waren, blieben am ruhigsten. Wir verließen den Ausländerbezirk, doch sie gingen wieder ins Bett und ließen jene sprachlos zurück, die geschworen hatten, nie wieder ihre Wohnungen zu betreten.

Als wir durch die Straßen von Peking fuhren, war alles still und unter Kontrolle. Größere Gruppen, denen man anscheinend Plätze zugewiesen hatte, hatten sich schweigend in der Straßenmitte oder auf Bürgersteigen, jedenfalls in sicherer Entfernung von den Gebäuden, niedergelassen. Ältere Leute saßen auf niedrigen Holzklappstühlen oder hockten auf dem Boden. Manche hatten Bambusfächer mitgebracht und wedelten sich an diesem schwülen, feuchten Sommermorgen frische Luft zu. Männer hatten sich eine Zigarette angezündet, und die brennenden Spitzen sahen aus wie über die graue Dämmerung verstreute Leuchtkäfer.

Die Dunkelheit löste sich auf, und nur die alten Wohnviertel wiesen Zeichen von Zerstörung auf. Dort hatten sich auf Straßen und Bürgersteigen kleine Haufen aus Zement, Stein und Dachverzierungen gebildet. Wir versuchten, eine Vorstellung vom Zustand der Gebäude zu bekommen, aber Wände und verschlossene Türen versperrten uns den Zugang. Wir sahen keine Verletzten, aber Freunde, die im Hsin-Tschiao-Hotel wohnten, berichteten uns, daß sie Menschen mit Kopfwunden und Knochenbrüchen gesehen hätten, die man auf Dreirädern in das Krankenhaus auf der anderen Straßenseite geschafft habe.

Nach kurzer Zeit waren Verkehrspolizisten auf ihren Posten, und die Straßen begannen, sich mit Jeeps, Lastwagen, amtlichen Fahrzeugen und Fahrrädern zu füllen. Einige dieser Menschen gehörten zu der Arbeitseinheit, die der Hsinhua-Nachrichtendienst später in allen Einzelheiten beschrieb. Er meldete: »Innerhalb einer halben Stunde nach dem Erdbeben nahmen rund 30 000 Reparaturarbeiter in der Stadt ihre Posten wieder ein, organisierten sich zu Gruppen und gingen von Straße zu Straße, um den Zustand der Häuser zu überprüfen und die nötigen Reparaturen auszuführen.«

Wir kehrten in dem Irrglauben nach Hause zurück, daß Peking durch das Erdbeben nur geringfügige Schäden erlitten habe. Die bewundernswerte Ruhe und Disziplin des chinesischen Volkes angesichts der Katastrophe hatte uns den Blick verstellt für die Wahrheit, die mehrere Wochen später deutlich wurde.

Das Erdbeben hielt unser Personal nicht davon ab, am Morgen zur gewohnten Zeit zu erscheinen. Nachdem sie sich überzeugt hatten, daß wir unversehrt waren, fragten die Angestellten: »Wie hat Bubbles sich vor dem Erdbeben verhalten?« Einer Rundfunksendung in Tientsin zufolge hatten Bauern bemerkt, daß sich Tiere vor dem letzten Erdbeben seltsam benommen hatten. Schwäne und Wasserschildkröten hätten sich an den Strand zurückgezogen; der mandschurische Tiger habe das Bewußtsein verloren; der tibetische Yak habe sich auf den Boden gelegt, und Pandabären hätten den Kopf in den Tatzen vergraben und geschrien. Auf einem Plakat, das vor Erdbeben warnte, war zu lesen, daß sich Schweine wie »Rowdys« verhielten und Hunde bellten.

Unsere chinesischen Freunde waren enttäuscht, als sie hörten, daß Bubbles vor und während des Erdbebens geschlafen hatte. Aber Lisa, ein Labrador-Apportierhund, rettete Bubbles' Ehre. Sie machte Schlagzeilen in den britischen Zeitungen, da sie kurz vor dem Erdbeben gebellt und ihre Besitzer gewarnt hatte.

Obwohl neue Risse in den Wänden der Wohnungen von Frau Li und Herrn Liu aufgetaucht waren, schienen die Gebäude immer noch stabil, und ihren Familien ging es gut. Unser Koch, Herr Yu, machte sich die größten Sorgen. Seine Familie lebte in einer Kommune bei Tientsin, das sechzig Meilen von Peking und sechzig Meilen von Tangshan, der Stadt, die völlig verwüstet worden war, entfernt liegt. Er hatte keine Möglichkeit, mit seinen Angehörigen Kontakt aufzunehmen, und mußte auf Neuigkeiten von Menschen warten, die aus jener Gegend nach Peking zurückkehrten.

Die ersten Berichte kamen von Ausländern. Der australische Premierminister Gough Whitlam und eine kleine Delegation waren in Tientsin gewesen; sie waren von ernsthaften Verletzungen verschont geblieben, aber ihr Hotel war schwer beschädigt worden. Die japanische und die französische Botschaft wurden informiert, daß Mitglieder japanischer und französischer Delegationen in Tangshan umgekommen seien. Daneben berichtete Hsinhua, daß Tangshan »extrem schwere Schäden und Verluste« erlitten habe, nannte aber nicht die Zahl der Verwundeten und Toten. Es sollte mehrere Monate dauern, bis unbestätigte Berichte meldeten, daß etwa 75 Prozent der Bevölkerung von Tangshan (mehr als 750 000 Menschen) während des Erdbebens umgekommen wären und daß die ganze Stadt zerstört sei.

Kurz nach dem Eintreffen unserer Angestellten forderte ich sie auf, wieder nach Hause zu gehen, da sie sich um ihre Familien kümmern und Unterstände im Freien bauen mußten. Weitere ernste Beben waren angekündigt worden, und man hatte allen Chinesen befohlen, auf der Straße zu bleiben.

Unsere Leute verließen mich nur widerwillig. Sie schüttelten mir die Hand und sagten: »Bitte, seien Sie wachsam und vorsichtig.« Unsere Augen verrieten, was wir fürchteten: Werden wir einander je wiedersehen?

Die Natur war grausam an jenem 28. Juli 1976. Ein ständiger Regen durchnäßte alles und behinderte die Versuche, Notunterkünfte zu errichten. Aber die Chinesen waren unerschütterlich. Obwohl ihnen das Wasser über die Gesichter rann und ihre Gummisandalen im Schlamm steckenblieben, bauten sie Unterstände aus allem möglichen Material, das sie bei sich zu Hause auftreiben konnten.

Bambusstäbe und Seile hielten Decken, die aus Schirmen, Regenmänteln, gestreiften Bettlaken, Handtüchern, Strohmatten und Kunststofftischtüchern bestanden. Darunter war oft nur Platz für ein Doppelbett.

Ein Mann hatte sein Behausungsproblem sehr einfach gelöst. Er benutzte die hintere Plattform seines Dreirades als Bett und seinen Regenmantel als Dach.

Während sich die Chinesen auf einen langen Aufenthalt im Freien vorbereiteten, zogen die Ausländer, die in höheren Etagen wohnten, mit ihren Familien in die Botschaften. Weitere Beben wurden erwartet, und das Außenministerium warnte uns, daß wir uns darauf einstellen sollten, unsere Wohnung von einer Sekunde zur anderen zu verlassen.

Der chinesische Rundfunk brachte zunächst gar keine Meldungen über das Erdbeben, doch ausländische Sendungen, die mit Kurzwellenapparaten empfangen werden konnten, bestätigten den Ernst der Lage. Das Erdbeben war eines der schwersten in der Geschichte gewesen, und es würde viele Wochen dauern, bevor die Erde sich wieder beruhigte.

Da es mit größeren Schwierigkeiten rechnete, verteilte das Servicebüro große Armeezelte und stellte sie bei jeder Botschaft und beim International Club auf. Die Vorbereitungen hatten nicht zu früh begonnen: Fünfzehn Stunden nach dem Erdbeben wurde Peking von einer zweiten Erschütterung heimgesucht, die mehr Schaden anrichtete als die erste.

Als das zweite Beben begann, besuchte ich gerade Freunde in einem chinesischen Bezirk mit überfüllten einstöckigen Häusern, die von Höfen umgeben waren. Während wir draußen saßen und Tee tranken, begannen die Weinreben, sich zu bewegen, und eine an der Decke hängende Lampe schwang heftig hin und her. Bis dahin hatte ich die Ruhe und Selbstbeherrschung der Chinesen bewundert, aber plötzlich hörte ich, wie die Menschen, die auf die Straßen rannten, brüllten, heulten und jammerten. Ich packte die Frau unseres Gastgebers, drückte sie fest an mich und tröstete sie.

Auf dem Heimweg bemerkte ich, daß das Baihuadalo, das größte Kaufhaus in Peking, ein riesiges Stück seiner vierten und fünften Etage verloren hatte. Die fallenden Gesteinsbrokken hatten eines der Aussichtsfenster zerstört. Zwei breite Risse erschienen an der Ostseite der Großen Halle des Volkes. Im Verlaufe des Tages durchweichte der Regen bereits beschädigte Gebäude und Dächer, und Hauswände brachen ein. Die einzigen Gebäude, die diesmal unbeschädigt blieben, waren die neuen und die ganz alten.

Am nächsten Tag kamen unsere Angestellten wieder zur Arbeit. Die dunklen Schatten unter ihren Augen deuteten auf ihre Erschöpfung und Besorgnis hin. Nach dem zweiten Beben hatten sie weitere erwartet, und deshalb war es schwierig gewesen, zu schlafen. Herr Yu hatte die Nacht unter einem Regenschirm im Freien verbracht. Frau Li und ihre drei Kinder hatten mit anderen Kindern in einem heißen und feuchten Bus gesessen, und Herr Gu hatte sich mit den Moskitos in seinem Unterstand herumgeschlagen. Ich forderte sie auf, nach Hause zu gehen und sich auszuruhen, aber Herr Gu erwiderte: »Es ist unsere Pflicht, hierzubleiben. Solange Sie in dieser Wohnung sind, werden wir zur Arbeit kommen.«

An jenem Tag hingen überall in der Stadt an Bambusstäben nasse Bettlaken, Strohmatten und Kleidungsstücke. Peking glich einem Flüchtlingslager. Während die Sonne schien, machten die Menschen Pause, spielten Karten oder Schach und versuchten, den Schlaf nachzuholen.

Inzwischen bereiteten wir uns auf einen plötzlichen Evakuierungsbefehl vor. Herr Yu tankte den Wagen auf und half uns, Notvorräte im Kofferraum zu verstauen. Frisches Wasser, Lebensmittelrationen, eine Garnitur Kleidungsstücke zum Wechseln und die wichtigsten Dokumente nahmen den ganzen freien Platz ein. Dann parkten wir das Auto vor dem Tor neben einem langen rechteckigen Zelt, das die Chinesen aufgebaut hatten.

In diesem Zelt würde die Mannschaft untergebracht sein, die den Ausländerbezirk in den nächsten Wochen bewachen sollte. Die Chinesen schleppten eifrig Bretter herbei, nagelten sie auf Holzrahmen fest und legten dann ihr zusammengerolltes Bettzeug auf diese behelfsmäßigen Betten. Ein Telefon, das die Verbindung zur Erdbebenkommandostelle herstellte, wurde installiert. Ein lautes »Hallo« ertönte aus dem Inneren des Zeltes, und meine Lehrerin, Frau Shu, tauchte auf. Zu meiner Freude kümmerte sie sich in den nächsten Wochen um uns.

Innerhalb der Ausländerzone errichteten Männer ein kleineres Zelt, das später zum Fahrradabstellplatz für die zwanzig oder dreißig Leute wurde, die rund um die Uhr in Schichten arbeiteten. Zusätzlich stellte man auf dem Parkplatz des Geschäftes, das zu Fuß von unserer Wohnung aus in zwei Minuten zu erreichen war, 24 leere Busse auf. Die Chinesen hatten alle Maßnahmen für unsere Sicherheit getroffen. Nun brauchten wir nur noch dazusitzen und auf das Schlimmste zu warten.

An jenem Abend hörten wir ein lautes Pochen an der Tür. Es war Frau Shu, die uns mitteilte: »Sie müssen sofort abfahren. Wir haben die Nachricht erhalten, daß es in den nächsten Stunden noch ein starkes Beben geben wird.«

Gerd, der gerade einen Artikel in seinen Fernschreiber tippte, meinte, daß wir schon zum Wagen gehen sollten; er werde bald folgen. Als er nicht sofort erschien, wurde Frau Shu unruhig: »Wo ist er? Er ist der letzte hier. Jede Sekunde könnte etwas Schreckliches geschehen«, erklärte sie. Der Anblick von Arbeitern, die am Tor mit Bambusschutzhelmen auf dem Kopf ein und aus gingen, verstärkte die Spannung noch, und ich blickte immer wieder zu dem Eingang unseres Gebäudes hinüber. Endlich tauchte Gerd auf, und wir fuhren durch die leeren Straßen zur deutschen Botschaft.

In den nächsten fünf Stunden passierte nichts. Deshalb beschlossen wir, müde und nervös wie wir waren, um 1 Uhr morgens, in unsere Wohnung zurückzukehren. Als wir durch das halbgeschlossene Tor gingen, fragte der Posten: »Wohin wollen Sie?« »Wir sind erschöpft und wollen uns hinlegen«, antwortete Gerd. Zu meiner Überraschung ließ er uns durch.

Um 4 Uhr weckten uns das Klingeln des Telefons und das Klirren von Aluminiumtöpfen. Wieder befahl man uns, die Wohnung zu verlassen, und wir entfernten uns für mehrere Stunden. Da aber nichts geschah, kehrten wir erneut zurück.

Mittlerweile waren wir die letzte Familie in dem Komplex, der fünfhundert Menschen Unterkunft bot. Da der jeweilige Botschafter darauf bestand, waren Personal und Familien in die Botschaftsgebäude gezogen. Außerdem ermahnte das Außenministerium jeden, seine Wohnung zu verlassen. Die Aufzüge funktionierten nicht mehr, und auf den oberen Etagen gab es kein heißes Wasser.

Gerd war bereit umzuziehen, vorausgesetzt, daß er anderswo

sein Büro mit einem Telefon und einem Fernschreiber einrichten konnte. Doch dies war zu kompliziert. Die Chinesen begriffen die vorteilhafte Lage unserer Wohnung im Erdgeschoß, dicht am Tor, und zwangen uns nicht auszuziehen. Statt dessen riefen sie oft an und stellten eine Mannschaft von mindestens dreißig Menschen ab, die sich im Notfall um uns und den Ausländerbezirk kümmern sollten.

Am vierten Tag nach dem Erdbeben hatten wir Besuch. Drei wichtige Mitglieder der Informationsabteilung kamen, um sich nach unserem Befinden und den Wohn- und Arbeitsbedingungen zu erkundigen. Wir versicherten ihnen, daß alles in Ordnung sei und daß wir alle nötigen Vorsichtsmaßnahmen träfen. Sie verließen uns mit den Worten: »Seien Sie wachsam und vorsichtig. Die Gefahr ist noch nicht vorbei.«

Während die Leute von der Informationsabteilung bei uns waren, besuchten leitende Angestellte des Außenministeriums Botschaften, in denen sie chaotische Zustände vorfanden. Familien hatten sich auf Fluren, in Wohn- und Speisezimmern niedergelassen, und jede freie Fläche mit Koffern, Matratzen und Menschen vollgestopft. Babys weinten, kleine Kinder zankten sich, und Mütter beschwerten sich über die Lebensbedingungen und wollten wissen, wann sie in ihre Wohnungen zurückkehren könnten. Alle waren gereizt, und mancher Botschafter berichtete, daß unter den gegenwärtigen Umständen nur wenig Arbeit getan werden könne.

Am nächsten Morgen rief die Informationsabteilung an, und ein Sprecher verlas einen unheilverkündenden Bericht:

> Nach dem Erdbeben im Tangshan-Fengnan-Gebiet ist es zu ständigen weiteren Erschütterungen gekommen. Unseres Wissens ist vorerst ein Ende noch nicht abzusehen, denn das Epizentrum bewegt sich möglicherweise auf Peking zu. Denken Sie eingehend über die Sicherheit Ihrer Familie nach. Das Außenministerium möchte folgendes bekanntgeben: Wenn Herr Ruge und seine Familie China vorübergehend verlassen wollen, ist das Außenministerium bereit zu helfen. Wenn Herr Ruge und seine Familie vorübergehend nach Kanton ziehen wollen, sollen sie sich bitte um die Reiseformalitäten kümmern, und wir werden ihnen soweit wie möglich entgegenkommen. Aus Sicherheitsgründen raten wir denjenigen, die in Peking bleiben, ihre Häuser zu verlassen und jedes Gebäude zu meiden. Wer Peking oder

China verlassen will, soll es uns mitteilen, dann zur Polizeiwache gehen und sich ein Reisevisum besorgen.

Diese Information wurde an jede Botschaft übermittelt. Innerhalb von Stunden hatten die Botschafter von ihren Regierungen die Erlaubnis erhalten, Frauen und Kinder aus Peking zu evakuieren. Die Pakistan International Airlines ließen eine Sondermaschine kommen, um die Pakistani auf Regierungskosten nach Hause zu fliegen. Die Japan Air Lines arrangierten einen Charterflug für ihre Staatsbürger, die sich beklagten, weil sie den aus eigener Tasche bezahlen mußten. Die CAAC organisierten mehr Flüge von Peking nach Kanton, und andere Regierungen gewährten bezahlten Familienurlaub in Hongkong und Japan und kamen für den Transport nach Hause auf.

Die Ungewißheit und die erfolgte Warnung überzeugten Gerd, daß es am besten war, die Kinder und Bubbles zurück nach Deutschland zu schicken. Innerhalb weniger Stunden erteilte die Informationsabteilung den Kindern die Ausreiseerlaubnis noch für denselben Abend. Zwei Stunden vor dem Abflug ermöglichte es das Servicebüro, daß Bubbles den Ausreisebestimmungen gemäß in einer Tierklinik untersucht wurde.

Innerhalb weniger Tage sahen alle Ausländerbezirke wie Geisterstädte aus. Die Botschaften waren wie Besatzungsinseln. Unter den Zurückgebliebenen war – streng innerhalb der Nationalitäten – ein Gefühl der Kameradschaft entstanden. Kleine Gruppen arbeiteten und wohnten zusammen und verließen die Unterkunft ihrer festgefügten »Familie« nur selten.

Da wir glaubten, daß ein britischer Freund für einen Tapetenwechsel dankbar sein würde, luden wir ihn zum Abendessen ein. Doch er lehnte mit den Worten ab: »Die anderen wären verletzt, wenn ich sie im Stich ließe.« Ein Australier besuchte uns heimlich, und wir mußten versprechen, daß wir niemandem davon erzählen würden.

Wenn wir jedoch unsererseits Botschaften besuchten, wurden wir wie Ehrengäste willkommen geheißen und zu Spielen, Filmen und einem Bad im Swimming-pool eingeladen. Alle fragten uns mitfühlend, wie wir diese Einsamkeit aushielten. Im Laufe der Zeit begann man, uns um unsere Lebensweise zu beneiden, aber ich kam mir wie eine Gefangene vor.

Die zurückgebliebenen Geschäftsleute, die in Hotels gewohnt

hatten, wurden an den schönsten Ort in Peking, in die Verbotene Stadt, evakuiert. Dort errichteten die Chinesen unter Zypressen und zwischen majestätischen Zeremonienhallen aus dem 16. Jahrhundert, die das Erdbeben unberührt gelassen hatte, eine Zeltstadt.

An dem Tag, an dem wir diese Siedlung besuchten, dinierten die Geschäftsleute im Freien an Tischen, die mit weißen Tüchern gedeckt waren. Kellner in weißen Jacken servierten. Die Speisekarte bot Pilzsuppe, Gulasch, Brathuhn sowie Tomaten- und Gurkensalat an.

Im Gegensatz zu den Diplomaten und Geschäftsleuten mußten wir uns an einen anstrengenden Tagesablauf halten, der uns nur wenig Schlaf gönnte. Nachts blieben wir abwechselnd auf. Und tagsüber konnte man nicht schlafen. Gerd lief ständig zwischen dem Telefon und dem Fernschreiber hin und her, um über die Lage zu berichten, und ich war zu unruhig, um mich hinzulegen. Da ich Mühe hatte, nachts die Augen offenzuhalten, ließ ich die Lichter im Wohnzimmer brennen und setzte mich auf einen unbequemen Holzstuhl. Ich ging jede Stunde hinaus, um mich von der frischen Luft beleben zu lassen und mit den Chinesen der Nachtschicht zu unterhalten. All das überzeugte die Chinesen, die uns bewachten, davon, daß wir »wachsam« waren.

Außerdem beeindruckten wir sie durch unser Erdbebenalarmsystem. Wir stellten eine Bierflasche mit dem Hals auf eine andere, die ihrerseits in einer Aluminiumpfanne stand. Bei einer starken Erschütterung würde die obere Flasche hinunterfallen, und das Geräusch würde uns wecken. Zum Glück brauchte dieses System nie wirksam zu werden.

Die Chinesen meinten, daß man in den frühen Morgenstunden am schläfrigsten sei. Deshalb rief die Informationsabteilung regelmäßig zwischen 4 und 6 Uhr an, um über die Zahl und Schwere der Erschütterungen am Vortag zu berichten. Jedes Gespräch endete mit dem Satz: »Seien Sie weiterhin wachsam und vorsichtig, und ergreifen Sie Maßnahmen, um Ihre Sicherheit zu garantieren.«

Wenn der Morgen kam, freute ich mich schon auf das Eintreffen unserer Angestellten. Wir verglichen dann die Berichte und Warnungen, die wir während der Nacht erhalten hatten, und diskutierten persönliche Probleme.

Herr Yu hatte immer noch nichts von seiner Familie erfahren

und war außer sich vor Sorge. Das öffentliche Transportsystem außerhalb von Tientsin, wo seine Familie lebte, war zusammengebrochen. Deshalb setzten wir alle uns eines Morgens hin, um zu erörtern, wie er sie erreichen könnte. Sein Fahrrad bot die beste Möglichkeit. Die Entfernung betrug siebzig Meilen, und wir errechneten, daß er vielleicht zwei Tage für die Fahrt benötigen würde. »Was geschieht, wenn es regnet oder ich eine Panne habe? Niemand wird sie beheben können«, sagte er. Wir wollten nicht an diese Möglichkeit denken und sprachen über die Lebensmittel, die er mitnehmen sollte, um bei Kräften zu bleiben. Ich wollte ihm Schokolade, Fleisch und Kekse mitgeben, doch er lehnte ab. »Ich muß mit leichtem Gepäck reisen. Äpfel, ein Brotlaib und eine Flasche Wasser werden reichen.« Am nächsten Tag erschien Herr Yu nicht, und wir alle hofften, daß er seine Familie wohlbehalten vorfinden würde.

Gespannt, ob er sicher angekommen war, fragte ich einen seiner Freunde, ob er von ihm gehört habe. Dieser sagte, ich solle mir keine Gedanken machen. »Wenn er ankommt und entdeckt, daß seine Familie während des Erdbebens umgekommen ist, wird er nach Peking zurückkehren. Wenn er alle gesund vorfindet, werden Sie ihn für eine Weile nicht sehen.« Das letztere war zum Glück der Fall.

Die Krisensituation in Peking dauerte an, und das Warten auf eine Katastrophe zermürbte mich. Wenn nichts passierte, begann ich zu glauben, daß die drohende Bewegung des Bodens unter mir nur in meiner Phantasie stattfand. Bei solchen Gelegenheiten rief ich die deutsche Botschaft an und erkundigte mich, ob sich die Oberfläche des Swimming-pools noch kräuselte oder kleine Wellen schlug. Dies war der beste Indikator für eine Erdtätigkeit, und ich erhielt immer eine bejahende Antwort.

Nach ein paar Wochen gewöhnten wir uns an unsere neue Lebensweise und waren sogar in der Lage, darüber zu scherzen. Als uns ein Chinese riet: »Wenn noch ein Erdbeben kommt, kriechen Sie unter die Betten. Dann wissen wir, wo wir graben müssen«, lachten wir alle und hatten das Gefühl, daß das Schlimmste vielleicht hinter uns lag.

Die Chinesen in unserer Nachbarschaft bereiteten sich auf einen langen Aufenthalt im Freien vor. Mit jedem Tag verbesserten die Menschen ihre Unterstände. Rohre, große Scheite,

Holzbretter, Taue und Draht hielten nun Dächer aus Teerpappe, Gummi, Segeltuch und Stoff zusammen. Zementblöcke sicherten die Seiten, und die Fußböden bestanden aus Ziegelsteinen, damit keine Feuchtigkeit vom nassen Boden hochdrang.

Einige der Baumaterialien hatte man sich in Fabriken beschafft, doch andere stammten von Baustellen. Auf der anderen Straßenseite verschwand eines Morgens ein hoher Holzzaun von mehr als hundertfünfzig Metern Länge: Die Menschen hatten ihn zerstückelt und sich mit Holzplanken versorgt.

Alle Geschäfte waren seit dem Erdbeben geschlossen. Vor den Läden hatte man auf dem Bürgersteig Stände errichtet. Der Gemüsestand um die Ecke präsentierte ein reiches Angebot an Gurken, Paprikaschoten, Sellerie, Kürbissen, Tomaten und Auberginen, die alle in den Randbezirken von Peking angebaut wurden. Der Geruch von Fisch und eingelegtem Gemüse wehte von einem anderen Stand herüber. Menschen bildeten nebenan Schlangen, um Fleisch und Sojaprodukte zu kaufen; wer Eier und Öl erwerben wollte, zeigte seine Lebensmittelkarte vor. Das Personal der Restaurants servierte lauwarmes Bier aus Teekesseln, während andere Kunden an der Tür warteten, um sich Suppe, gedünstete Kuchen und sonstige einfache Speisen geben zu lassen. Ein Mann mit einem Dreirad verkaufte Zigaretten und Streichhölzer, und eine Frau verteilte Tabletten gegen Erkältung und Kräutermedikamente, die sie hinten auf ihr Fahrrad geladen hatte. Eine junge Mutter untersuchte Flaschenschnuller, die neben Mückenrauch, Wäscheklammern, Waschpulver, Taschenlampenbatterien und Regenschirmen auf einem Karren ausgebreitet waren.

Ein Spaziergang durch »unsere Gegend« überzeugte uns, daß das normale Leben wieder begann. Abgeschlossene Fahrräder waren in oder neben Unterständen abgestellt, die man vor modernen vierstöckigen Wohnhäusern errichtet hatte. Leinen, an denen Unterwäsche, lange Hosen, Hemden und Blusen trockneten, waren zwischen Bäumen gespannt. Eine Frau rieb ihre Wäsche im Wasser, das aus einem Rohr am Bordstein floß. Am anderen Ende der Straße leerte ein Lastwagen die Latrinen, die die Menschen gegraben hatten.

In den Unterständen spielten Kinder auf den Betten Karten, während ihre Großeltern vor sich hin dösten. Eltern, die sich nicht um Kinder oder Kranke kümmern mußten, gingen zur

Arbeit. Die feuchte Erde diente einer Gruppe von Jungen als Zeichenbrett, auf dem sie mit Stöcken Muster zogen. Eine Mittelschülerin kämmte sich das frisch gewaschene hüftlange Haar, und ein kleines Mädchen putzte sich die Zähne mit Wasser aus einer Schüssel.

Die Familien hatten ihre Ernährungsprobleme auf vielfältige Weise gelöst. Eine Familie saß an einem Tisch und aß Reis, Gemüse und Fleisch, ein Gericht, das sie in der Nähe auf einem Gasbrenner zubereitet hatte; das Gerät war an einen aus der Küche stammenden Propangasbehälter angeschlossen. Andere durften zu den Essenszeiten in ihre Wohnungen zurückkehren, um rasch Speisen für ihre Familien oder die ganze Etage zu kochen, während jemand draußen Wache stand.

In einem großen Zelt, an dem wir vorbeikamen, waren etwa fünfzig Menschen untergebracht. Als wir fragten, wie sie zueinander gefunden hätten, antwortete eine energische grauhaarige Frau: »Wir gehörten zu demselben sozialistischen Hof.« Sie fügte hinzu, daß das Zelt einem Regierungsinstitut gehöre, in dem eines der Mitglieder arbeite.

Eine Gruppe älterer Frauen saß vor einem großen Armeezelt in bequemen Bambusstühlen. Sie fächelten sich frische Luft zu und tranken Tee. Unweit davon beherbergte ein ähnliches Zelt eine Krippe und einen Kindergarten, wo Babys in ihren Betten schliefen.

Dann kamen wir zu einer Erste-Hilfe-Station, vor deren Zelt eine weiße Fahne hing. Mitglieder des Einwohnerkomitees, die für die Organisation dieser Gegend verantwortlich waren, saßen drinnen. Sie luden uns in ihr Büro ein, um uns ihre Arbeit zu erläutern.

Wir hatten schon bemerkt, daß die Wohnungsbehörde den Alten, Kranken, Schwachen und Verletzten geräumige Segeltuchzelte zur Verfügung gestellt hatte. Bis jetzt gab es unter den mehr als 1800 Familien in diesem Verwaltungsbezirk keine Verletzten, und die zwei Jahre alten Wohnhäuser hatten keinen Schaden genommen.

In den letzten paar Tagen waren mir die häufigen Armeepatrouillen in der Stadt aufgefallen. Außerdem tauchten Unterstände mit Holztüren und Schlössern sowie Schilder mit der Warnung auf: »Vergeßt nie den Klassenkampf und bleibt wachsam gegenüber den zersetzenden Aktivitäten des Klassen-

feindes.« Frau Li hatte plötzlich ein Schloß am Reißverschluß ihres Portemonnaies.
Gleichzeitig bezogen sich Witze, die unter den Chinesen umliefen, auf Diebstähle in Tangshan. »Ein Mann, der unter einem Haus begraben war, steckte die linke Hand hinaus, um Hilfe herbeizuwinken; ein Passant stahl ihm die Uhr.« »Ein Rettungsarbeiter, der sehr engagiert Nothilfe geleistet hatte, wurde mit mehreren Uhren am Arm verschüttet aufgefunden.« Wir konnten nicht ermitteln, ob diese Witze auf Tatsachen beruhten, aber sie zeigten, daß die auf den Straßen lebenden Menschen sich große Sorgen über die Diebstähle machten.
Wir erkundigten uns beim Einwohnerkomitee, ob es in diesem Bereich Diebstähle gegeben habe. Eine muntere, attraktive vierzigjährige Lehrerin entgegnete: »Hier sind keine Diebstähle vorgekommen, aber Milizstreifen sind rund um die Uhr im Dienst, um dafür zu sorgen, daß keine üblen Elemente die Situation ausnutzen.« Sie machte uns auch auf einen Zeitungsartikel aufmerksam, in dem stand: »Die Angehörigen der Arbeitermiliz in der Hauptstadt ... halten die Ordnung im Straßenverkehr und die öffentliche Sicherheit in Zusammenarbeit mit der Volkspolizei aufrecht. Sie patrouillieren Tag und Nacht durch die Straßen, leisten Propagandaarbeit unter der Bevölkerung und beschützen sie.«
In Parks und auf weiten offenen Flächen wurden große Siedlungen angelegt. Wir besuchten einen Sportplatz an der Chang An, der Hauptstraße, wo sechstausend Menschen zusammenlebten. Das ganze sah wie eine Barackenstadt aus. Hier gab es eine Kantine, einen Friseurladen, Lebensmittelgeschäfte, Flickschneidereien, Reparaturwerkstätten für Fahrräder und Taschenlampen und ein Kino. Außerdem war eine Ambulanz eingerichtet worden. Wir baten darum, mit der Krankenschwester sprechen zu dürfen.
»Die Menschen sind im allgemeinen gesund, aber sehr müde«, sagte sie. Sie hatte Fälle von Erkältung, Insektenstichen, chronischen Krankheiten und hohem Blutdruck behandelt, aber keine Ruhr, da Vorbeugung der wichtigste Zweck ihrer Arbeit war. »Die Menschen müssen die Toiletten, das Innere und Äußere ihrer Zelte säubern und täglich die Abfälle entfernen«, betonte sie.
Der Hygienefeldzug wurde nicht nur hier, sondern in der ganzen Stadt intensiv betrieben. In jeder Straße hingen Plaka-

te, die die Menschen an hygienische Grundregeln erinnerten: »Haltet alles sauber und tötet Fliegen.« »Wascht rohes Gemüse und Obst vor dem Essen!« »Kocht Wasser vor dem Trinken.« Als Ergebnis dieser Bemühungen brach während der Krise in Peking keine Epidemie aus.

Am achtzehnten Tag nach dem Erdbeben fragten wir die Leiter dieser Siedlung, wie lange sie glaubten, noch auf der Straße leben zu müssen. Ein Mann erwiderte: »Wir werden bis zum Oktober keine Probleme mit dem Wetter haben.« Ein anderer sagte: »Ideologisch sind wir darauf vorbereitet, noch lange im Freien zu leben.«

Schon am nächsten Tag rief die Informationsabteilung an, um uns mitzuteilen, daß »die abnorme Erscheinung, die im Bereich von Peking in den letzten Tagen existierte, sich im großen und ganzen gelegt hat; in nächster Zukunft wird es zu keinen starken Erdbeben kommen«. Die Chinesen erhielten diese Nachricht einige Stunden später, und das Lager, zu dessen Aufbau man achtzehn Tage benötigt hatte, wurde innerhalb von ein paar Stunden abgebrochen.

Diejenigen, die in keine sichere Unterkunft zurückkehren konnten, blieben auf den Straßen zurück. Zum erstenmal wurde uns klar, daß das Erdbeben mehrere tausend Einwohner von Peking obdachlos gemacht hatte. Aber sie hatten sich gut den schwierigen Lebensbedingungen angepaßt. An jenem Abend, als die meisten Familien wieder in ihren Küchen *Jao-tze* zubereiteten und das Ende des Notstandes feierten, beobachtete ich Mütter und Kinder, die ebenfalls *Jao-tze* zubereiteten – allerdings vor ihren Zelten. Sie fühlten sich offenbar sehr wohl, obwohl ihr Heim in vielen Fällen nur ein Unterstand aus Kunststofflaken und Matten war.

10. Kapitel

Der Tod Maos

Während unserer letzten Wochen in Peking glich mein Leben dem Schleudergang einer Waschmaschine. Zuerst erlebten wir das Erdbeben, dem beinahe drei Wochen der Ungewißheit und Spannung folgten. Dann, als wir kaum begonnen hatten, zu packen, wurden die Feierlichkeiten durch den Tod Maos und die Verhaftung der »Viererbande« unterbrochen.

Mao starb sechs Wochen nach dem Erdbeben. Diese Nachricht traf unsere Hausangestellten schwerer als die Gewalten der Natur. Herr Yu räumte am 9. September nach dem Mittagessen die Küche auf und hatte wie gewöhnlich das Taschentransistorgerät angestellt, das ich vor zwei Jahren in Tokio gekauft hatte.

Es war genau 15 Uhr, als er aus der Küche in Gerds Büro stürzte, in dem Herr Gu saß. Nur selten hatte ich gesehen, daß er sich so schnell bewegte; deshalb folgte ich ihm, um mich zu erkundigen, was geschehen sei. Im Radio war gerade eine Kurznachricht durchgegeben worden, die alle Hörer aufforderte, sich um 16 Uhr in eine wichtige Sendung einzuschalten.

In Sekundenschnelle waren alle Angestellten nervös und ernst geworden; in ihren Augen spiegelte sich Unruhe. Auf meine Frage, was die Nachricht bedeute, sagte Herr Gu: »Ich weiß nicht«, während er den Kopf fast mechanisch hin und her schüttelte. »Wann haben Sie zum letztenmal eine solche Nachricht gehört?« erkundigte ich mich. »Kurz vor Tschou En-lais Tod«, antwortete er beinahe flüsternd. »Aber vielleicht ist es diesmal eine gute Nachricht«, fügte er nachträglich hinzu.

Zwischen 15 und 16 Uhr fanden alle eine Möglichkeit, sich zu beschäftigen. Frau Li holte das Bügelbrett hervor und begann, wie ein Roboter Taschentücher zu plätten. Herr Liu saß Herrn Gu gegenüber und hielt sich eine Zeitung vors Gesicht, aber er las nicht laut vor, wie er es gewöhnlich tat. Herr Yu fing an, Schränke zu säubern, die er erst kürzlich gereinigt hatte. Herr

Gu saß an seinem Schreibtisch und starrte vor sich hin. Da ich mir in der Wohnung überflüssig vorkam, ging ich hinaus, um anderen von der Nachricht zu erzählen.
Ein paar Minuten vor 16 Uhr stellte ich das Radio im vorderen Korridor an und öffnete die Tür, so daß auch die Fahrstuhlführerin die Sendung hören konnte. Sie dankte mir ruhig. Dann drängten wir uns alle nervös um das Radio – in der schwachen Hoffnung auf eine gute Nachricht. Doch es sollte nicht sein: Mao war gestorben.
Obwohl unsere Angestellten sich eine Stunde lang darauf vorbereitet hatten, lähmte sie die Neuigkeit. Herr Gu stand regungslos da, während ihm Tränen über die Wangen liefen. Frau Li umarmte mich und brach in Tränen aus. Ich merkte plötzlich, daß auch meine Wangen feucht waren. Herr Yu und Herr Liu standen wie erstarrt vor dem Radio, als glaubten sie nicht an das, was sie gehört hatten.
Nach der Durchsage wurde eine Lobrede verlesen, und dann spielte man Trauermusik. Neunzig Minuten lang lauschten wir derselben Nachricht, die ständig wiederholt wurde, und schließlich rissen sich alle widerwillig von dem Radio los, zogen ihre Jacken an, griffen nach ihrer schwarzen Handtasche und gingen mit gesenktem Kopf zur Tür.
Gerd hatte die Wohnung unmittelbar nach der Durchsage verlassen, um zu sehen, wie andere auf diese Nachricht reagierten. Da ich zu unruhig und bestürzt war, um allein zu bleiben, folgte ich den anderen, als sie die Wohnung verließen, ging zu meinem Rad und fuhr, ohne mir über die Richtung im klaren zu sein, die Chang An hinunter in Richtung Stadtzentrum.
Statt dichtgedrängter Menschenmengen, die wie nach dem Tode Tschou En-lais auf den Straßen trauerten, sah ich nur einige, die tiefe Betroffenheit zeigten. Ein Lastwagen kam an mir vorbei, auf dem hinten eine alte Frau saß und weinte, während eine jüngere versuchte, sie zu trösten. Mehrere Bauarbeiter, die nach dem Erdbeben Hilfsdienst geleistet hatten, gingen die Straße hinunter und stützten einen jungen Mann, der einen Bambushelm auf dem Kopf trug. Er war so verstört, daß er nicht allein stehen oder gehen konnte.
Eine unheimliche Stille senkte sich über die Stadt. Wenn jemand überhaupt sprach, dann nur flüsternd. Sogar kleine Kinder hörten auf zu spielen und zu lachen. Nur das Geräusch

von Autohupen, Fahrradklingeln und Trauermusik aus den Lautsprechern unterbrach die Stille.
Alle schienen zu wissen, was sie zu tun hatten, als hätten sie diese Rolle vorher geprobt. Jede Familie zog die rote chinesische Flagge mit den fünf goldenen Sternen vor der Eingangstür auf halbmast. In Tuchgeschäften zerschnitten Angestellte eifrig schwarzen Stoff, und die Käufer, die diese Läden verließen, steckten sich schwarze Bänder an den linken Ärmel. Viele hatten mehrere schwarze Tuchstreifen für andere Familienangehörige bei sich. Jeder Chinese trug die Armbinde nun einen Monat lang.
Lange Schlangen bildeten sich vor Papiergeschäften, die an jenem Tag länger als üblich geöffnet blieben. Die Menschen warteten, um weißes Kreppapier kaufen zu können, aus dem sie Papierblumen machten – ein weiteres Zeichen der Trauer. Schon jetzt hatten sich einige Passanten diese Blumen in die Knopflöcher gesteckt.
An einer Straßenecke in der Nähe von Maos Residenz lösten Armeeposten einander ab. Die Abgelösten trugen noch rote Dienstarmbinden, aber die Ersatzmänner hatten schon die schwarzen Streifen angelegt.
Am Tian-An-Men-Platz holte ein Soldat die Fahne nieder; Hunderte von Menschen bildeten einen Halbkreis um ihn herum und sahen ihm schweigend zu. Nachdem er die Fahne aufgerollt hatte, überquerte er die Straße und ging zur Verbotenen Stadt. Die Menge folgte ihm, blieb dann aber plötzlich vor dem Tor des Himmlischen Friedens stehen. Alle starrten zu dem großen Bild des Vorsitzenden Mao empor, das über dem Haupteingang hing. Radfahrer, die von der Arbeit kamen, stiegen vor dem Tor ab und schlossen sich der Menge an. Ältere Menschen senkten den Kopf oder verbeugten sich tief – ein traditionelles Zeichen der Ehrerbietung –, während einige junge Studenten das Schweigen brachen, indem sie die Fäuste hoben und gelobten, Maos Erbe weiterzuführen.
Während ich mich Tschung Nan Hai, Maos Residenz, näherte, verringerten Radfahrer ihre Geschwindigkeit oder stiegen ab und schoben ihre Räder an den hohen roten Mauern vorbei, die das Grundstück umgaben. An dem schmuckvollen chinesischen Eingangstor war in der Regel außer den Soldaten, die wie immer in Habachtstellung dastanden, wenig zu sehen. Aber heute wandten die Menschen die Augen sogar dann nicht

vor dem Tor ab, wenn sie es schon hinter sich gelassen hatten.
Auf der Rückfahrt kam ich noch einmal am Tian-An-Men-Platz vorbei. Ich schloß mich den vielen Menschen an, die zum Denkmal der Revolutionshelden gingen. Vier Tannenzweige lagen an seinem Sockel; jeder Zweig war mit weißen Papierblumen und einem Papierstreifen mit chinesischen Symbolen geschmückt, die ich nicht lesen konnte. Dies war das erste Mal, daß jemand seit den Aprilunruhen desselben Jahres gewagt hatte, so seine Trauer zu bekunden. Ich hoffte, daß Moas Tod nicht zu ähnlichen Ereignissen führen würde.
Ein paar hundert Meter vor dem Monument saß eine Gruppe von Menschen mit gesenktem Kopf auf dem Bürgersteig. Ein alter Arbeiter hatte sein kleines Transistorgerät auf den Boden gestellt; die anderen umringten ihn und lauschten der Todesnachricht.
Über Nacht legte die Stadt Trauerkleidung an. Die Bilder Maos, die vor den Amtsgebäuden hingen, waren von schwarzer und gelber Seide umsäumt. Das riesige Farbporträt über dem Tor des Himmlischen Friedens wurde durch ein Schwarzweißbild ersetzt. Man entfernte die ausgestellten bunten Waren aus den Schaufenstern, und ein schwarzer Hintergrund mit großen weißen Papierblumen, Kränzen und einem Bild Maos füllte die Lücken. Die Fotoschaukästen auf den Bürgersteigen waren leer. Jede öffentliche Unterhaltung wurde abgesagt. Man schloß Theater und Kinos. Bankette und Cocktailpartys wurden verschoben. Die Chinesen verzichteten auf ihre größte Leidenschaft, das Kartenspiel.
Während der ersten Trauerwoche erschienen prächtige Papierkränze in den Höfen. Nach dem Tode Tschou En-lais hatten die Menschen ganz normale Kränze zum Tian-An-Men-Platz gebracht.
Einige Gesten der Trauer schienen spontan zu sein. Manche Mittelschülerinnen hatten sich weiße Bänder in die Zöpfe geflochten. Mao-Abzeichen alten Stils, von Sammlern hochgeschätzt, tauchten an einigen Jacken auf. Kunstvolle weiße Papierblumen schmückten Lastwagen, Traktoren, Busse und Jeeps.
Zum erstenmal sah ich, daß *Die Volkstageszeitung*, das Parteiblatt, an Ständen auf dem Bürgersteig verkauft wurde. Gewöhnlich lieferte ein Mann oder eine Frau in grüner Uniform

die Zeitung mit dem Fahrrad an jeder Tür ab. Menschenmengen drängten sich in der Nähe der Stände, lasen Maos Lebensgeschichte und schauten sich die Bilder an, die seinen Lebensweg von seiner Jugend bis ins hohe Alter zeigten.

Ein paar Tage nach Maos Tod wurde sein Leichnam in der Großen Halle des Volkes aufgebahrt, und man gestattete Tausenden von speziell ausgewählten Bürgern, von ihm feierlich Abschied zu nehmen. Die Auserwählten warteten stundenlang, während sich die langen Schlangen gemächlich vom Tian-An-Men-Platz ein paar hundert Meter weiter zum Nordeingang der Großen Halle bewegten.

Schon vor meinem Aufenthalt in China hatte ich Mao sehen wollen. Während der Jahre, in denen ich unter Präsident Johnson im Weißen Haus gearbeitet hatte, hatte ich viele ausländische Staatsmänner gesehen, nur Mao nicht – den Politiker, der mir am rätselhaftesten und faszinierendsten erschien.

Als wir im Jahre 1973 in China eintrafen, zeigte Mao sich nicht mehr in der Öffentlichkeit, es sei denn, um ausländische Besucher von hohem Rang zu empfangen. Deshalb hatte ich die Hoffnung aufgegeben, ihn je zu sehen. Erst nach seinem Tode war dies möglich. Wir Ausländer wurden in die Große Halle des Volkes gebeten, um dem Vorsitzenden die letzte Ehre zu erweisen.

Unsere chinesischen Angestellten waren sehr aufgeregt, als sie davon hörten. Aber ich hatte zwiespältige Gefühle: Es war mir peinlich, daß ich an ihrer Stelle eingeladen worden war, gleichzeitig aber wollte ich mir diese Gelegenheit nicht entgehen lassen.

Frau Li half mir, die entsprechende Kleidung zu wählen. Sie entschied sich für eine zweiteilige schwarze Kombination aus Bluse und Rock und nahm sie mit, um die kaum merklichen Falten auszubügeln. Nachdem ich mich angezogen hatte, inspizierten Herr Yu und Herr Liu mich sorgfältig. Obwohl Herr Gu nicht eingeladen war, ließen wir uns von ihm begleiten, da wir wußten, daß das Ereignis für ihn größere Bedeutung haben würde als für uns.

Kurz bevor wir das Haus verließen, befestigte Frau Li eine schöne weiße Kreppapierblume an meinem Kragen und steckte Gerd eine weitere ins Knopfloch. Dann begann sie, gleichzeitig zu weinen und zu sprechen, so daß ich den Sinn ihrer Worte nur erraten konnte. Sie habe diese Blumen für den Vorsitzenden Mao gemacht, den sie liebe. Er habe so viel für das chinesische Volk und für sie getan. Zwar werde sie ihn nicht sehen können, aber ich solle ihre Blumen dort niederlegen. Dann umarmte sie mich. Ich holte tief Atem, damit meine verschwommenen Augen wieder klar wurden.

In der Schlange am Eingang zu dem Raum, in dem Mao aufgebahrt war, hörte ich das laute Wehklagen der Chinesen, die an seinem Leichnam vorbeischritten. Das gleiche Jammern verfolgte mich jeden Abend während der Fernsehsendungen, welche die Trauer in der Großen Halle des Volkes und in anderen Teilen Chinas übertrugen. Niemals zuvor hatte ich einen solchen Gefühlsausbruch erlebt.

Das Wehklagen lenkte mich ab, als ich mit Hunderten anderer Ausländer an dem unter Glas liegenden Leichnam vorbeiging. Alles war sehr theatralisch, und die Scheinwerfer, die das stark geschminkte Gesicht Maos beleuchteten, halfen mir, meine Emotionen zu unterdrücken. Bei seinem Anblick dachte ich nur daran, wie rosig und geschwollen sein Gesicht sonst ausgesehen und wie groß die berühmte Warze an seinem Kinn gewirkt hatte.

Innerhalb von zehn Tagen nach Maos Tod wurde seine Maxime »Verwandelt Trauer in Stärke« zum Arbeitsmotto für die ganze Nation. Auf diese Weise zollte ihm das chinesische Volk Tribut.

Bis dahin hatten die Unterstände und die hohen grauen Mauern um die Gebäude die Auswirkungen des Erdbebens verdeckt. Nun waren die Tore, die in die Höfe führten, geöffnet und man konnte hineinschauen. Das Ausmaß der Schäden war erschreckend. Ich sah viele Häuser mit eingestürzten Dächern, abbröckelnden Fassaden und rissigen Wänden.

Innerhalb von 24 Stunden machte sich der Einfluß von Maos Maxime bemerkbar. Peking glich einem Bauplatz. Ein Lastwagen nach dem anderen rollte in die Stadt und brachte Ziegelsteine, Sand, Kalk und Holzstäbe, die in schwerbetroffenen Gegenden auf dem Bürgersteig abgeladen wurden. Andere Lastwagen entfernten danach den Schutt. Der Staub ließ mich würgen, aber die Chinesen wußten, was zu tun war. Sie trugen weiße Stoffmasken, um Rachen und Nase zu schützen.

Großmütter, Kindergartenzöglinge, Mittelschülerinnen, Soldaten, militärische Kader und Fabrikarbeiter bildeten die Bautrupps. Sie siebten Sand, mischten Zement, schleppten Ziegelsteine, durchwühlten den Schutt, um noch brauchbares Material zu finden, schaufelten Geröll auf die Bürgersteige und errichteten neue Gebäude. Eines Morgens beobachtete ich, wie sechzehn junge Leute ein ganzes Zweizimmerhaus bauten. Die Arbeit ging in der ganzen Stadt pausenlos voran, niemand nahm sich Zeit für Teepausen oder Geplauder, und nachts wurden die Bauarbeiten im Scheinwerferlicht fortgesetzt.

Die Pekinger Bevölkerung war ganz von der Arbeit in Anspruch genommen, doch ich entdeckte ein gewisses atmosphärisches Unbehagen. Ich war daran gewöhnt, während der Trauerzeit ernste Gesichter zu sehen, aber sie wirkten gleichzeitig gespannt und beunruhigt. Manchmal drängten sich Gruppen an den Straßenecken zusammen und unterhielten sich leise. Zu Hause flüsterten unsere Angestellten miteinander.

Da ich mich ausgeschlossen fühlte, versuchte ich, Herrn Gu und Frau Shu in eine Diskussion zu verwickeln, die alle interessierte: Wer würde Maos Nachfolger sein? Meine Mutmaßung, daß Tschiang Tsching, Maos Frau, bei der Entscheidung eine wichtige Rolle spielen könne, stieß auf eisiges Schweigen und noch besorgtere Mienen.

Dann wurden Fotos von Maos Leben und den Trauerzeremonien in der Großen Halle des Volkes in den Bildergalerien auf dem Bürgersteig ausgestellt. Das Foto von Tschiang Tsching erregte Aufmerksamkeit. Sie trug einen schwarzen Schleier vor dem Gesicht, und die Menschen deuteten mit dem Finger darauf.

Während dieser Zeit fragte mich eine chinesische Bekannte: »Ist es ein westlicher Brauch, einen schwarzen Schleier zu tragen? Madame Tschou En-lai ließ den Kopf unbedeckt, nachdem ihr Mann gestorben war.« Ein paar Tage später bemerkte eine Bekannte: »Tschiang Tsching hat einen seltsamen Kranz geschickt, um den Vorsitzenden zu ehren. Madam Tschou En-lai brachte jeden Tag einen kleinen Strauß frischer Blumen zu dem Leichnam ihres Mannes.« Diese hintergründigen Bemerkungen ließen keinen Zweifel an den Gefühlen der Menschen.

Damals gingen in der Ausländerkolonie viele Gerüchte über die Zusammensetzung der neuen Führung um. Da Informationen aus erster Hand selten waren, ließ sich nur mit Mühe feststel-

len, ob ein Gerücht aus einer verläßlichen chinesischen Quelle stammte oder ob es die Schlußfolgerung von Diplomaten war. Viele Ausländer glaubten, daß Hua Kuo-feng und Tschang Tschung-tschiao, ein enger Vertrauter von Tschiang Tsching, sich die führenden Rollen teilen würden.
Genau einen Monat nach Maos Tod erschienen in Peking die ersten Wandplakate, die die Ernennung von Hua Kuo-feng zum Vorsitzenden feierten. Aber ein paar Stunden später wurden sie wieder entfernt. Wir wußten nicht, was dies zu bedeuten hatte, und warteten zwei lange Tage, bevor sich die Dinge klärten. Dann hörten wir, daß Regierungsbüros von Hua Kuo-fengs Ernennung zum neuen Vorsitzenden informiert worden seien. Obwohl diese Nachricht mehrere Stunden lang offiziell nicht bestätigt wurde, hatte sich die Stimmung bei uns so rasch verändert, daß ich von ihrer Richtigkeit überzeugt war. Alle lächelten, lachten und scherzten. Diese Stimmung war ansteckend, und bald schien ganz Peking zu jubeln.
Ein paar Tage später veröffentlichte die Volkstageszeitung auf der ersten Seite einen Artikel über die Verhaftung von Tschiang Tsching und ihrer drei engen Mitarbeiter, Tschang Tschung-tschiao, Yao Wen-yuan und Wang Hung-wen. Zu diesem Zeitpunkt brachen viele, die vorher nicht gewagt hatten, sie zu kritisieren, ihr Schweigen. Es war, als wäre ein Ballon geplatzt.
Die ersten Worte meiner Lehrerin deuteten an, wie wichtig diese Entwicklung war.
»Nun wird die Zukunft Chinas großartig sein. Wir alle sind heute außer uns vor Freude.« Die gleichen Sätze fielen in allen Haushalten der Ausländerkolonie.
Üble Geschichten über Tschiang Tsching begannen umzulaufen, und sowohl Ausländer wie Chinesen verglichen die verschiedenen Versionen, die sie gehört hatten, miteinander: »Tschiang Tsching trägt eine französische Perücke und hat ein japanisches Gebiß.« »Sie war siebenmal verheiratet.« »Ihre Wächter spuckten sie an, als sie verhaftet wurde.« »Sie machte sich ihren Schlüpfer schmutzig, als man ihr Handschellen anlegte.« Je übertriebener die Geschichten waren, desto besser gefielen sie den Chinesen.
Wir überlegten, ob wir unsere Abreise verschieben sollten. Unsere chinesischen Bekannten im Außenministerium meinten, daß wir mehrere Monate warten müßten, bis wir die

Geschehnisse verstehen könnten. Aber wir hatten nicht soviel Zeit, da Gerd sich schon für ein einjähriges Stipendium am Harvard East Asian Research Centre eingeschrieben hatte. Deshalb bestätigte er das Abreisedatum einige Tage später.

Ich blieb noch zehn Tage, nachdem Gerd abgereist war, um einem alten und kranken deutsch-chinesischen Paar, mit dem wir eng befreundet waren, vor dem Abflug nach Australien zu helfen. Nachdem sie viele Monate gewartet und fast jede Hoffnung auf eine Ausreisegenehmigung aufgegeben hatten, hatten sie nach dem Sturz von Tschiang Tsching und ihrer Gefährten endlich die Visa erhalten.

Schließlich kam jedoch auch für mich die Zeit, Abschied zu nehmen. Bei meiner letzten Unterrichtsstunde versuchte Frau Shu, die merkte, wie unglücklich ich war, mich aufzurichten. »Wenn ich Sie beim nächstenmal wiedersehe, werden Sie fließend Chinesisch sprechen«, sagte sie. Da ich wußte, daß sie China nie verlassen würde, und ich damals nicht sicher war, ob ich je zurückkehren würde, antwortete ich ruhig, fast, als spräche ich zu mir selbst: »Ich hoffe, daß es ein nächstes Mal geben wird.«

Als wir zusammen zur Tür gingen, waren ihre Augen ebenso wie meine voller Tränen. Aber sie wollte nicht, daß ich es sah. Erst nachdem sie auf ihrem Fahrrad saß und ihr Gesicht gefaßt wie immer war, blickte sie sich um und winkte mir zu.

11. Kapitel

Der amerikanische Schock

Von dem Tag, an dem ich Peking verließ, bis zu meiner Rückkehr ein Jahr später hielt China mich gefangen. Alte Freunde sagten mir, daß ich mich verändert hätte. Ihrer Meinung nach war ich nun ruhiger und weniger extrovertiert. Aber ich wußte, daß die Veränderungen viel tiefer reichten. Ich fühlte mich abgeklärter, war nicht mehr so ruhelos, hektisch und darauf bedacht, Konkurrenten zu übertreffen. Offensichtlich hatte die chinesische Gelassenheit mich beeinflußt.

Ich tolerierte abweichende Meinungen und nahm Ratschläge bereitwillig entgegen. Ich legte keinen Wert darauf, mich in einer Diskussion durchzusetzen und dafür zu sorgen, daß der andere das Gesicht verlor. Nichts ist in China unverzeihlicher, als einen Menschen zu erniedrigen, und mein neuerworbenes »diplomatisches Geschick«, wie ein Bekannter es nannte, war die Folge der Lektion, die mich die Chinesen gelehrt hatten.

Die Besessenheit der Menschen von materiellem Besitztum langweilte mich. Ich war zufrieden damit, Jeans zu tragen, spazierenzugehen und ein einfaches Leben ohne Kinkerlitzchen zu führen, was vor meinem Aufenthalt in China nicht der Fall gewesen war. Die Chinesen verfügten nur über das Minimum, und sie zeigten mir, wie sich Glück aus Dingen ableiten läßt, die man nicht mit Geld kaufen kann.

China hatte mich gelehrt, sparsam zu sein, und Amerika erschreckte mich nun mit seiner übermäßigen Verschwendung. Abfalleimer quollen von Lebensmitteln über. Viele Produkte waren in wieder verwendbaren Kunststoffbehältern verpackt, doch niemand hielt es der Mühe wert, sie aufzubewahren. Ich war empört darüber, daß ich unsere Glasflaschen und Zeitungen nirgends zur Wiederverarbeitung abgeben konnte. Erst als unsere Garage voll davon war, warf ich sie widerwillig weg. Ich hatte gelernt, Stanniolpapier, Plastiktüten und Packpapier mehr als einmal zu verwenden, aber dies war den meisten Menschen lästig. Amerika, das bedeutete Reich-

tum, und seine Einwohner glaubten nicht daran, einmal sparen zu müssen.
Ich vermißte die chinesische Herzlichkeit und die engen Familienbeziehungen. Ein Vater und sein verheirateter Sohn würden in Cambridge, Massachusetts, niemals Hand in Hand die Straße hinuntergehen. Während chinesische Kinder sich ihren Eltern nur selten widersetzten, waren amerikanische Kinder respektlos und wurden dafür noch mit Geschenken belohnt.
Alte Menschen schienen für ihre Familien eine Belastung zu sein. Sie wurden in Altersheime geschickt, weil die Kinder zu sehr mit ihrem eigenen Leben beschäftigt waren. In China waren Kinder für ihre Eltern verantwortlich, bis sie starben. Ich merkte, daß ein Teil des chinesischen Respekts vor dem Alter auf mich abgefärbt hatte, was meine Beziehung zu meinen eigenen Eltern vertiefte.
In China hatten meine einheimischen Freunde mir mehrere Monate lang gut zugeredet, weniger hektisch zu sein, mich öfter auszuruhen und meine Gesundheit besser zu pflegen. Allmählich hatte ich das eingesehen und die Vorteile ihres gelösten, gemächlichen Lebens begriffen. In dieser Stimmung kehrte ich in die Vereinigten Staaten zurück und war sofort zu einer Umstellung gezwungen, um mit dem Tempo des Lebens Schritt zu halten. Die Menschen schlenderten nicht, sie gingen stramm, wie wild entschlossen. Es war, als hätte sich jeder bei einer Verabredung verspätet.
Wenn ich in Cambridge geduldig wartend in einer Schlange stand, machten die Menschen vor und hinter mir ihrer Langeweile Luft, traten von einem Fuß auf den anderen und beschwerten sich über die Langsamkeit der Kassiererin. Ich dagegen bewunderte nun die Effizienz des chinesischen Kassenregisters, das alle Berechnungen anstellte, dachte an die Packerin, die rasch alle Artikel in eine Tüte steckte, und die Kassiererin, die die meisten Preise auswendig kannte. Diesen Leuten hier hätte eine Kostprobe der chinesischen Geduld gutgetan!
Auf einigen Gebieten hielt der chinesische Einfluß an. Wenn ich auf der Straße spazierenging, war ich überrascht, weil mich niemand anstarrte. Statt dessen ärgerte mich die merkwürdige, alberne Kleidung der Menschen. In Geschäften sagte ich stets »hsie hsie«-vielen Dank – oder »Tui pui tschi« – Verzeihung –, wenn ich jemanden anstieß.

Als ich in einem Geschäft mein Portemonnaie an einem Einkaufswagen hängenließ, rannte ein anderer Kunde auf mich zu und sagte: »Was glauben Sie denn, wo Sie sind? Sie sind in dem Gebiet mit der höchsten Kriminalität des Landes!« Ich brauchte nicht lange, um Lehrgeld zu zahlen. Zweimal innerhalb von drei Monaten wurde in unser Haus eingebrochen, und ich sehnte mich nach den Tagen in Peking zurück, wo ich meine Tür unverschlossen lassen konnte.

Das Fehlen von Fahrrädern auf den Straßen beeindruckte mich weniger als die Fahrgewohnheiten der Amerikaner. Ich war überrascht, daß Fahrer rauchten, aßen und mit einer Hand lenkten. Solche Vergehen hätten einem Fahrer in Peking den langen Vortrag eines erzürnten Polizisten eingebracht. Andererseits hupte ich jedesmal, wenn ich überholen wollte, und die unfreundlichen Mienen anderer Fahrer erinnerten mich daran, daß dies hier überflüssig war.

Während die Monate vergingen, wurde die Erinnerung an Peking immer lebendiger, statt abzunehmen. Alle wollten etwas über das Leben in China erfahren, und wenn ich einmal mit dem Erzählen angefangen hatte, war es schwierig, aufzuhören. Zum chinesischen Neujahr schickte ich jedem unserer früheren Angestellten einen Brief und ein Familienfoto; ich hoffte, daß sie die Sendung erhalten würden, wußte aber, daß sie nicht antworten konnten. Freunde in der Ausländerkolonie hielten mich über die Entwicklung auf dem laufenden; ihre Informationen waren viel vollständiger und regelmäßiger als die knappen Berichte, die in der Presse erschienen.

Als deutsche Freunde aus Peking bei uns zu Besuch waren, schlugen sie mir vor, China noch einmal zu besuchen. Es gab nichts, was ich mir mehr gewünscht hätte. Dann luden sie mich offiziell ein, und ich wartete wochenlang voller Spannung darauf, ob die Chinesen mir ein Visum erteilen würden. Schließlich erfuhr ich, daß dem nichts im Wege stand.

Mehrere Nächte lang warf ich mich im Bett von einer Seite auf die andere und plante alles, was ich in Peking tun wollte. Vor allem wollte ich einige Zeit mit unseren alten Angestellten und unseren Freunden aus dem Außenministerium verbringen, doch sie würden eine offizielle Genehmigung ihrer Arbeitsorganisation benötigen. Ich wußte genau, welche Gerichte ich in meinem Lieblingsrestaurant bestellen würde, hatte jedoch die Namen der Spezialitäten im Fukien-Restaurant vergessen. Ich dachte über die Läden nach, die ich aufsuchen würde, und stellte mir die Verkäuferin vor, die bei meinem Eintritt hinter dem Tresen stehen würde. Ich erinnerte mich lebhaft an jedes Gericht, aber würde man sich auch an mich erinnern?

Peking – Ein Jahr später: Eine Stadt im Wandel

Am ersten Abend meiner Rückkehr nach Peking bestimmte der überwältigende Empfang, der mir zuteil wurde, den Verlauf des gesamten Besuches. Im International Club wurde ein deutscher Film gezeigt. In der Hoffnung, meine Lehrerin und unseren Dolmetscher wiederzusehen, ging ich dorthin.
Ich stand nervös am Eingang des Vorführraumes und wartete. Viele Deutsche begrüßten mich und hießen mich willkommen, aber dies waren nicht die vertrauten Gesichter, nach denen ich mich so lange gesehnt hatte. Dann ergriff Frau Shu meine Hand; wir standen da und strahlten einander sprachlos an. Ohne meine Hand loszulassen, führte sie mich dorthin, wo ihre Kollegen saßen, und bat mich, neben ihr Platz zu nehmen. »Dies ist meine frühere Schülerin, die Frau von Herrn Ruge, dem einstigen westdeutschen Korrespondenten der *Welt* in Peking«, erklärte sie aufgeregt. Viele nickten, als sie den Namen Ruge hörten. Sie kannten den Namen, weil viele Gerds Artikel in einer internen Publikation gelesen hatten, die den Kadern zur Verfügung stand. Manche hatten seine Berichte sogar als Lehrmaterial im Unterricht verwendet.
Die Nachricht von meiner Anwesenheit erreichte unseren früheren Dolmetscher, Herrn Gu, der mehrere Reihen vor uns saß. Er lief auf mich zu, schüttelte meine Hand, und mehrere Sekunden vergingen, bevor wir sprechen konnten. Seine Augen schienen sich mit Tränen zu füllen – oder war es nur meine Einbildung, hatte mir die Gefühlsbewegung den Blick getrübt?
Während der Pause blieb Frau Shu an meiner Seite. Immer wenn uns ein ausländischer Bekannter ansprach, fühlten wir uns beide belästigt. Im vergangenen Jahr war so viel geschehen, über das sie sprechen wollte. Außerdem legte sie Wert darauf, daß ich mich selbst aufmachte, um mich von den Veränderungen zu überzeugen. Kurz bevor wir uns an jenem Abend

trennten, sagte Frau Shu das, worauf ich gewartet hatte: »Besuchen Sie mich dort, wo ich unterrichte, wann immer Sie Zeit haben.«

Herr Gu und Frau Shu hatten ihre Gefühle zu mir vorher nie öffentlich gezeigt. Früher hatte jeder Chinese möglicher Nachteile wegen sorgfältig den Anschein vermieden, einem Ausländer allzu nahe zu stehen. Und ich hatte ebenso sorgfältig mein enges Verhältnis zu dieser chinesischen Familie verborgen, wenn ich den einzelnen Mitgliedern außerhalb der Wohnung begegnete. Nun zeigten sie mir, daß sich die Lage geändert hatte, doch das Ausmaß der Veränderungen wurde mir erst klar, als ich ins »Freundschaftsgeschäft« ging.

Während ich die Stufen hinaufstieg, entdeckte mich der gewöhnlich mürrische grauhaarige Mann, der immer noch den Eingang überwachte. Sein verkniffenes Gesicht verzog sich zu einem Lächeln. Ich hatte ihn noch nie so erlebt.

Im Foyer fiel mir ein Tresen auf, der in einer Ecke aufgestellt worden war. »Ihre Anregungen und kritischen Vorschläge sind willkommen«, stand in deutlichen schwarzen Buchstaben auf einem Blatt; darunter lagen ein offenes Notizbuch und ein Füllfederhalter. Ich hatte diese Phrase so oft gehört, daß ich mich fragte, was sie nun zu bedeuten habe.

Eine meiner liebsten Verkäuferinnen, die ausgezeichnet Englisch sprach, stand hinter dem Tresen. Als sie mich sah, kam sie auf mich zu, um mir die Hand zu schütteln und mich wieder in Peking willkommen zu heißen. »Ich habe Sie vermißt. Wo sind Sie gewesen?« erkundigte sie sich. »Haben Sie seit der Zerschlagung der Viererbande in Peking Veränderungen bemerkt?« Diese Frage sollte ich während meines Aufenthaltes viele Male hören.

Ich wollte wissen, welche Anregungen von den Kunden ausgegangen waren, und sie erzählte ganz offen, wie das Warenhaus auf ein paar »kritische Vorschläge« reagiert hatte. Die Gemüse- und Fleischabteilung sei zur Mittagszeit nicht mehr geschlossen; Butter und Schweinswürste würden an getrennten Tischen verkauft. Und sie fügte hinzu: »Die Pakistani haben diesen Vorschlag gemacht.«

Eine andere Angestellte kam näher, um zuzuhören, doch die Verkäuferin sprach weiter. Nie zuvor hatte ich geschäftliche Angelegenheiten mit einem der Angestellten diskutiert, und meine alten Bedenken kehrten zurück. Ich fürchtete, ihr

Schwierigkeiten zu bereiten, wenn wir uns länger unterhielten. Deshalb brach ich das Gespräch ab und begann, durch das Warenhaus zu schlendern.
Bekannte Verkäufer grüßten mich und hießen mich willkommen. Sie interessierte, wo ich gewesen war und ob ich nun bleiben würde. Es war erstaunlich, daß sie sich an mich erinnerten und meine lange Abwesenheit bemerkt hatten.
Während unseres Aufenthalts in Peking hatte ich begriffen, wann die Chinesen unter politischem Druck standen. Dann lächelten sie nicht so häufig und grüßten mich seltener, und wer mit mir sprach, neigte dazu, jedes Wort abzuwägen. Aber jetzt war man gelöst und freundlich. Ich hoffte, daß es dabei bleiben würde.
Ausländer beklagten sich nicht mehr über heftige Diskussionen mit Angestellten des Warenhauses. Auch die Kunden schienen sich besser zu benehmen. In der Spielzeugabteilung kraulte eine Verkäuferin einem kleinen afrikanischen Jungen den Kopf, während sie ihm beizubringen versuchte, wie man einen Abakus bedient. In der Schneiderei, dem früheren Schauplatz regelmäßiger Wutausbrüche, war alles ruhig. Als ich eines Tages eine Viertelstunde vor Geschäftsschluß einkaufen wollte, gingen die Verkäufer in den Lagerraum, um die Waren herbeizuschaffen. Früher hätten sie darauf bestanden, daß ich am nächsten Tag wiederkam.
Alle Verkäufer sprachen jetzt besser Englisch, so daß es weniger Mißverständnisse gab. Die Chinesen bemühten sich deutlich, freundschaftliche Beziehungen zu den Ausländern zu unterhalten, deren Zahl sich seit meiner Abreise aus Peking vervielfacht hatte.
Nach der Menge der Busse vor dem Geschäft für Ausländer zu schließen, blühte der Tourismus. Im Jahr zuvor hatte sich alles gemächlich abgewickelt, und man hatte immer Zeit gehabt, mit Angestellten zu plaudern. Dies war durch die vielen Kunden nun unmöglich geworden.
Den größten Teil des Tages über glich das Geschäft dem amerikanischen Warenhaus Macy's zur Weihnachtszeit. Aber es lieferte Dienstleistungen, die Macy's nicht bieten konnte. Eines späten Nachmittags fiel eine japanische Touristenschar von wenigstens fünfhundert Menschen in das Warenhaus ein. Die Gruppe hat wahrscheinlich gerade einen langen Tag voller Besichtigungen hinter sich und war deshalb erschöpft. Sofort

wurde im Foyer ein Stand mit Milch, Saft und Joghurt errichtet.
Einmal kam der Führer einer deutschen Touristengruppe im Geschäft auf mich zu und begrüßte mich wie eine alte Bekannte. Wir waren ihm kurz begegnet, als er eine andere Delegation begleitete. »Dieses Jahr bin ich mit mehr als fünf Touristengruppen durch China gereist, und nächstes Jahr werden es noch mehr sein. Ist das nicht wunderbar?« rief er.
Diese Nachricht ärgerte mich sehr. China öffnete Massen von Touristengruppen seine Grenzen, und ich stellte mir vor – was egoistisch war –, daß das Peking, an das ich mich erinnerte und das ich liebte, damit nicht mehr existierte.
Das besagte Geschäft hatte schon seine Preise geändert und sein Warenangebot erweitert, um der Nachfrage gerecht zu werden. Ich war enttäuscht, daß man nicht mehr so vorteilhaft einkaufen konnte wie früher. Aber die Touristen, die die ehemals niedrigeren Preise nicht kannten, fanden alles zumutbar. Oft hörte ich den Satz: »Das würde zu Hause viel mehr kosten.« Dann dachte ich bei mir: Wenn ihr nicht hier wäret, wäre der Preis von Kaschmirpullovern innerhalb eines Jahres nicht um vierzig Prozent gestiegen. Nun kostete eine Strickjacke 34 statt 21 Yuan, und für ein Pfund schwarzen Kaviars mußte man statt sieben jetzt vierzehn Yuan aufbringen. Sogar die Postgebühren waren um dreißig Prozent erhöht worden.
Mit dem Anwachsen des Tourismus ging die Qualität der Waren zurück. Schattenspielmarionetten waren nun aus sehr dürftigem Leder und mit grellen Farben bemalt. Die Wildlederhosen waren dünner und nicht mehr so haltbar. Ornamente und Schmuck wurden serienmäßig hergestellt und die hervorragende Qualität, die viele Stücke ausgezeichnet hatte, war verschwunden.
Mich freute, daß die Auswahl an Waren, Farben und Größen den Geschmack der Ausländer berücksichtigte. Manche Seidenmuster imitierten Pucci und Hermes. Die chinesischen Konfektionsjacken, -blusen und -pullover waren elegant und gut geschnitten – vorher hatten sie zu kurze Ärmel gehabt. Glasartikel waren den schwedischen nachempfunden, und Lederbrieftaschen besaßen Fächer für Kreditkarten.
Neben Ausländern kauften auch hochgestellte chinesische Kunden in dem Warenhaus ein. In der Seidenabteilung stand ich neben einem Armeeoffizier, seiner Frau und seiner Toch-

ter, die das Angebot prüften. Als ich zur Handschuhabteilung hinüberging, folgten sie mir und probierten verschiedene Paare an. Früher hatte ich den Eindruck gehabt, daß die Chinesen, die dieses Geschäft betreten durften, dort nur amtlich zu tun hatten.
Während sich in diesem Geschäft begeisterte Käufer drängten, waren auch die chinesischen Warenhäuser voller Leute, die sich nicht lange umsehen, sondern rasch ihr Geld ausgeben wollten. Im letzten Jahr war das Angebot vergrößert worden, und man hatte die Preise für neue Produkte erhöht. Eine Lieferung von Kinderdreirädern wurde in einem Warenhaus ausgepackt. Sie kosteten zwischen zwanzig und vierzig Yuan, aber dies schien das Interesse der Käufer nicht zu mindern. In einem anderen Geschäft stand ich hinter einem älteren Ehepaar, das 160 Yuan für eine Daunendecke bezahlte. Dieser neue Luxusartikel kostete fast das Dreifache eines durchschnittlichen Monatseinkommens. Vorher hätte eine solche Extravaganz viel Aufmerksamkeit erregt und wäre möglicherweise kritisiert worden. Aber jetzt war ich die einzige, die staunte.
Die Geschäfte waren sauberer und ordentlicher. Man fegte ständig die Fußböden, und die Regale waren nicht mehr so zugestaubt. Die Fenster waren blank, und die Auslagen waren planmäßig angeordnet.
Die Verkäufer schienen chinesischen Kunden gegenüber höflicher zu sein, und die Bedienung war besser. Infolgedessen behandelten die Menschen einander freundlicher, man setzte die Ellbogen weniger ein und bildete häufiger Schlangen. Ich beobachtete sogar eine Gruppe von Grundschülerinnen, die einem Mann half, die Besen und Körbe aufzusammeln, die von seinem Dreirad gefallen waren. Auf diese Szene hatte ich viele Jahre gewartet.
Die Frauen waren jetzt modebewußter, was sich an ihrer Kleidung ablesen ließ. Man trug bedruckte Seidenschals, und der Blusenkragen war über die Jacke gefaltet. Eine Bekannte erzählte mir, daß dies vor der Kulturrevolution populär gewesen sei.
Viele Frauen trugen Kattun- und Seidenjacken. Rollkragenpullover waren in Mode. Eine chinesische Freundin wies mich darauf hin, daß die Hosen enger geworden seien, obwohl ich kaum einen Unterschied bemerkte.
Ich wunderte mich über die vielen hübschen Gesichter auf den

Straßen, bevor mir klar wurde, daß sich die Frisuren geändert hatten. Statt kurzem gestutzten oder mit Klemmen niedergehaltenem Haar trugen die Frauen es nun länger und locker, so daß ihre Gesichter weicher wirkten. Manche hatten sogar Dauerwellen und Locken.

Auch die Männer ließen ihr Haar ein wenig wachsen, und einige hatten kurze Koteletten. Unter jungen Männern war es Mode, die Mütze etwas schräg aufzusetzen. Die Männer legten auf den Sitz ihrer Hosentaschen größten Wert; eine Chinesin beklagte sich bei mir: »Nun muß ich alle Taschen an den alten Hosen meines Mannes ändern.«

In den Schuhgeschäften waren viele Lederschuhe ausgestellt; wer sie sich leisten konnte, trug sie auch. Der schwarze Stoffschuh war nur noch etwas für den einfachen Arbeiter und Bauern. In einem Geschäft konnten schwarze, bis zum Knöchel reichende Lederstiefel, die kurzen Reitstiefeln glichen, nur gegen Bezugscheine gekauft werden, und viele Menschen entfernten sich murrend und enttäuscht.

Der letzte Schrei war das Transistorradio, was mich an das Amerika während meiner Teenagerzeit erinnerte. Junge Männer Anfang zwanzig waren nicht von ihrem Spielzeug zu trennen. Sie gingen mit dem Radio am Ohr durch Straßen und Parks. Das war im Grunde überflüssig, da jeder, der einen halben Häuserblock entfernt wohnte, mühelos das Programm hören konnte.

Viel mehr Menschen hatten sich Kameras über die Schulter gehängt, und ich fragte mich, ob sie gemietet oder Privateigentum waren. Als ich einen Mann mit einer Hasselblad, einer der teuersten Kameras der Welt für Berufsfotografen, sah, erkundigte ich mich, ob sie ihm gehöre. »Das ist unsere Kamera«, antwortete er. Bis heute weiß ich nicht, ob er damit meinte, daß sie seiner Familie oder dem Institut gehörte, in dem er arbeitete.

Wenn ich Menschen ansprach, gingen sie mir nicht mehr aus dem Weg. Manchmal begannen sie sogar selbst die Unterhaltung. Als wir eines Abends ein Restaurant verließen, sprach uns ein junges Paar auf französisch an. An der Chinesischen Mauer bat ein anderes Paar einen Ausländer, mit seiner Kamera ein Bild von ihm zu machen. Auf der Straße und beim Einkaufen in den Geschäften zog ich längst nicht mehr so viele Blicke auf mich, und es kam nur noch selten zu Menschenansammlungen. Im Gegenteil, jetzt starrte ich die Chinesen an. Ich war überrascht und erfreut darüber, daß junge Paare tagsüber Arm in Arm oder Hand in Hand auf der Straße spazierengingen. Früher war das höchstens abends der Fall gewesen. Kinder riefen mir häufig ein »Hallo« zu, wenn ich vorbeifuhr. Einst wäre dieser Gruß eine Ausnahme gewesen, aber nun war er Routine.

Die Unbekümmertheit und Aufgeschlossenheit gegenüber Ausländern übertrug sich auch auf die Musik. Einmal betrat ich ein Geschäft und war verblüfft, weil man Beethoven spielte. Er und andere westliche Komponisten waren während unseres Aufenthalts in China als »bourgeois« verurteilt worden. Man hatte das chinesische Volk sogar gewarnt, Beethovens rebellischen Geist nicht mit dem revolutionären Geist des Proletariats zu verwechseln. Nun war westliche Musik wieder akzeptabel.

Das kulturelle Leben insgesamt hatte sich stark verändert. Die einzige Pekinger Oper, die ich nach meiner Rückkehr besuchte, präsentierte alte Mandarinkostüme, und die Handlung war nicht mehr die vertraute Geschichte vom bösen Grundeigentümer, der die arbeitende Klasse ausbeutet, oder vom Konterrevolutionär, der die Landarbeit sabotiert. Statt dessen konzentrierte sie sich auf den Boxeraufstand, in dem die Chinesen sich gegen die westliche Vorherrschaft erhoben. Die größte Attraktion sowohl für chinesische als auch für ausländische Zuschauer waren Schauspieler, die als Westler mit blonden Perücken auftraten.

Bei meiner Ankunft in Peking sprach alles über eine Vorstellung, die ausgerechnet mir entgangen war. Das Orientalische Tanzensemble, das Tschou En-lai im Jahre 1965 gegründet hatte, war wieder zum Leben erweckt worden. Seine Darbietung muß atemberaubend gewesen sein. Chinesische Schauspieler sangen Lieder, boten Tänze dar und trugen die Kostüme fremder Länder. Ausländer, die diese afrikanischen, ceylonesischen, mexikanischen und argentinischen Lieder und Tänze gesehen hatten, waren sich einig, daß ihre eigenen Landsleute keine brillantere Vorstellung hätten geben können.

Die auffallendste Veränderung in Peking betraf seine Fassade. Nun verschönten »Antierdbebenunterstände« mit ihrer verschiedenen Architektonik die Landschaft. Manche waren pyramidenförmig gebaut, andere rechteckig, quadratisch oder rund.

Sie bestanden aus Ziegeln, Steinen, Zement und Holz. Viele hatten Glasfenster und Holztüren mit großen Schlössern. Mein Lieblingshaus nannte ich die »Villa«, weil es einen Garten besaß und von einem Zaun umgeben war. Nachts war dieses Haus erleuchtet, was darauf hindeutete, daß es bewohnt war, während die meisten anderen dunkel und leer dastanden.

Überall waren Parolen angeschlagen, welche die Menschen aufforderten, die Stadt sauberzuhalten und die Verkehrsregeln zu beachten. Die Anzahl der automatischen Straßenkehrmaschinen hatte sich im letzten Jahr zumindest verdoppelt.

In Peking war gerade Kohlzeit. Hier war nicht der der Jahreszeit entsprechende Regen gefallen, so daß der Kohl verwelkt und verfault war. Zuerst sah die Stadt übel aus: Blätter lagen überall auf Straßen und Bürgersteigen, und Kinder bewarfen sich damit. Dann erging ein Krisenbefehl von den Pekinger Behörden. Innerhalb von 24 Stunden waren die Kohlberge und der grüne Abfall verschwunden und durch ordentliche Reihen von rechteckigen Stapeln ersetzt.

Zwar wurde in der ganzen Stadt gebaut, aber das Material wurde gezielt verteilt. Die Menschen strichen die Fassaden ihrer Häuser zum erstenmal seit vielen Jahren, und die Höfe sahen sehr sauber aus.

Der Straßenverkehr schien sich verdoppelt zu haben, seit ich China verlassen hatte. Die Fahrt zur Großen Mauer war ein aufreibendes Erlebnis, weil rücksichtslos dahinrasende Lastwagen die Straßen mit Beschlag belegten. Ohne auf den Gegenverkehr zu achten, überholten die Fahrer kleinere Autos und drängten sie manchmal in den Straßengraben. Die schmalen Fahrbahnen waren schließlich ursprünglich für Pferde und Fahrräder gebaut worden.

Ab und zu mußte eine Autoschlange von mindestens einer halben Meile Länge zehn oder fünfzehn Minuten warten, bevor eine Ampel auf grün umsprang. Bei solchen Gelegenheiten war ich dankbar, wieder auf einem Fahrrad zu sitzen, das mich oft schneller an mein Ziel brachte als ein Auto.

Jahrelang hatten Radfahrer die Verkehrsregeln weder respektiert noch befolgt und auf der Straße gemacht, was sie wollten. Mit der ansteigenden Zahl von Motorfahrzeugen wurden sie zu einer größeren Gefahr. Schließlich wurde eine Verkehrssicherheitskampagne eingeleitet, um die Radfahrer und Fußgän-

ger zu erziehen. Mit der Durchführung waren die Verkehrspolizisten beauftragt, die früher wenig Macht gehabt hatten und oft zur Zielscheibe wütender Menschenmengen geworden waren.
Zu Beginn der Kampagne im Sommer hatte man, wie ich erfuhr, Radfahrer bei Übertretungen mit Geldstrafen belegt, aber inzwischen gab es andere Strafen. An einer Kreuzung beobachtete ich, wie ein Radfahrer eine rote Ampel ignorierte und weiterfuhr. Der Polizist hielt ihn an, und nach einem Wortwechsel kam ein Lastwagen und fuhr einfach mit dem Rad des Missetäters davon. Zu meiner Überraschung versammelte sich keine Menschenmenge, um dem Polizisten Vorwürfe zu machen oder ihn herauszufordern. Der Sünder mußte eine Selbstkritik schreiben, bevor er sein Rad am folgenden Tag wieder abholen durfte.
Frisch gezogene weiße Linien zeigten an, wo Radfahrer vor einer Ampel anzuhalten hatten, und die Fahrradspur war ebenfalls deutlich als weiße Linie markiert. Junge rotbäckige Polizistinnen mit Zöpfen standen an diesen Linien und erinnerten die Radfahrer an ihre Funktion. Wenn jemand diese Mädchen nicht ernst nahm, tauchte ein respekterheischender Polizist auf, und niemand wagte, ihm zu widersprechen.
Während der Hauptverkehrszeit am frühen Morgen und späten Nachmittag standen Mittelschüler an der Chang-An-Avenue und markierten die Fahrradspur wie ein Zaun. Ihre Zahl allein genügte, um Radfahrer an der Benutzung der Lastwagen- und Busspur zu hindern. Gleichzeitig betraten Grundschüler die Polizeistände an den Hauptkreuzungen und verlasen die Verkehrsregeln mit hoher Stimme über Lautsprecher. Dazu fuhren Lautsprecherwagen mit demselben Text durch die Stadt.
Auch von den Fußgängern erwartete man, daß sie sich an die Verkehrsregeln hielten und die Straße nur auf dem Zebrastreifen überquerten. Aber sie schienen entschlossener auf ihren alten Gewohnheiten zu bestehen als die Radfahrer. Einmal beobachtete ich eine alte Frau, die versuchte, die Straße trotz starken Verkehrs zu überqueren. Ein Polizist lief herbei und hielt sie an. Er zeigte auf den Fußgängerstreifen, befahl ihr, diesen zu benutzen, drehte sich um und ging weiter. Sofort wagte sie sich wieder auf die Straße. Der Polizist bemerkte es

und rannte von neuem zu ihr. Er packte ihren Arm und begann, sie zum Zebrastreifen hinüberzuziehen. Dann sah er einen anderen Sünder, ließ die alte Frau los und verfolgte sein neues Opfer. Da wandte sich die alte Frau jäh um und schaffte es, die Straße zu überqueren, ohne dafür ermahnt oder bestraft zu werden. Diese Hartnäckigkeit war typisch für Radfahrer und Fußgänger, die die neuen Verkehrsregeln mißachteten, sobald die Obrigkeit nicht anwesend war.

An Bushaltestellen in den Hauptstraßen herrschte jedoch Ordnung. Früher hatte sich die Schlange in einen wilden Haufen verwandelt, wenn der Bus ankam. Nun standen Aufpasser daneben und achteten darauf, daß die Menschen diszipliniert in die Busse einstiegen. Doch in den Nebenstraßen blieb einem immer noch nichts anderes übrig, als zu drücken und zu schieben, um einen Platz im Bus zu ergattern.

Als ich einen chinesischen Bekannten nach seiner Reaktion auf die Verkehrskampagne fragte, meinte er: »Wir sind an Kampagnen gewöhnt. Sie dauern drei oder vier Monate, und dann gibt es eine neue. Sie werden ihre alten Gewohnheiten wiederaufnehmen.«

Die Disziplin auf den Straßen hatte sich verstärkt, aber Frau Shu erzählte mir auch ganz begeistert von dem neuen Geist, der im Klassenzimmer herrsche. Früher hatte *Die Tageszeitung des Volkes* einen Grundschüler gelobt, der seine Lehrerin als autoritär kritisiert hatte. In einem Artikel war ein Lehrer getadelt worden, weil er die schriftliche Prüfungsarbeit eines Schülers, der von seinem Nachbarn abgeschrieben hatte, nicht annehmen wollte. Der Schüler rechtfertigte seine Handlung, indem er erklärte, daß alles durch Kooperation der Massen erreicht werden müsse. Nach der Veröffentlichung dieser Artikel hatte ich versucht, Frau Shus Reaktion zu erfahren, doch sie hatte geschwiegen. Aber nun war sie bereit zu sprechen.

»Jetzt wird man Respekt vor den Lehrern haben, und die Schüler müssen sich anständig benehmen und im Klassenraum fleißig arbeiten«, sagte sie. Die neue Bildungsreform gefiel ihr ebenfalls. »Mein Sohn hat die Möglichkeit, von der Mittelschule direkt an die Universität statt aufs Land zu gehen, wenn er die Prüfungen besteht. Vorher wurde es den Kindern von Intellektuellen sehr schwer gemacht. Viele Studenten, die die richtigen politischen Beziehungen hatten, erreichten durch die

Hintertür die Zulassung zur Universität. Nun wird man Schüler nur nach ihrer akademischen Qualifikation beurteilen, und niemand wird wegen seiner guten Kontakte studieren dürfen.«

Chinesen hatten mir von führenden Musikern, Künstlern und Professoren berichtet, die in den letzten Jahren aufs Land geschickt worden waren, um als Bauern zu arbeiten, weil sie die Politik Tschiang Tschings nicht unterstützten. Aber seit dem Sturz der Viererbande waren viele dieser Menschen in ihre alten Stellungen zurückgekehrt. Frau Shu erwähnte es nicht, aber ich hörte aus anderer Quelle, daß ihr Mann, ein Musiker, ein Opfer der Viererbande gewesen war. Erst vor kurzem hatte man ihm gestattet, seine Arbeit wiederaufzunehmen. Trotzdem wollte Frau Shu immer noch nicht von ihrer Vergangenheit sprechen.

Sie hatte nichts dagegen, abstraktere Fragen zu beantworten. »Was hatte der Vorfall auf dem Tian-An-Men-Platz zu bedeuten?« wollte ich wissen. »Er zeigte, daß das Volk die Kraft hatte, dem bösen Einfluß der Viererbande zu widerstehen. Wir Chinesen begreifen die Bedeutung von Plakaten. So zeigten wir unseren Widerstand gegen diese Leute.« Sie fuhr fort: »Früher blätterte ich die Zeitungen nur durch und wollte keinen Artikel lesen. Sie machten mich sehr wütend, aber nun lese ich jeden Artikel sorgfältig. Nicht alles, was sie gesagt hatte, war einleuchtend, und ich hätte mir mehr Einzelheiten gewünscht, doch ich fürchtete, daß sie wieder zugeknüpft reagieren würde, wenn ich sie unterbräche.

Gegen Ende meines Besuches aß ich mit Frau Shu und Herrn Gu zu Abend. Zu meinem Erstaunen riß unser Dolmetscher die Unterhaltung an sich. Als er für Gerd gearbeitet hatte, war er das Muster eines chinesischen Dolmetschers gewesen, der nie seine Meinung äußerte, Ratschläge gab oder andeutete, daß ein Satz in einem Artikel wichtiger war als andere. Er übersetzte nur, das allerdings ausgezeichnet.

Jetzt begann er, davon zu reden, wie schwierig die vergangenen Jahre gewesen seien. Ohne auf Details einzugehen, sagte er: »Wie oft wollte ich die Fragen von Herrn Ruge beantworten, aber ich konnte es nicht. Ich war wirklich sehr unglücklich über die Ereignisse in China, doch ich mußte schweigen.« Frau Shu nickte und fügte hinzu: »Sie konnten nicht ahnen, wie schwierig das Leben für uns war.«

Der Höhepunkt meines Besuches in Peking war ein Wiedersehen mit alten Freunden aus der Informationsabteilung. Herr Ma und Herr Tschi trafen sich mit mir zum Essen in der Wohnung eines Journalisten. Ihre ersten Worte waren: »Wir wollten nicht, daß Sie Peking verlassen, ohne uns getroffen zu haben.« Diese herzliche Begrüßung bestimmte den Stil des zwanglosesten und offensten Gespräches, das ich je mit Chinesen in Peking führte.

Herr Ma und Herr Tschi waren mir seit unserer ersten Begegnung sympathisch gewesen. Sie hatten sich im Ausland aufgehalten und verstanden unseren Humor und unsere Sitten. Beide sprachen vorzüglich Englisch, und ich machte mich oft über Herrn Tschis reinen Akzent lustig.

Herr Ma und Herr Tschi spielten während unserer Jahre in China eine wichtige Rolle für uns. Sie waren die Hauptkontaktpersonen für westliche Journalisten in der Informations-Abteilung, und deshalb richteten sich alle Frustrationen gegen sie.

Es war schwierig, aus China zu berichten, da offizielle Informationen sich auf den Text von Zeitungsartikeln und anderen chinesischen Veröffentlichungen beschränkten. Interviews und Pressekonferenzen waren selten, da die Chinesen behaupteten, daß alles, was sie zu sagen hätten, in der Presse zum Ausdruck komme. Daher suchten sich Journalisten andere Nachrichtenquellen. Wenn Delegationen in Peking ankamen, trafen sie sich mit Regierungsvertretern, und entsprechende Nachrichten über diese Sitzungen wurden an die Presse weitergegeben. Außerdem gab es die Auslandspresse und eine ergiebige Gerüchteküche in Peking, die die widersprüchlichsten Neuigkeiten hervorbrachte. Berichte mußten bestätigt oder dementiert werden, deshalb wandten sich die Journalisten an die Informationsabteilung.

Wenn ein Journalist die Informationsabteilung anrief, nannte der Sprecher am anderen Ende nie seinen Namen, aber da Herr Tschi an seinem Akzent leicht zu erkennen war, wußte man, daß er die Anrufe gewöhnlich entgegennahm. »Ich werde mir Ihre Frage notieren und zurückrufen«, erwiderte er in der Regel. Wenn die Frage überhaupt beantwortet wurde, dann meist mit: »Kein Kommentar«; in der Mehrzahl der Fälle aber erfolgte überhaupt keine Reaktion. Gelegentlich sagte er auch: »Diese Geschichte würde ich an Ihrer

Stelle nicht drucken«, ohne anzudeuten, ob die Nachricht richtig oder falsch war.
In ohnmächtiger Wut wandten sich manche Journalisten an Herrn Ma und Herrn Tschi und machten sie für ihre Probleme verantwortlich. Aber ich verteidigte sie, denn sie waren nur Vermittler. Die Journalisten wollten die Wahrheit, während die Regierung Schweigen verlangte. Die Informationsabteilung bestimmte die Politik nicht, sondern diente nur als Instrument der Vermittlung.
Bei diesem Abendessen bestätigte Herr Ma meine Ansicht. »Wenn ich Gerds Frage nach den Unruhen auf dem Tian-An-Men-Platz beantwortet hätte, hätte ich meine Stellung aus politischen Gründen riskiert. Ich konnte den Journalisten besser dienen, indem ich keine persönliche Meinung äußerte. Die Viererbande versuchte, jede Opposition dadurch zu unterdrücken, daß sie in den Zeitungen Gerüchte veröffentlichte, die vielen zur Last gelegt werden konnten. So war es ihr möglich, auf jeden mit den Fingern zu zeigen. Damals wagte ich nur, meinem besten Freund gegenüber meine Meinung zu äußern«, sagte Herr Ma und warf Herrn Tschi einen raschen Blick zu.
Da ich wußte, daß sie klassische Musik liebten, hatte ich Werke von Mozart aufgelegt. Dies brachte uns auf das Thema westliche Musik. »Ich bin seit zwanzig Jahren Parteimitglied und glaube an die große Zukunft Chinas. Wenn ich mir klassische Musik anhöre, so bedeutet das nicht, daß mir chinesische Musik weniger gefiele. Ich kann an beiden Freude haben«, bemerkte Herr Ma.
Alle Chinesen, denen ich begegnete, waren begeistert von den Veränderungen des letzten Jahres und hofften, wie ich –, daß sie anhalten würden. Ihr Leben hatte sich verbessert, und sie sahen eine glänzende Zukunft für ihr Land voraus. Sie wollten, daß nichts die gegenwärtige Entwicklung beeinträchtigte, doch sie wußten auch, daß das Pendel genauso rasch in die entgegengesetzte Richtung ausschlagen konnte. Die letzten 25 Jahre hatten sie vorsichtig werden lassen. »Die jetzige Situation könnte fünf Jahre lang stabil bleiben«, meinte ein Freund. Niemand könne prophezeien, was danach geschehen werde.
Herr Tschi wollte über ein Interview sprechen, das Gerd am Ende seines Aufenthaltes in Peking mit einer Balletttruppe

gemacht hatte. »Das war das einzige Mal, daß wir etwas mit dem Kulturministerium arrangieren konnten«, sagte er kichernd. Der Sinn seiner Worte lag auf der Hand: Es war kein Geheimnis, daß Tschiang Tschings Hauptinteresse der Kultur gegolten hatte. Offensichtlich waren die Beziehungen zwischen der Informationsabteilung und der Gruppe Tschiang Tschings gespannt gewesen, was Herr Tschi mir auf diese Weise klarmachen wollte.

Dann erkundigte ich mich nach den positiven Ergebnissen der Kulturrevolution. Herr Ma dachte gründlich nach, bevor er antwortete.

»Das Hauptresultat bestand darin, daß die Massen die Kraft und Fähigkeit hatten, die Viererbande zu durchschauen. Das Wissen um ihre Taten hatte immer mehr zugenommen, aber der Angriff auf Tschou En-lai und die Entfernung der Kränze im April brachten das Faß zum Überlaufen. Nach dem Tode des Vorsitzenden Mao waren wir alle verängstigt und erwarteten nicht, daß sich die Dinge so rasch entwickeln würden. Aber sobald Hua Kuo-feng zum Vorsitzenden ernannt worden war, war klar, daß auch Teng Hsiao-ping wieder aktiv werden würde. Die westlichen Journalisten waren sehr ungeduldig, weil dies so lange dauerte, und begannen deshalb, Gerüchte zu veröffentlichen. Wir sind geduldige Menschen und wußten, daß Hua langsam vorgehen mußte, um die Nation vorzubereiten.«

Nach dem Essen diskutierten wir über die amerikanische Wirtschaft, den Terrorismus, die politische Labilität in Italien, die Friedensbewegung der späten sechziger Jahre. Sie interessierten sich sehr für das, was außerhalb Chinas vorging, da sie erkannten, daß es ihr eigenes Land beeinflussen würde. Gleichzeitig schickte China viele Delegationen ins Ausland, und Herr Ma teilte uns mit, daß er bald ebenfalls ins Ausland reisen werde.

Wir sprangen so rasch von einem Thema zum anderen, daß ich gleichzeitig verwirrt und erfreut war. So viele Fragen mußten noch gestellt werden, doch die Zeit wurde knapp. Nachdem ich fast vier Jahre in Peking verbracht hatte, wurde mir langsam klar, wie wenig ich über die Chinesen wußte – abgesehen von dem, was wir meine »runden westlichen Augen« vermittelten, die vielleicht das Haupthindernis darstellten. Aber Frau Li, unsere frühere Reinmachefrau, machte mir Hoffnung, daß es in Zukunft zu persönlicheren und menschlicheren Beziehungen kommen könnte. Sie sagte zu mir: »Wenn Sie das nächste Mal nach China kommen, müssen Sie unbedingt meine Kinder kennenlernen.«

Epilog

Mai 1980

Peking hat sich seit unserem letzten Besuch vor zwei Jahren merklich geändert. Statt vom Flugzeug aus ein altes Abfertigungsgebäude zu betreten, wo wir früher lange Verzögerungen erlebt hatten, gingen wir diesmal direkt in eine neue moderne Halle. Von dort gelangten wir zur Paßkontrolle, und ein automatisches Förderband lieferte unser Gepäck an.

Welch eine Erleichterung, nicht in einem dunklen überfüllten Untergeschoß nach dem Gepäck suchen zu müssen, wie wir es so oft getan hatten! Aber die Verwirrung wäre mir fast lieber gewesen als die Glasscheibe, die nun alle Ankömmlinge von den auf sie wartenden Freunden trennte.

Ich hatte nicht viel Zeit, über die sterile Umgebung nachzudenken, da plötzlich das Gesicht von Herrn Gu auftauchte und uns durch die Glasscheibe anstrahlte. Dies war ein herrlicher, unerwarteter Empfang, und ich konnte das Ende der Zollformalitäten kaum erwarten. Die Zollbeamten mußten meine Ungeduld gespürt haben, denn sie fertigten uns rasch ab, ohne auch nur eine Tasche öffnen zu lassen. Es war wieder wie in alten Zeiten. Herr Gu hörte sich lächelnd die vielen Fragen an, mit denen ich ihn überschüttete. Dann begann er zu antworten.

Seiner Frau, die an Asthma gelitten hatte, gehe es viel besser. Frau Shu, meine Lehrerin, habe von meinem Besuch gehört und werde so bald wie möglich Verbindung mit mir aufnehmen. Herr Yu, der Koch, arbeite jetzt für eine deutsche Familie und werde sich zweifellos mit uns treffen können.

Außerdem wollte ich wissen, wie ich Herrn Liu, den Fahrer, und Frau Li, unsere Reinmachefrau, ausfindig machen könne. Herr Gu antwortete sozusagen, bevor ich meine Fragen gestellt hatte.

Er erkundigte sich, ob wir gehört hätten, daß Herr Tschi, unser alter Freund aus dem Außenministerium, nun in der Chinesischen Botschaft in Irland arbeite. Dann fragte ich nach Herrn

Ma. Wir wußten, daß die Amerikanische Botschaft in Peking für ihn eine Abschiedsparty gegeben hatte, bevor er einen Posten in Washington antreten sollte. Doch Freunde in Washington hatten uns mitgeteilt, daß er nie eingetroffen sei, und auch Herr Gu hatte nichts von ihm gehört. Als wir später die Kollegen von Herrn Ma im Außenministerium befragten, konnten sie uns ebenfalls nichts über seinen Aufenthaltsort erzählen.

Ich freute mich, daß wir zumindest wieder ein Familientreffen veranstalten könnten, lehnte mich im Autositz zurück und achtete auf Veränderungen. Auf dem Weg in die Stadt kamen wir an vielen, soeben errichteten Wohnhäusern und anderen, die noch im Bau waren, vorbei. Herr Gu erklärte, daß der Wohnungsbau während unseres Aufenthalts in Peking einen Vorrang genossen habe, obwohl das Problem akut sei. Jung verheiratete Paare hätten keine Unterkunft, und Familienbeziehungen seien wegen des Mangels an Wohnraum oft gespannt. Nun konzentriert sich die Regierung auf die Lösung dieses Problems. Man will den Menschen das Leben erleichtern, wie wir bald beobachten konnten.

Kleine Läden, Kioske und Stände, deren Anzahl auffallend gestiegen ist, bieten alles Mögliche an, von Lebensmitteln bis zu Haushaltsartikeln und Büchern. Gleichzeitig vereinfachen sie das Einkaufen.

Die Chinesen haben immer eine besondere Vorliebe für Pflanzen gehabt, aber früher sahen wir nur wenige Blumengeschäfte. Inzwischen wäre ein Einkaufsviertel unvollständig ohne zumindest eines dieser Geschäfte.

Die Chinesen lieben das Essen, besonders Leckerbissen zwischen den Mahlzeiten. Nur wenige können an einem Eiscremeverkäufer, einem Getränkestand oder einem Nachtischwagen vorbeigehen, ohne sich selbst oder wenigstens ihre Kinder zu verwöhnen.

Fleisch ist nicht mehr rationiert, seit man den Preis (ebenso wie den von Milchprodukten) um dreißig Prozent erhöht hat. Dies ist, wie wir erfuhren, ein Teil des Programms, mit dem der Arbeitslohn der Bauern erhöht werden soll.

Außerdem können Bauern nun auch Lebensmittel auf »freien Märkten« verkaufen, wo die Preise den Produktionskosten angepaßt sind. In staatlichen Geschäften werden Nahrungsmittel subventioniert und sind deshalb gewöhnlich billiger als

auf »freien Märkten«, wo der Preis von Angebot und Nachfrage abhängt. Dafür sind die Waren hier frischer, und die Auswahl ist oft größer.
Bei meinem ersten Ausflug mit dem Fahrrad bemerkte ich, daß das Bild Maos nur selten an Gebäuden und in Geschäften erscheint und daß politische Parolen fast ganz von den Plakattafeln verschwunden sind. Statt dessen wurde mit neuen Anschlagtafeln, die sofort ins Auge fielen, für örtliche und ausländische Produkte geworben. Eine attraktive Chinesin machte für eine chinesische Creme Reklame. Nicht ganz so hinreißende Plakate warben für Coca-Cola, Kodak, Sanyo-Kassettenrecorder sowie Casio-Quarzuhren und -Taschenrechner.
Bei meiner ersten Begegnung mit Frau Shu fragte ich sie, weshalb Bilder von Mao kaum mehr im Straßenbild auftauchten. Sie antwortete, dies sei nicht mehr nötig, da niemand ihn als den Gründer der Volksrepublik China und seine unentbehrliche Leistung für das Volk und das Land vergessen werde. Sie war nicht daran interessiert, noch weiter über Politik zu sprechen und wechselte das Thema, um mir von ihrer Familie zu erzählen.
Ihr Mann, ein Opfer der Kulturrevolution, habe die Philippinen im letzten Jahr als Teilnehmer eines Austauschprogramms besucht, und sie selbst habe ihren Landwirtschaftsminister bei einem offiziellen Besuch in der Bundesrepublik Deutschland begleitet. Ihr Sohn studiere fleißig, um in zwei Jahren die sehr schwierigen Universitätsprüfungen zu bestehen.
Gegenwärtig tritt die Politik etwas in den Hintergrund. Wichtig ist die Modernisierung der Wirtschaft, und fast alles wird diesem Ziel untergeordnet. Junge offizielle Fotografen, die in der Verbotenen Stadt standen, boten den chinesischen Touristen ein ungewöhnliches Erlebnis an: Sie konnten sich in oder vor einem Regierungswagen fotografieren lassen.
Im Schaufenster eines Warenhauses war eine ultramoderne japanische Küche ausgestellt. Nach dem benommenen Gesichtsausdruck der Betrachter zu schließen, mußte diese Küche jenen, die sich zum Kochen immer noch auf einen primitiven Kohleherd verlassen und nie einen Kühlschrank gesehen haben, wie eine Raumstation erscheinen.
Die neue chinesische Waschmaschine, die in einem angrenzenden Fenster gezeigt wurde, war leichter zu begreifen und

deshalb Gegenstand intensiver Diskussionen. Eine Frau sagte, sie habe gehört, daß die Maschine zu laut sei, weshalb sie lieber warten wolle, bis sie sich ein japanisches Modell leisten könne. Eine andere erklärte, es tue ihr leid, daß sie die Ersparnisse von zwei Jahren für ein Fernsehgerät ausgegeben habe. Lieber hätte sie sich eine Waschmaschine für 250 Yuan gekauft. (Ein Dollar entspricht jetzt 1,48 Yuan [Mai 1980].)
Die Schaufenster sind voller einheimischer und importierter – vor allem japanischer – Radios, Kassettenrecorder, Taschenrechner und Fernsehapparate. Aber im Gegensatz zur besagten japanischen Küche stehen diese Waren zum Verkauf; private Käufer und Regierungsorganisationen erwerben sie zu hohen Preisen. Ein japanischer Farbfernsehapparat zum Beispiel kostet 2900, Taschenrechner zwischen 150 und 400, ein russischer Kühlschrank 1000 Yuan.
Ich fragte eine chinesische Bekannte: »Wer kann sich solche Luxusartikel leisten?«
Sie erwiderte, ohne zu zögern: »Viele Leute haben große Entschädigungssummen für die Jahre während der Kulturrevolution bekommen, als man ihre Gehälter nicht auszahlte. Außerdem verfügen die Menschen über beträchtliche Sparguthaben aus den vergangenen Jahren, als der Verbrauchermarkt uninteressant war. Manche könnten es sich sogar leisten, eine Kooperativwohnung zu kaufen, aber bis jetzt werden Wohnungen nur vermietet, nicht verkauft.«
Wir erfuhren auch, daß viele heutzutage mehr Geld verdienen. Bei unseren Besuchen in Kommune-, Fabrik- und Nachbarschaftskomitees hörten wir von dem neuen wirtschaftlichen Förderungsprogramm, das nun eine wichtige Rolle spielt und die Menschen ermuntert, mehr zu arbeiten, mehr zu produzieren und so mehr zu verdienen.
Wir besuchten auch einen kleinen Betrieb, der Plastikbeutel herstellt. Dort trafen wir junge Leute zwischen achtzehn und zwanzig Jahren, die ein Monatsgehalt von vierzig Yuan bekamen, es in Wirklichkeit aber durch Beteiligung an den Geschäftsgewinnen auf achtzig bis hundert Yuan brachten. Diese jungen Leute hatten auf eigenes Risiko die Genossenschaft gegründet und festgelegt, welche Ware sie produzierten und wie sie zu vermarkten sei. Sie waren jedoch nicht gegen Arbeitslosigkeit versichert und genossen keine kostenlose medizinische Behandlung wie die Angestellten anderer

Betriebe, in denen der Lohn, Prämien eingeschlossen, monatlich im Durchschnitt zwischen dreißig und vierzig Yuan beträgt.
Die höheren Einkommen haben nicht nur den Wunsch nach mehr materiellen Gütern genährt, sondern auch wachsendes Interesse am Westen, der Produkte nach China exportiert, geweckt. Chinesische Studenten fragten nun ausländische Studenten: »Wieviel verdienst du zu Hause? Hast du ein eigenes Fernsehgerät, ein Auto...? Wieviel kosten sie? Ist es schwierig, dein Land zu besuchen?«
Manche Studentinnen waren vorsichtiger, bevor sie sich mit chinesischen Studenten anfreundeten, denn Freundschaft bedeutete oft die Bitte um westliche Waren. Und in einigen Fällen war mit dem Heiratsantrag die Hoffnung auf ein Ausreisevisum verbunden.
Das wachsende Interesse am Westen basiert auf einer liberalen Regierungspolitik. Literatur und Informationen aus dem Westen gelangen jetzt durch offizielle Kanäle nach China. Buchhandlungen verkaufen chinesische Übersetzungen von Agatha Christie, Henry Kissinger, Siegfried Lenz und anderen. Ausländische Zeitschriften wie *Time, Newsweek, Der Spiegel* usw. können nur von Ausländern gegen harte Währung erworben werden, doch einige Exemplare gehen zweifellos auch durch chinesische Hände.
Die abendlichen Fernsehnachrichten schließen jetzt über Satellit vermittelte Berichte aus dem Ausland ein; ausländische Filme werden im Fernsehen und in den Kinos gezeigt. Eine von Frau Shus ersten Fragen war, ob ich die amerikanische Serie »Man from Atlantis«, die gerade im chinesischen Fernsehen gezeigt worden sei, gesehen hätte. Alle sprachen davon, und ich mußte zugeben, daß ich nach zehn Jahren im Ausland nicht einmal von dieser Fernsehserie gehört hatte.
Ich entdeckte bald, daß viele junge Leute Englisch lernen wollen. Ein Taxifahrer erzählte mir, daß er in einem Jahr Englisch gelernt habe, indem er sich täglich die Radiosendung »Learning English« angehört habe. Das Sprechen mache ihm keine Schwierigkeiten, aber er gab zu, daß es ein Problem sei, verschiedene englische Akzente zu unterscheiden.
Während eines Banketts, das Herr Yu uns zu Ehren gab, hörte ich immer wieder ein vertrautes »Okay«, wenn er sich mit anderen Chinesen unterhielt. Auch während unseres Fami-

lientreffens in einem Restaurant antworteten mir Herr Gu und Frau Shu, die Deutsch sprechen, gelegentlich auf englisch.
Englisch wird notwendig in einem Land, das im letzten Jahr fast eine Million Besucher aus dem Ausland empfing. Da die Familienbande sehr stark sind, behandelte die Regierung ausländische Chinesen, welche die Mehrzahl der Touristen ausmachten und ein unerwartetes Problem waren, bevorzugt. Sie kamen mit vielen Geschenken für Verwandte und Freunde, und zum Verdruß der Regierung landeten viele dieser Geschenke auf dem Schwarzmarkt für westliche Waren.
Menschen und Waren strömten nicht nur nach China, sondern man gestattete auch einer erheblichen Anzahl von Chinesen, ihre Familien im Ausland zu besuchen. Einige werden dort bleiben.
Daneben hat die Regierung das Programm zur Geburtenkontrolle intensiviert. Sie empfiehlt Ehepaaren heute, nicht mehr als ein Kind zu haben. Paare, die sich dazu verpflichten, erhalten eine Monatsprämie von fünf Yuan und die Möglichkeit, eine geräumige Unterkunft zu beziehen. Wenn das Versprechen gebrochen wird und sie ein zweites Kind bekommen haben, müssen sie die Prämie zurückzahlen.
In dieser gelockerten Atmosphäre haben die Chinesen auch begonnen, an den Sonntagsgottesdiensten der beiden Kirchen teilzunehmen, die früher nur Ausländern in Peking offenstanden. Zu Ostern war die katholische Kirche überfüllt, so daß viele draußen bleiben mußten.
Die für mich erstaunliche Veränderung (aber »die unbedeutendste« wie eine chinesische Freundin bemerkte) betraf die Kleidung und die äußere Erscheinung. Auch sie schienen westlichem Einfluß unterworfen. Die Uniformität, wie wir sie kannten, gab es nicht mehr. Teenager, junge und ältere Frauen tragen eine Vielfalt von Frisuren, die den Bildern in den Schaufenstern von Schönheitssalons ähneln.
Manche haben sogar selbst Frisuren entworfen. Als wir ein Geschäft betraten, zogen sich zwei junge Verkäuferinnen hastig die Lockenwickler aus dem Haar. Aber viele Frauen, zum Beispiel Frau Shu, ziehen immer noch die kurze, glatte, strenge Frisur vor. Auf die Frage nach dem Grund antwortete meine Lehrerin: »Ich bin konservativ und weiß, daß sich die Mode rasch ändern kann. Deshalb bleibe ich bei meiner jetzigen Frisur.«

Diese Worte erinnerten mich an die Bemerkung einer Reinmachefrau: »Was heute richtig ist, kann morgen falsch sein. Daher ist es besser, sich vorsichtig und nicht zu progressiv zu verhalten.«
In Fotogeschäften hat man da keine Sorgen. Die Schaufensterausstattung besteht aus Bildern juwelengeschmückter Bräute in weißen Spitzenkleidern, die für das Foto ausgeliehen werden können. Daneben weisen die Bilder der Familienangehörigen, die ganz verschieden bekleidet sind – vom Anzug mit Krawatte, Rock und Kleid bis zu dem traditionellen chinesischen Gewand –, auf die heute gängige Mode hin.
Eine Braut, die Schmuck angelegt hatte, und eine Fernsehansagerin mit Ohrringen waren für viele ein Signal dafür, daß die Zeit der Bescheidenheit vorbei ist. Also begannen Teenager und junge Frauen, sich billige Anstecknadeln, Anhänger und Ketten zu kaufen und sie in der Öffentlichkeit zu tragen.
Nicht nur junge Frauen sind an der neuen Mode interessiert. Manche jungen Männer zwischen achtzehn und achtundzwanzig tragen knapp geschnittene Hosen und enganliegende schwarze Rollkragenpullover oder Hemden mit Krawatte.
Eine solche Gruppe wurde zum Gegenstand einer lebhaften Diskussion mit einem neuen chinesischen Bekannten. Angewidert sagte er: »Sehen Sie sich diese jungen Männer an, die an einer Straßenecke stehen und rauchen. Achten Sie auf ihre Koteletten, Schnurrbärte, ihr langes Haar und ihre westliche Kleidung. Ich habe nichts gegen diese Mode, aber diese Männer arbeiten nicht und lungern nur herum, um ihre schöne Kleidung vorzuführen. Haben Sie ihre getönten Sonnenbrillen mit dem Etikett aus Hongkong bemerkt?«
Ich hatte viele junge Männer auf Pekings Straßen gesehen, die so aussahen, und gehört, daß das Etikett für Ärger gesorgt habe. In einem Zeitungsartikel hatte man diesen jungen Leuten die Verherrlichung ausländischer Produkte vorgeworfen.
Als Reaktion auf diesen Artikel veröffentlichte die Zeitung einen Leserbrief, der auf einen Widerspruch bezüglich der gegenwärtigen Modernisierung Chinas hinwies. Der Leser meinte, daß das Etikett an den Sonnenbrillen die gleiche Haltung widerspiegele wie die Reklametafeln, mit denen man für ausländische Produkte werbe.
Ich fragte meinen chinesischen Bekannten, weshalb er mich auf diese jungen Männer aufmerksam gemacht habe. Er entgegne-

te: »Ich mache mir wirklich Sorgen um die jüngere Generation. Es geht ihr heute viel besser als vor Jahren bei der Arbeit auf dem Lande. Viele haben Arbeitsstellen und verdienen gutes Geld. Aber manche haben keinen Respekt vor dem Alter und benehmen sich nicht richtig. Sie betrügen, lügen, stehlen und verkaufen Dinge auf dem schwarzen Markt.
Vielen ist noch keine Stellung zugeteilt worden, oder sie sind unzufrieden mit ihrer Arbeit als Eisverkäufer, Fahrradwächter oder Verkäufer in Geschäften mit zuviel Personal, wo sie den ganzen Tag herumstehen und nichts zu tun haben. Sie hielten sich einmal für Revolutionäre, die China verändern wollten, und nun sind sie bitter enttäuscht und sehen keine Zukunft für sich selbst.
Die Regierung muß eine Lösung dieses Problems finden. Gleichzeitig muß die jüngere Generation begreifen, daß auch im Westen nicht alles Gold ist.
Die Menschen im Westen haben schwer für ihren Besitz gearbeitet. Und wenn wir die Ziele erreichen wollen, die unsere Regierung gesetzt hat, müssen auch wir lernen, schwer zu arbeiten.«
Diese Auffassung hatte ich sowohl von Angehörigen des Außenministeriums als auch von chinesischen Freunden gehört. Alle sind in Sorge über die »Verlorene Generation«, die während der Kulturrevolution aufwuchs, und über die eigenen Kinder.
Alle Eltern wünschten sich, daß ihre Kinder fleißig in der Schule lernten und ihre Examen mit guten Zeugnissen abschlössen, damit die ihnen zugeteilte Arbeit einen guten Start ins Leben garantiere. Manche sprachen sogar von der Hoffnung, daß ihre Kinder im Ausland studieren könnten.
Die Mitglieder »meiner« chinesischen Familie hatten mir stolz Bilder von ihren Kindern gezeigt, denen ich leider immer noch nicht begegnet war. Ich fragte mich, was aus diesen Kindern werden würde. Wenn sie Glück hatten, würden sie wie ihre Eltern sein – ehrlich, fleißig und einfallsreich. Aber würden diese Qualitäten ausreichen, um ihnen ein leichteres und besseres Leben zu sichern?